Manfred Barthel

Lexikon der Pseudonyme

Manfred Barthel

In Zusammenarbeit mit
Ulrich Dopatka

Lexikon der Pseudonyme

Über 1000 Künstler-, Tarn- und Decknamen

ECON Verlag
Düsseldorf · Wien

Redaktionsschluß 31. Januar 1986
1. Auflage 1986

Gesetzt aus der Times der Fa. Linotype GmbH
Satz: Computersatz Bonn GmbH, Bonn
Druck und Bindearbeiten: Ebner Ulm
Printed in Germany
ISBN 3 430 11178 1

Inhalt

Der Name als Maske

Eine Betrachtung über die Gründe,
ein Pseudonym zu wählen

Nur wer so jung und verliebt wie Shakespeares Julia ist, glaubt, Wert und Gewicht eines Namens mit den Worten »Ein Name – was ist das schon?!« wegwischen zu können. Sie und ihr Romeo müssen erfahren, wie groß die Last von Namen sein kann. Die Liebenden finden den Tod, weil ihre Familien verfeindet sind. Woher diese Gegnerschaft stammt, erwähnt Shakespeare mit keinem Wort. Es genügt, als Montague oder Capulet geboren zu sein, um Haß gegen den anderen Namen im Herzen zu tragen.

Shakespeare wußte: Name ist Schicksal. Man kann ihn sich nicht aussuchen. Selbst bei seinem Vornamen ist man anderen ausgeliefert. Was half es Mozart, daß er sein Leben lang mit Amadé unterschrieb? Unsterblich wurde er als Amadeus.

Anders als Shakespeare dachte Goethe. Er läßt Faust das vielzitierte Wort »Name ist Schall und Rauch« sagen und widerspricht damit den alten Römern, für die »nomen est omen« galt. Auch den Volksmund hat Goethes Faust nicht auf seiner Seite. Er spricht davon, daß jeder sich einen Namen machen kann.

Eine Auffassung, die viele Menschen zu allen Zeiten wörtlich genommen haben. Sie haben sich einen neuen Namen gemacht. Aus freien Stücken die einen, gezwungenermaßen die anderen. Die einen wollten mit dem neuen Namen Flagge zeigen, die anderen sich hinter ihm wie hinter einer Maske verstecken. Mancher neuer Name wurde nach langem Grübeln und Überlegen geboren – bei anderen stand der Zufall Pate. Ihm sind viele muntere Neuschöpfungen zu verdanken.

Im 19. Jahrhundert etwa, als vielen europäischen Einwanderern von amerikanischen Beamten anstelle ihrer für angloamerikanische Zungen schwer aussprechbaren Namen neue gegeben wurden. So verließ ein

Deutscher, der die Frage nach seinem Namen mit einem knurrigen »Vergessen« beantwortete, das Einwandererbüro als Mr. »Ferguson«. Ein polnischer Einwanderer, der seinen schwierigen Namen buchstabieren wollte und »will spell it« sagte, wurde »Will Spelly«.

Jüdische Mitbürger, die sich vor 1914 taufen ließen, mußten im Deutschen Reich und in der k. u. k. Monarchie »christliche« Namen annehmen. Den konnten sie sich zwar aussuchen, doch war es eine Preisfrage – bar beim Standesbeamten zu begleichen –, ob einer zum Saphir oder nur zum Blei oder Blech wurde.

Solche Namensänderungen, wie auch die durch Heirat oder Eintritt in ein Kloster, sind im strengen Wortsinn keine Pseudonyme. Die wichtigste Voraussetzung eines Pseudonyms, die Täuschung, fehlt. Schließlich setzt sich das Wort aus dem griechischen »pseudos« (Unwahrheit, Täuschung) und »onyma« (Name) zusammen. Aber aufschlußreich über Charakter und Geist sind auch diese Namen.

Von der Antike bis in die jüngste Gegenwart reicht die Liste der Männer und Frauen, denen ein neuer Name Schutz und Schild vor Verfolgung war oder als Tarnkappe diente. Andere wieder wählten ein Pseudonym aus schierer Eitelkeit. Ein ganzes Zeitalter, der Humanismus, machte eine Mode daraus, seine guten Elternnamen zu latinisieren oder zu gräzisieren. Eine Mode, gewiß, aber wie jede Mode zugleich Ausdruck einer Zeitströmung, denn zum erstenmal galt damals in Europa Bildung mehr als Adel. So wurde der Name zum Aushängeschild. Aus Andreas Greif wurde ein Gryphius, aus Neumann ein Neander und aus Schwarzerd ein Melanchthon.

Nebenbei: Es gehört zu den skurrilen Einfällen der Weltgeschichte, daß ausgerechnet in dieser Zeit der Namenslatinisierung das erste große Buch in Neuhochdeutsch entstand: Luthers Bibelübersetzung.

Ein zweiter Treppenwitz: Die gelehrten Herren, die ihre Namen ins Griechische übertrugen, konnten nicht sagen, daß sie sich Pseudonyme zulegten. Das Wort taucht in Mitteleuropa erstmals 1706 auf. Als Adjektiv.

Lessing, der Vielleser, dürfte es gekannt haben. Er selbst hielt nicht viel von Tarnnamen. Wie die meisten seiner schreibenden Zeitgenossen bevorzugte er statt dessen anonyme, also nicht gezeichnete, Veröffentlichungen. Noch Goethe und Schiller schrieben viele ihrer Kritiken anonym. Zwar kam das Lesen in Mode, aber Schreiben, überhaupt jede Art, sich an die Öffentlichkeit zu wenden, galt vielerorts als unschicklich, als nicht vornehm. So schlüpfte man dort, wo Anonymität nicht möglich war, ins Pseudonym, quasi als Inkognito.

Während in Deutschland auch in politisch riskanten Zeiten Pseudonyme selten und nur spärlich benutzt wurden, wucherten sie unter den politischen Literaten Frankreichs und vor allem Englands.

160 verschiedene Namen sind von Voltaire in der »Bibliographie voltairienne« von Querard registriert, und auch Voltaire ist bereits ein Pseudonym, eigentlich hieß er François-Marie Arouet. Voltaire, der mehrmals verhaftet und des Landes verwiesen wurde, bediente sich nicht nur vieler Pseudonyme, sondern zwang sogar gelegentlich Männer, die in seiner Schuld standen, ihm ihre Namen für eine seiner vielen Publikationen auszuleihen.

Unter den englischen Schriftstellern brachten es im 17. Jahrhundert Daniel Defoe (bereits ein Pseudonym) und Jonathan Swift auf viele Dutzende von Tarn- und Decknamen. Beide waren politische Hitzköpfe, die ihre erfundenen Namen oft den Themen ihrer Streitschriften anpaßten.

Im 19. Jahrhundert kam als dritter englischer Namensspieler William Makepeace Thackeray dazu. Bei ihm war nicht die politische Gesinnung Ursache für viele Decknamen, sondern seine notorische Geldnot durch Verluste am Spieltisch. Er schrieb so viel für die satirische Zeitschrift »Punch«, daß er immer wieder neue Namen brauchte.

Zu Pseudonymen-Spielern gehört auch der deutsche Hans Jacob Christoffel von Grimmelshausen, der unter mindestens acht verschiedenen Namen geschrieben hat. Alle diese angenommenen Namen hat er durch Buchstabenumstellung seines richtigen Namens gebildet. Dieses Versteckspiel dehnte er auch auf seinen Wohnort Renchen (Renichen) aus, der bei ihm zu Cernheim, Rheinec und Hercinen wird. Mit soviel Namens-Mimikri narrte der Verfasser des »Simplicius Simplicissimus« die Philologen über zwei Jahrhunderte.

Wer ständig von einem Pseudonym in ein anderes schlüpft, gewinnt zwar nach außen an Vielfalt, verliert aber dabei leicht auch einiges von der eigenen Persönlichkeit. Die Strafe folgt auf dem Fuß: Wer unter vielen Pseudonymen schreibt, muß in Kauf nehmen, daß sich auch andere ihrer bedienen. Voltaire erging es so.

Ein selbstgewähltes Pseudonym, ein eigenständiger Nom de plume, ein Deck- wie Künstlername, verrät oft viel mehr darüber, wie und wo der Erfinder sich selbst eingruppiert, als äußerliche Lebensdaten. Schade, daß Sigmund Freud dies nicht untersucht hat. Dafür lieferte er in seinem Privatleben eine hübsche Pseudonymen-Pointe: Er hieß eigentlich Sigismund, da er diesen Namen jedoch nicht mochte, änderte er ihn kurzerhand in Sigmund.

Frauen legten sich oft männliche Pseudonyme zu. So schrieb die unvergessene Marlitt in der »Gartenlaube« nur unter E. Marlitt, was Emil, Erich, aber auch – wie es richtig war – Eugenie heißen konnte. Das änderte sich erst mit der zunehmenden Emanzipation. Heute sind viele Kriminalroman-Autoren Frauen und schreiben unter ihrem Namen oder einem weiblichen Decknamen. Seltener wählten Männer

Frauennamen. Prosper Merimée, der »Carmen«-Autor, tat es, als er sich Clara Gazul nannte. Die Tarnung hielt nicht lange. Goethe entlarvte das Pseudonym.

Der nächstliegende Grund, seinen Namen zu ändern, ist die Absicht, sich klar von anderen zu unterscheiden, die den gleichen Namen tragen. Die Puristen begnügen sich damit, ihrem Namen einen unterscheidungsfördernden Zusatz hinzuzufügen, zum Beispiel den Geburts- oder Wohnort. So wird aus Schmidt Schmidtbonn, aus Müller Müller-Partenkirchen.

Andere Namensänderungen entstehen durch Kürzung. Goethe bewies auch als Theaterdirektor in Weimar viel Verständnis für weibliche Empfindung, als er aus einer seiner Aktricen mit dem Küchengewürznamen Petersilie eine Demoiselle Silie machte.

Das Bürgerliche Gesetzbuch ist pseudonymenfreundlich. Wer sich einen Deck-, Künstler- oder Tarnnamen zulegt, genießt den vollen Namensschutz des Paragraphen 12. Schreibt jemand unter einem Pseudonym, darf ihn auch das Gericht nicht zwingen, die Maske fallen zu lassen. Sein Verleger kann nach Paragraph 10 des Urheberrechtsgesetzes die Rechte des pseudonymen Verfassers wahrnehmen.

Was aber, wenn einer wirklich so heißt, wie sich ein anderer genannt hat und sich auf gleichem Gebiet künstlerisch versucht? Auch das haben Juristen geklärt. Für jene, denen die Liebe zum eigenen Namen höher steht als der Verdacht, sie wollten eventuell von einer Verwechslung mit einem prominenten Kollegen profitieren, gilt, was ein Gericht in der Strafsache Peter Alexander gegen Peter Alexander verfügte.

Der berühmte Alexander, der eigentlich Peter Neumayer heißt, mußte gegen einen anderen Sänger klagen, der tatsächlich Peter Alexander hieß und dessen Auftritte natürlich zu Verwechslung und Verwirrung bei den Fans des berühmten falschen Peter Alexander führten.

Das Urteil besagte: Der echte Peter Alexander darf weiterhin öffentlich unter seinem Namen auftreten, jedoch darf dieser nur so groß gedruckt werden, wie es seinem Bekanntheitsgrad entspricht. Im übrigen gehört es zum Ehrenkodex unter Schauspielern, keinen Künstlernamen zu wählen, den bereits ein bekannter Kollege hat.

Überhaupt wird ein Blick auf die Künstlernamen der Filmstars zu einem kulturhistorischen Streiflicht. Zur Zeit der Stars und der Starfilme gab es eine Inflation an Künstlernamen. Zum Glamour der Stars gehörte auch der Wohlklang ihrer Namen. Greta Garbo, Jean Gabin – das klang schon größer, schöner, bedeutender als Lovisa Gustafsson oder Alexis Moncorgé.

Mit dem Starkult verschwanden die Künstlernamen, ab den siebziger Jahren ändern Schauspieler nur noch ihre Namen, wenn der richtige ungewollt komisch oder unaussprechbar ist. Dafür liefert die Popszene völlig neue, verrückte Namensschöpfungen. Jedes Pseudonym – gleich, aus welchem Grunde es jemand wählte – reizt dazu, es zu enttarnen und zu ergründen, warum ausgerechnet dieser Name gewählt wurde. Manche konnten erst nach Jahrhunderten »geknackt« werden, aber enttarnt wurden fast alle. Bei einigen gibt es Zweifel oder verschiedene Mutmaßungen. Molière ist ein solches noch nicht entschlüsseltes Pseudonym; und auch welcher deutsche Schriftsteller der Romantik unter dem Namen Bonaventura schrieb, ist noch nicht mit Sicherheit geklärt. Vieles spricht dafür, daß sich Friedrich Gottlob Wetzel so nannte, vielleicht aber auch Friedrich Schelling, E. T. A. Hoffmann oder Clemens Brentano. Schwieriger ist es bei B. Traven, dem Schriftsteller mit sozialem Engagement. Trotz vieler Theorien und Behauptungen – ein schlüssiger Beweis, wer unter diesem Namen die Romane »Das Totenschiff«, »Die Rebellion der Gehenkten« und andere schrieb, liegt bis heute nicht vor.

Über 1000 Künstler-, Tarn- und Decknamen enthält dieses Lexikon, das zu jedem Namen Lebensdaten, Hauptwerke und – soweit möglich – Grund und Herkunft des Pseudonyms nennt. Neben den bekannten Künstler- und Decknamen aus allen Bereichen des öffentlichen Lebens gibt es einige, die nur einmal oder nur gelegentlich benutzt wurden. Auch sie wurden aufgenommen, weil durch diese kurzfristige Namensänderung oft das Lebenswerk der betreffenden Künstler und Schriftsteller eine neue Facette enthält. Oscar Wilde, G. B. Shaw und Hermann Hesse gehören zu diesem Kreis.

Seit Jahrzehnten ist dies die erste Pseudonymen-Sammlung in dieser Form und in diesem Umfang in deutscher Sprache. Wäre Vollständigkeit unser Ziel gewesen, hätte das Lexikon den zehnfachen Umfang bekommen müssen. So ist es nicht mehr, aber auch nicht weniger als ein Anfang mit allen Tücken, doch auch allen Vorzügen eines Beginns. Daß es in relativ kurzer Zeit und in diesem Umfang in Druck gehen konnte, war nur durch das unbürokratische Entgegenkommen von Archiven und Instituten und dem Fleiß von Mitarbeitern möglich. Ihnen mein Dank und meine Anerkennung.

Dieses Nachschlagewerk ist – mehr noch als andere Lexikonarbeit – eine Open-end-Beschäftigung, denn jeden Tag wird ein neues Pseudonym geboren, jeden Tag ein anderes fallengelassen. Deshalb steht am Schluß dieses Vorworts, neben der obligatorischen Entschuldigung für eventuelle Lücken, die Bitte an die Leser um Mitarbeit bei der Entlarvung weiterer Pseudonyme.

Dr. Manfred Barthel

Kleiner Wegweiser durch das große Lexikon der Pseudonyme

1. Als Stichwort ist immer das Pseudonym genannt. Wer aber wissen will, ob jemand außer seinem richtigen Namen auch ein oder mehrere Pseudonyme benutzte, braucht nur im Namensregister auf Seite 215 nachzuschlagen. Dort sind als Stichworte die richtigen Namen angeführt.

2. Hat ein und dieselbe Person mehrere Pseudonyme benutzt, so ist jedes als eigenes Stichwort aufgeführt. Die weiteren Pseudonyme sind nach dem Stichwort-Pseudonym mit den Zeichen > < in alphabetischer Reihenfolge erwähnt.

3. Nach dem Pseudonym steht durch das Zeichen = verbunden der richtige Name; es folgen Lebensdaten, Nationalitäts- und Berufsangaben.

4. Bei Schriftstellern sind jene Werke *kursiv* gedruckt, die sie *nicht* unter dem Pseudonym, sondern unter ihrem richtigen Namen veröffentlicht haben.

5. Bei Filmschauspielern sind nur jene Filme mit deutschen Titeln aufgeführt, die bei uns überdurchschnittliche Erfolge waren. Filme von internationalem Rang sind mit Originaltitel genannt.

6. Soweit die Herkunft und/oder die Entstehung eines Pseudonyms ermittelt werden konnte, ist dies im Text zu dem jeweiligen Pseudonym vermerkt. Für Hinweise auf die Herkunft noch nicht gedeuteter Pseudonyme ist der Herausgeber ebenso dankbar wie für Nach-

richt über weitere Pseudonyme prominenter Persönlichkeiten. Allerdings gelten auch dafür die drei Einschränkungen, die als Grenzen dieser Zusammenstellung gezogen wurden:

a) Namensänderungen werden nur in besonders gelagerten Fällen aufgenommen.
b) Kirchennamen werden nur aufgenommen, wenn sie auch außerhalb des kirchlichen Lebens benutzt wurden.
c) Schlager-, Pop-, Rocksänger und -musiker müssen mehr als nur einen Tageserfolg vorweisen können.

7. Das Wort »Pseudonym« ist im Lexikon-Teil mit PS abgekürzt. Die übrigen Abkürzungen entsprechen den in Nachschlagewerken üblichen. Nachstehend die wichtigsten in alphabetischer Reihenfolge.

ägypt.	= ägyptisch
alger.	= algerisch
amerik.	= amerikanisch
arab.	= arabisch
argent.	= argentinisch
AT	= Altes Testament
austr.	= australisch
brasil.	= brasilianisch
chin.	= chinesisch
christl.	= christlich
dän.	= dänisch
d. Gr.	= der Große
d. J. (Ä.)	= der Jüngere (Ältere)
dtsch.	= deutsch
ehem.	= ehemalig
eigtl.	= eigentlich
engl.	= englisch
evangl.	= evangelisch
finn.	= finnisch
franz.	= französisch
geb.	= geboren (geborene)
geistl.	= geistlich
gen.	= genannt
griech.	= griechisch
Hrsg.	= Herausgeber
hochdt.	= hochdeutsch
holl.	= holländisch
ind.	= indisch
isländ.	= isländisch
israel.	= israelisch

ital.	= italienisch
Jhdt.	= Jahrhundert
jüd.	= jüdisch
jugosl.	= jugoslawisch
kanad.	= kanadisch
kath.	= katholisch
mexik.	= mexikanisch
Mio.	= Million(en)
Mitgl.	= Mitglied
monatl.	= monatlich
Mrd.	= Milliarde(n)
n. a. A.	= nach anderen Angaben
n. Chr.	= nach Christus
NT	= Neues Testament
norweg.	= norwegisch
österr.	= österreichisch
östl.	= östlich
polit.	= politisch
poln.	= polnisch
portug.	= portugiesisch
relig.	= religiös
röm.	= römisch
rumän.	= rumänisch
russ.	= russisch
schott.	= schottisch
schwed.	= schwedisch
schweizer.	= schweizerisch
sog.	= sogenannt
sowj.	= sowjetisch
span.	= spanisch
staatl.	= staatlich
tschech.	= tschechisch
türk.	= türkisch
U-Musik	= Unterhaltungsmusik
ung.	= ungarisch
u. (v.) a.	= und (viele) andere
v. Chr.	= vor Christus
verh.	= verheiratet(e)

A

AABA AABA >RODA RODA, Alexander< = Sandor Friedrich Rosenfeld
1872–1945; österr. Schriftsteller (Erzählungen). Ältester Mitarbeiter des »Simplicissimus«. Emigrierte nach den USA.
Das PS Aaba Aaba wählte Roda Roda nur, damit er 1907 in Kürschners Literaturkalender an erster Stelle genannt werden mußte. Er hatte nämlich gewettet, daß er in diesem Jahr an der Spitze aller deutschen Schriftsteller stehen würde. Er gewann die Wette.

ABBOT, Bud = John Vernon
1896–1943; amerik. Varietésänger und Filmschauspieler, der zusammen mit >*COSTELLO, Lou*<, eine ganze Reihe klamottiger Lustspiele drehte.
Sein PS bedeutet »Abt«.

ABELIN, Johann Philipp = Johann Ludwig Gottfried
1600–1634; dtsch. Historiker. Begründer der zeitgeschichtlichen Sammlung »Theatrum Europaeum«.

ABRAHAM A SANTA CLARA = Johann Ulrich Megerle
1644–1709; österr. Kanzel- und Hofprediger mit urwüchsiger Sprache. Seine Predigt »Auff auff ihr Christen« diente Schiller als Vorlage zu seiner Kapuzinerpredigt in »Wallensteins Lager«.
Das PS ist sein Name als Augustiner-Barfüßermönch.

ABU NIDAL = Hassan Sabri al Bannah
1939; palästinensischer Terroristenführer. Lebt in Libyen und soll sich einer Gesichtsoperation unterzogen haben, um unerkannt zu bleiben.
Sein PS heißt »Vater des Kampfes«.

ADALBERT, Max = Max Krampf

1874–1933; dtsch. Theater- und Filmschauspieler. »Der müde Tod« (Stummfilm von Fritz Lang); »Der Hauptmann von Köpenick« (Titelrolle, 1931); »Lachende Erben«. Erst die Tonfilmära brachte seine spezifischen schauspielerischen Qualitäten zur Geltung.
Durchaus verständlich, daß ein Schauspieler nicht als Krampf im Theaterzettel genannt werden möchte.

ADAMUS, Franz = Ferdinand Bronner
1867–1944; österr. Schriftsteller. Romane, Dramen, Lyrik. Erster österr. Naturalist. »Jahrhundertwende« (Roman-Trilogie); »Kinder des Volkes« (Roman).

ADORNO, Theodor W. = Theodor Wiesengrund
1903–1969; dtsch. Philosoph, Soziologe, Musikwissenschaftler, Komponist. Schüler von Alban Berg. Der östl. Kommunismus lehnte seine Auslegung der Marx-Theorie ab.
Sein PS bedeutet im Lateinischen »ausrüsten«, »ins Werk setzen«, »schmücken«. Die Erinnerung an seinen eigentlichen Namen blieb im PS durch das W. erhalten.

AGAPIDA, Friar Antonio >KNICKERBOCKER, Diedrich< >CRAYON, Geoffrey< = Washington Irving
1783–1859; amerik. Essayist und Erzähler.
Seine literarischen Texte, mit denen er alte Sagen neu zu beleben versuchte, schrieb er unter diesem PS, dessen Herkunft unklar ist; möglicherweise hängt es mit dem griech. »agape« für Armenspeisung zusammen.

AGNEW, Spiro = Spiro Theodore Anagnostopoulos
1918; amer. Politiker. Der ehem. Gouverneur von Maryland wurde 1969 amerik. Vizepräsident unter R. Nixon. Er vertrat den rechten Flügel seiner Republikanischen Partei und verteidigte den Vietnam-Krieg. Korruptionsvorwürfe zwangen ihn 1973 zum Rücktritt.
Sein PS ist eine amerikanisierte Abkürzung seines griech. Namens, der für Amerikaner kaum aussprechbar ist.

AGRICOLA, Georgius = Georg Bauer
1494–1555; dtsch. Naturforscher, der die Grundlagen der wissenschaftlichen Mineralogie schuf. »De re metallica« (Handbuch des Bergbaus).
Sein PS ist die damals übliche Latinisierung seines dtsch. Namens (Bauer = Landmann = »agricola«).

AGRICOLA, Johannes = Johann Schneider (Schnitter)
1494–1566; aus Eisleben gebürtiger Theologe, nach dem sog. Antinomismus-Streit mit Martin Luther Hofprediger in Berlin. 1528 gab er die ersten Sprichwörtersammlungen in hochdeutsch heraus.

Sein PS ist die damals übliche Latinisierung seines dtsch. Namens »Schnitter« und bedeutet »Kornschnitter, Landmann«.

AHLGREN, Ernst = Victoria Maria Benedictsson
1850–1888 (Freitod); schwed. Schriftstellerin. Ihre Romane und Dramen zeichnen sich durch schonungslose Offenlegung der gesellschaftlichen Verhältnisse ihrer Zeit aus.
Das männliche PS wählte sie, um sich gegen die Vorurteile ihrer Zeit (schreibende Frauen) zu schützen.
Wieso sie gerade dieses PS wählte, ist ungeklärt.

AHO, Juhani = Johan Brofeldt
1861–1921; finn. Schriftsteller. »Junggesellenliebe« u. a. Novellen; »Schweres Blut«.
Sein PS wählte er, als er seinem literarischen Schaffen nach einem Paris-Aufenthalt eine neue, psychologische Richtung gab und seine neuen Bücher von denen, die er bisher geschrieben hatte, deutlich absetzen wollte.

AIMARD, Gustave = Olivier Gloux
1818–1883; franz. Schriftsteller. Lebte lange in Amerika, nahm an zahlreichen Kämpfen und Abenteuern teil, die in seinen spannenden Romanen ihren Niederschlag fanden. »Die Trapper von Arkansas«; »Die Piraten der Prärie«.
Herkunft und Bedeutung seines PS sind noch unklar.

Johannes Agricola, Hofprediger in Berlin, gab die erste hochdt. Sprichwortsammlung heraus

AIMÉE, Anouk = Françoise Sorya
1932; franz. Filmschauspielerin. »Ein Mann und eine Frau«; »Der goldene Salamander«; »Die Reise«.
Ihr PS bedeutet auf deutsch »geliebt«.

ALAIN = Emile-Auguste Chartier
1868–1951; franz. Philosoph, Pazifist, Radikalsozialist.
Sein PS ist eine Hommage an Alain de Lille, einen franz. Philosophen Ende des 12. Jhdts. Er benutzte das PS während der deutschen Besatzungszeit als Deckname.

ALAIN-FOURNIER = Henri Alban Fournier

1886–1914 (gefallen); franz. Schriftsteller. Sein Roman »Der große Kamerad« war der erste, der nur von jener Handlung lebt, die sich im Inneren der Personen abspielt. Er begründete eine neue Richtung in der Epik.

ALBRECHT, H. = Börries Freiherr v. Münchhausen
1874–1945 (Freitod); dtsch. Schriftsteller (Balladen).
Einige Erzählungen und Zeitschriftenartikel schrieb er unter diesem PS, dessen Herkunft bis jetzt noch nicht geklärt werden konnte.

ALCÁNTARA, Francisco José = José Garcìa Hernandez
1922; span. Schriftsteller. »Wenn alles schiefgeht«; »... sie kommen, Don Antonio«.
Sein PS bedeutet im Arabischen »Brücke«, außerdem ist es der Name einer Stadt an der span.-portug. Grenze, in der A. seine Jugend verbrachte.

ALDANOW, Mark Alexandrowitsch = M. A. Landau
1889–1957; russ. Schriftsteller (Romane). »Der 9. Thermidor«; »Die Teufelsbrücke«; »Die Verschwörung«; »St. Helena, eine kleine Insel«. Emigrierte 1919 nach Paris, übersiedelte 1941 in die USA, wo seine Romane großen Anklang fanden.
Sein PS sollte seine russische Herkunft betonen. Außerdem gab es den sowj. Physiker Landau (Nobelpreis 1962).

ALEXANDER, Georg = Werner Louis Georg Lüddeckens
1888–1945; dtsch. Schauspieler und Regisseur. »Alles hört auf mein Kommando«; »Der alte und der junge König«; »Frau Luna« u. a.

ALEXANDER, Peter = Peter Neumayer
1926; österr. Schlagersänger, Filmschauspieler, Showmaster. Seit 1969 eigene erfolgreiche Fernseh-Shows. Über viele Jahre alle Preise, die es für Publikumslieblinge im deutschsprachigen Raum gibt. Filme: »Bonjour, Kathrin«; »Im Weißen Rössl«; »Die lustige Witwe«; »Graf Bobby«; »Die Fledermaus« u. a.

ALEXANDRA = Alexandra Doris Nefedov
1944–1969; dtsch. Schlagersängerin. Arbeitete als Zeichnerin, um ihre Gesangsausbildung zu finanzieren. Mit den von Udo Jürgens komponierten Schlagern »Zigeunerjunge« und »Sehnsucht« eroberte sie die dt. Hitparaden, bis ihre Karriere durch einen tödlichen Autounfall jäh beendet wurde.

ALEXIS, Willibald = Wilhelm Häring
1798–1871; dtsch. Schriftsteller (Romane). »Die Hosen des Herrn von Bredow«; »Der Roland von Berlin«; »Ruhe ist die erste Bürgerpflicht« u. a. Alexis hatte sich am Beginn seiner Karriere als Übersetzer des Romans »Wallad-

mor« von Walter Scott ausgegeben. In Wahrheit stammte er von ihm. Scott verzieh ihm den Schwindel.
Sein PS ist eine krampfhafte Latinisierung seines Namens. »Alec« nannten die alten Römer einen gesalzenen Fisch.

ALLEGORIOWITSCH >MYSTIFIZINSKY< >SCHARTENMEIER, Philipp Ulrich< = Friedrich Theodor Vischer
1807–1887; dtsch. Schriftsteller, Ästhetiker, liberaler Politiker. *»Auch einer«* (Roman).
Dieses PS wählte er für eine Verspottung sog. allegorischer »Dichtungen«, wie er oft sein jeweiliges PS den Themen anpaßte, über die er schrieb.

ALLEN, Woody = Allen Stewart Königsberg
1935; amerik. Schauspieler, Regisseur und Autor (zunächst Autor und Gagschreiber für berühmte Kollegen). »Was Sie schon immer über Sex wissen wollten . . .«; »Woody – der Unglücksrabe« (vier Oscars 1977); »Manhattan«; »Zelig«, »The purple Rose of Cairo«.
Woody bedeutet »holzig«, »der Hölzerne«. Ob er jedoch bei der Wahl seines PS-Vornamens daran gedacht hat, ist nicht bekannt.

ALLYSON, June = Ella Geisman
1917; amerik. Filmschauspielerin und Sängerin. »Die Glenn Miller Story«; »Musik für Millionen«; »Zwei Mädchen und ein Seemann« u. a.
Ihr PS bedeutet im Alltagsamerikanisch »Kumpel, Bundesgenosse«.

ALTENBERG, Peter = Richard Engländer
1859–1919; österr. Literat, Bohemien. Gefördert von Karl Kraus. Machte sich auch als Stammgast in der Wiener Kaffeehausszene einen Namen. Er selbst nannte seine Feuilletons »Extrakte«: »Wie ich es sehe«; »Was der Tag mir zuträgt« u. a.
Die Herkunft seines PS ist noch nicht geklärt.

AMBERG, Lorenz >FORTRIDGE, Allan G.< >JUNGK, Robert< = Robert Baum
1913; dtsch.-amerik. Schriftsteller, Ökologe. »Die Zukunft hat schon begonnen«; »Heller als tausend Sonnen«.
Schrieb unter diesem und anderen PS kleinere Arbeiten für Zeitschriften.

AMBESSER, Axel von = Axel Eugen Alexander von Oesterreich
1910; dtsch. Bühnen-Film-Fernseh-Autor, -Regisseur und -Schauspieler. Bestes Stück: »Das Abgründige in Herrn Gerstenberg«; jüngstes: »Omelette surprise«.
Sein PS verdankt er seinem Vater, der erklärte: »Wenn du schon zum Theater gehst, dann unter anderem Namen! Wähle einen, der mit

A anfängt, damit du immer oben stehst.« So lautet auch der Titel seiner Autobiographie »Nimm einen Namen mit A . . .«

AMBRA, Lucio d' = Renato Eduardo Manganella
1880–1939; ital. Schriftsteller. »Eheglück«; »Argonauten des Himmels« und mindestens 30 weitere Romane.
Sein PS ist der Name des wohlriechenden Stoffwechselprodukts des Pottwals.

AMECHE, Don = Dominic Amici
1908; amerik. Filmschauspieler, Typ des »Latin Lover«. Spielte im legendären Film »Ramona«, dann in nicht mehr zu zählenden. »Heaven Can Wait« (1943); »Suppose They Gave A War And Nobody Came« (1970); »Trading Places« (1983).

AMÉRY, Carl = Christian Mayer
1922; dtsch. Schriftsteller. Kritische Auseinandersetzung mit der kath. Kirche, ökologische Fragen.
Das PS bildete er durch Umstellung der Buchstaben seines Nachnamens.

AMÉRY, Jean = Hans Mayer
1912–1978 (Freitod); österr. Schriftsteller (nicht verwandt mit dem dtsch. Literaturkritiker H. Mayer). Essays über die Persönlichkeit. Der Freitod als äußerste Form persönlicher Freiheit.
Auch er bildete sein PS durch Umstellung der Buchstaben des Nachnamens.

AMMER, K. L. = Karl Klammer
1879–1959; österr. Schriftsteller und Übersetzer von Villon, Rimbaud u. a. Brecht benutzte ungefragt seine Villon-Verse in der »Dreigroschenoper«, was zum Prozeß führte. A. gewann. Von den Tantiemen kaufte er einen Weinberg und nannte die Ernte »Dreigroschentropfen«.
Sein PS besteht nur aus Buchstaben seines Familiennamens.

ANATOL, Andreas = Klaus Fröba
Geburtsjahr unbekannt; dtsch. Bundeswehroffizier und Schriftsteller.
Unter diesem PS schreibt er sowohl Krimis wie Kinderbücher.

ANDERS, Christian = Antonio Schinzel
1945; österr. Schlagersänger, versuchte sich auch als Romanautor, Texter, Komponist, Verleger, Produzent und Filmschauspieler. Hits: »Geh nicht vorbei«; »Ein Zug nach nirgendwo« u. a. Romane: »Gobbo«; »Blutschrei« u. a.
Sein PS drückt den Willen aus, »anders« zu heißen.

ANDERS, Günther = Günther Stern
1902; dtsch. Schriftsteller, Kulturphilosoph. »Die Antiquiertheit des Menschen«; »Philosophische

Stenogramme«; »Endzeit und Zeitenende« u. a. Bekannt vor allem durch seinen Schriftwechsel mit dem Hiroshima-Bomber-Piloten.
Bei seiner Bewerbung als Redakteur wurde Stern mitgeteilt, daß bereits ein Journalist gleichen Namens für diese Zeitung arbeite. Darauf Stern: »Dann muß ich eben ›anders‹ heißen.«

ANDERSEN, Lale = Liselotte Helene Andersen
1910–1972; dtsch. Schauspielerin und Sängerin. Ihre Nebenbeschäftigung als Volkslieder- und Schlagersängerin verschaffte ihr während des II. Weltkriegs Weltruhm. Ihr »Lili Marleen« vom »Soldatensender Belgrad« war bei den Truppen aller Fronten so bekannt und beliebt, daß der Versuch des Propagandaministeriums, das Lied zu unterdrücken, scheiterte. Der Text stammte von Hans Leip.

ANDREAS, Stephan = Hardy Krüger
1928; dtsch. Schauspieler und Schriftsteller. *»Wer stehend stirbt, lebt länger«; »Junge Unrast«; »Sibirien Express«.*
Vorher publizierte er gelegentlich unter diesem PS.

ANDREE, Ingrid = Ingrid Unverhau
1931; dtsch. Theater- und Filmschauspielerin. Von Rolf Thiele 1950 für die Hauptrolle in »Primanerinnen« am Hamburger Theater entdeckt. Weitere Filme: »Und nichts als die Wahrheit«; »Peter Voss, der Millionendieb«, beide mit O. W. Fischer.

ANDREWS, Julie = Julia Elizabeth Wells
1935; engl. Schauspielerin, die in zahlreichen Hollywoodfilmen und am Broadway u. a. in »My fair Lady« spielte. Am bekanntesten »The Sound Of Music«, in dem die Geschichte der österr. Baronin Trapp in Musicalform aufbereitet wurde, und »Mary Poppins«. Für diese Rolle erhielt sie 1964 den Oscar. Jüngste Filme: »Victor/Victoria« und »The Man Who Loved Women«.
PS nach ihrem Stiefvater Ted Andrews, einem kanad. Sänger.

ANDRÉZEL, Pierre >BLIXEN, Tania< >DINESEN, Isac< >OSCEOLA< = Baronesse Karen Christence Blixen-Finecke
1885–1962; dän. Schriftstellerin, die seit 1913 in Kenia lebte.
Unter diesem PS schrieb sie den Thriller »Die Rache der Engel«.

ANET, Claude = Jean Schopfer
1868–1931; franz. Schriftsteller. Schrieb Schauspiele, Augenzeugenberichte von der Russischen Revolution und Romane. Der bekannteste: »Ariane«.
Sein PS bedeutet im Französischen »Dill«.

ANGELI, Pier = Anna Maria Pierangeli
1932–1971 (Freitod); ital. Film-

schauspielerin, die in den USA wirkte. »Teresa«; »The Silver Chalice« (mit Paul Newman in seiner ersten Hauptrolle); »Somebody Up There Likes Me« (»Die Hölle ist in mir«; ebenfalls mit Paul Newman).
Ihr PS entstand durch Abtrennen der ersten Silbe ihres Familiennamens, wodurch sie sich obendrein in ein »Engelchen« verwandelte.

ANGELICO, Fra (auch: Beato) = Guido di Pietro
um 1401/02–1455; ital. Maler. Seine Bilder haben religiöse Thematik, die stilistisch in der ausklingenden Gotik wurzelt.
Sein PS heißt auf deutsch »Bruder Engel«. Er war seit 1422 Mönch im Dominikaner-Kloster in Fiesole.

ANGELL, Norman Lane = Ralph Norman Angell Lane
1874–1967; engl. Publizist und Schriftsteller. Erhielt 1933 den Friedensnobelpreis für seine Verdienste um Völkerverständigung und seine Publikationen im Sinne des Völkerbundgedankens. Internationale Beachtung fand 1910 sein Buch »The Great Illusion« (dtsch.: »Die falsche Rechnung«).
Sein PS ist lediglich die Kürzung und Umstellung seines Namens.

ANGELIUS SILESIUS = Johann Scheffler
1624–1677; dtsch. geistl. Dichter. Erst evangl. Arzt, dann kath. Priester. Wichtigstes Werk: »Cherubinischer Wandersmann« (Spruchsammlung).
Sein lateinisches PS bedeutet »Schlesischer Bote«.

ANNABELLA = Suzanne Charpentier
1910; franz. Filmschauspielerin. »Der 14. Juli«; »Hotel du Nord«.
Ihr PS folgte einer Zeitmode, nach der sich Schauspielerinnen einnamige PS zulegten, wie z. B. auch *Arletty* oder *Colette.*

ANNUNZIO, Gabriele d' = Gabriele Rapagnetta
1863–1938; ital. Schriftsteller, Journalist und Politiker, der 1924 geadelt wurde (Fürst von Monteneroso). »Triumpf des Todes« (Roman); »Die tote Stadt« (Drama).
Sein PS bedeutet: »Der Auserwählte vor dem Herrn«, sein Geburtsname »Rübchen«.

ANTOINE = Antoine Muraccioli
1944; franz. Schlagersänger. »Hallo, bonjour, salut«.
Eines der zahlreichen PS, das durch Weglassen des Familiennamens gebildet wurde.

ANTONY, Peter = gemeinsames PS von Peter Levin Shaffer und Anthony Joshua Shaffer
1926; engl. Theaterschriftsteller (Zwillingsbrüder). Peter Shaffer ist wahrscheinlich der erfolgreichste Theaterschriftsteller unserer Zeit (»Equus«, »Amadeus«).
Die Zwillinge haben gemeinsam

3 Krimis unter diesem PS verfaßt, deren Held der Privatdetektiv Mr. Verity ist.

APOLLINAIRE, Guillaume = Wilhelm Apollinaris de Kostrowitsky-Flugi
1880–1918; franz. Dichter und Kunsthistoriker poln. Abstammung, der den surrealistischen Stil und die kubistische Malerei bekannt machte.
Sein PS ist die franz. Form seiner ersten zwei Namen. A. ist latein. und von Apoll abgeleitet.

ARAGON, Louis >COLÉRE la, François< = Louis Andrieux
1897–1982; franz. Schriftsteller. Gedichte in dadaistischer Manier. Idealisierung der Arbeiterklasse im Sinne des sozialistischen Realismus.
Sein PS stammt aus dem span. Bürgerkrieg, an dem er in der »Internationalen Brigade« teilnahm. A. heißt der linke Nebenfluß des Ebro.

ARAND, Charlotte >RODENBACH, Zoë van< = Leopold Ritter von Sacher-Masoch
1836–1895; österr. Schriftsteller, der durch seine späten pervers-erotischen Geschichten *(»Venus im Pelz«)* einer erotischen Abart den Namen gab.
Er benutzte als einer der wenigen Autoren ein weibliches PS – das Gegenteil ist viel verbreiteter.

ARDEN, Elizabeth = Florence Lewis, geb. Graham
1884–1966; kanad. Kosmetikerin und Begründerin der gleichnamigen Kosmetik-Weltmarke.
Ihr PS wählte sie nach dem Titel eines Versepos von Alfred Lord Tennyson »Enoch Arden«.

ARLETTY = Arlette-Léonie Bathiat
1898; franz. Theater- und Filmschauspielerin. »Hotel du Nord«; »Le Jour se léve« (»Der Tag erwacht«); »Les enfant du Paradis« (»Kinder des Olymp«).
Ihr PS folgte dem Zug der Zeit, möglichst nur ein Wort als Künstlername zu wählen.

ARMINIUS, Jacobus = Jakob Harmensen
1560–1609; niederl. reformierter Prediger. Begründer der nach ihm benannten »Arminianer«, eigene Gemeinden in den Niederlanden, England und Nordamerika.
Wählte das PS in Anlehnung an Armin den Cherusker.

ARMSTRONG, Henry = Henry Jackson
1912; amerik. Boxer.
Ein PS, das gleichzeitig ein Adjektiv ist, denn welcher Boxer wünscht sich nicht einen »starken Arm«.

ARNO, Siegfried = Siegfried Aron
1895–1975; dtsch. Schauspieler (Komiker). »Um eine Nasenlänge«; »Der große Diktator« (mit Chaplin).
Sein PS entstand durch Umstellen

eines Buchstabens des jüdischen Aron in den deutschen Vornamen Arno. Als er nach den USA emigrieren mußte, kürzte er den sehr deutschen Vornamen Siegfried in Sig.

ARNOUL, Françoise = Françoise Annette Gautsch
1931; franz. Filmschauspielerin, in Algerien geboren. »Paris Palace-Hotel«; »Der Weg ins Verderben« (mit Jean Gabin) u. v. a.
Verständlich, daß sie den so gar nicht franz. Namen Gautsch durch ein PS ersetzte.

ARTHUR, Jean = Gladys Greene
1905; amerik. Filmschauspielerin. Nach Western und Schwänken kam sie zu seriösen Rollen und guten Partnern. So spielte sie mit Gary Cooper in »Mister Deeds Goes To Town«, unter Julien Duvivier in »Tales Of Manhattan« (»Sechs Schicksale«) und unter Billy Wilder in »A Foreign Affair«. Für ihre Rolle in »The More The Merrier« 1943 zum Oscar nominiert.

ASMUS = Matthias Claudius
1740–1815; dtsch. Schriftsteller. *»Wandsbecker Bote«.*
Schrieb während seiner Studienzeit Gedichte, die den Lebensgenuß besangen, unter diesem PS, das die Kurzform des Namens Erasmus ist.

ASTAIRE, Fred = Frederick Austerlitz
1899; amerik. Tänzer und Schauspieler. »Flying down to Rio – Top Hat«; »Daddy Langbein« u. v. a. Autobiographie: »Steps in Time« (1960).
Das PS wurde von seinen Eltern veranlaßt, als er 2 Jahre alt war. Es ist die amerik. Form der ersten Silbe des Familiennamens. Doch »astir« bedeutet auch »mit den Beinen beweglich sein«, was ja bei A. nun wirklich zutrifft.

ASTOR, Mary = Lucille Langehanke
1906; amerik. Film- und Fernsehschauspielerin. Für die beste Nebenrolle in dem Film »Die große Lüge« (»The Great Lie«) erhielt sie 1941 den Oscar.
Ein typisches Hollywood-PS, das sich an die Geldaristokratie der Astors anhängte.

ATATÜRK, Mustafa Kemal = Mustafa Kemal (Pascha)
1881–1938. Während des I. Weltkriegs Befehlshaber der türk. Armee. Organisierte den Widerstand gegen die alliierte und griech. Okkupation.
1920 zum Vorsitzenden der Großen Nationalversammlung gewählt, setzte er den Sultan ab und rief 1923 die Republik aus. 1923–1938 Staatspräsident mit diktatorischen Vollmachten.
Der Beiname Atatürk (= Vater der Türken) wurde ihm 1934 verliehen.

ATLAS, Charles = Angelo Siciliano

1893–1972; amerik. Bodybuilder, offenbar mit klassischer Bildung. Wie sonst wäre er auf dieses griechische PS gekommen? Atlas war jener Riese, der das Weltgewölbe auf seinen Schultern trug, sozusagen ein »Urahn« der Bodybuilder.

AUBÉPINE, M. de = Nathaniel Hawthorne
1804–1864; amerik. Schriftsteller. *»Der scharlachrote Buchstabe«.*
Er benutzte dieses PS lediglich für die Einleitung zu »Rappaccinis Tochter«. Es ist das franz. Wort für »Hagedorn«, engl.: »Hawthorne«.

AUBRY, Cecile = Anne-Marie-José Bénard
1928; franz. Schauspielerin. »Manon« (nach »Manon Lescaut«); »Die schwarze Rose«; »Blaubart«.
Ihr PS ist der Name sowohl eines franz. Historikers wie eines franz. Musikwissenschaftlers aus dem vorigen Jahrhundert.

AUCLAIR, Michel = Vladimir Vujoric
1922; franz. Filmschauspieler jugosl. Abstammung. »Les maudits« (»Boot der Verdammten«); »Die Stimme des anderen«.
Sein PS bedeutet »etwas klarstellen«.

Charles Aznavour als Pianist in dem 1959 gedrehten Film »Schießen Sie nicht auf den Pianisten«

AUERBACH, Berthold >CHAUBER, Theobald< = Moses Baruch
1812–1882; dtsch. Schriftsteller, liberaler Politiker. »Schwarzwälder Dorfgeschichten«; »Spinoza« (Roman); »Barfüssele«.
Wegen seiner Zugehörigkeit zu verbotenen Burschenschaften benutzte er als Schriftsteller diese PS, in denen die Buchstaben seines richtigen Namens verwendet wurden.

AVALON, Frankie = Francis Avallone
1939; amerik. Popsänger. »Venus«.
Sein PS ist die Amerikanisierung seines ital. Namens.

AVATAR of Vishnuland = Rudyard Kipling
1865–1936; engl. Schriftsteller (Nobelpreis 1907). *»Dschungelbuch«; »Kim«.*

Sein PS ist aus zwei Begriffen des Hinduismus gebildet. Frei übersetzt bedeutet es: »Der Hochgestiegene aus dem Land des Gottes Vishnu«.

AYCKBOURN, Alan = Ronald Allen
1939; engl. Theaterschriftsteller. »Jeder kann's gewesen sein«; »Schöne Bescherungen«; »Stromaufwärts«.

AZNAVOUR, Charles = Charles Aznavourian
1924; franz. Sänger und Filmschauspieler armenischer Abstammung, von Edith Piaf gefördert. »Schießen Sie nicht auf den Pianisten«; »Die Blechtrommel« u. a.; Autobiographie: »Aznavour über Aznavour« (1971).
Sein PS ist die Anpassung seines Familiennamens an franz. Sprachgepflogenheiten.

AZORIN = José Martinez Ruiz
1874–1967; span. Autor, Literaturkritiker, der als Kritiker und Essayist erfolgreicher war denn als Autor.
PS nach dem Helden seiner autobiographischen Novelle »António Azorín«.

B

BAAL, Karin = Karin Blauermel
1940; dtsch. Schauspielerin. Wurde für den Film »Die Halbstarken« entdeckt; »Das Mädchen Rosemarie«; »Der Jugendrichter«; »Lili Marleen«.
Bei ihrem Künstlernamen blieben die Initialen ihres Familiennamens erhalten.

BACALL, Lauren = Betty Joan Perske
1924; amerik. Theater- und Filmschauspielerin. In ihrem ersten Film »To Have And Have not« 1944 (»Haben und nicht haben«, nach Hemingway) bittet sie Humphrey Bogart um Feuer – so begann eine Liebesromanze, in diesem Film und auch im Leben. Sie heirateten 1945.
Der Nachname des PS ist der Mädchenname ihrer Mutter (Bacal), den Vornamen gab ihr der Regisseur Howard Hawks am Beginn ihrer Filmkarriere.

BACH, Vivi = Vivi Bak
1940; dän. Filmschauspielerin und Sängerin. In den fünfziger Jahren das lustige blonde Mädchen mit skandinavischem Akzent in den deutschen Unterhaltungsfilmen. Später mit ihrem Mann Dietmar Schönherr Quizmasterin beim Fernsehen.
Ihr PS ist lediglich die Anpassung ihres dänischen Namens an die deutsche Sprache.

BAKST, Léon = Lew Samoilowitsch Rosenberg
1866–1924; russ.-franz. Maler und Bühnenbildner. Er stattete Sergej Diaghilews »Ballets russes« aus. Seine Graphik ist ein Vorläufer des Jugendstils.

BALANCHINE, George = Georgy Melitonowitsch Balanschiwadse
1904; russ. Ballettänzer; seit 1933 in den USA ansässig.
Der Begründer des neoklassischen

Ballettstils hatte sein PS geschickt gewählt: Es ist sowohl französisch wie englisch gut auszusprechen.

BALÀZS, Béla = Herbert Bauer, Dr. phil.
1884–1949; ung. Schriftsteller und Filmtheoretiker. Schrieb auch Ballettvorlagen und Opernlibretti. Wichtigste filmtheoretische Schrift: »Der sichtbare Mensch oder Die Kultur des Films« (1924). Mitarbeit an zahlreichen Drehbüchern u. a. »Die Dreigroschenoper«.

BALL, Lucille = Lucille Hunt
1911; amerik. Theater- und Fernsehschauspielerin, Komikerin. Bekannt wurde sie in der Titelrolle der amerik. TV-Serie »I love Lucie«.

BALZAC, Honoré de = Honoré Balzac (sein Vater hieß noch Balssa)
1799–1850; franz. Schriftsteller. Hauptwerk: »Comédie humaine«, das nur etwa 2/3 des geplanten Umfanges erreichte. B. gilt als Begründer des »soziolog. Realismus«.
Sein PS besteht aus einem »de«, durch das er sich adlig machte – aus stilistischen Gründen, wie er erklärte. Bei der immensen liter. Produktion benutzte B. viele PS, die bis heute noch nicht alle enttarnt sind (vierzig Romane in fünf Jahren).

BAMM, Peter = Dr. med. Curt Emmerich
1897–1975; dtsch. Schiffsarzt, im II. Weltkrieg Stabsarzt an der Ostfront, seit 1932 freier Schriftsteller und Journalist. »Die unsichtbare Flagge«; »Frühe Stätten der Christenheit«; »Alexander oder Die Verwandlung der Welt«; »Eines Menschen Zeit« (Autobiographie).
Sein PS benutzte er für seine journalistischen Arbeiten ab 1932.

BANCROFT, Anne = Anna Maria Louisa Italiano
1931; amerik. Theater- und Filmschauspielerin. Letzter Film: »To Be Or Not To Be« (»Sein oder nicht sein«), 1984, zusammen mit ihrem Ehemann Mel Brooks. 1962 erhielt sie für ihre Rolle in dem Film »The Miracle Worker« den Oscar.
Ihr PS wählte sie aus einer Namensliste, die der Produzent Darryl F. Zanuck ihr vorlegte, als sie ihren ersten Film »Don't Bother To Knock« (1952) drehte.

BARDOT, Brigitte = Camille Javal
1934; franz. Filmschauspielerin. »Das Gänseblümchen wird entblättert«; »Mit den Waffen einer Frau«; »Die Wahrheit«; »Viva Maria« u. v. a.
In vielen Biographien wird das PS als ihr richtiger Name angegeben. Sie verwandte die Initialen B. B. erstmals als »Cover Girl« der Zeitschrift »Elle«. Ob ihr PS von »bardeau, bardot«, was im Alltagsfranzösisch »kleiner Packesel« bedeutet, abgeleitet ist?

BARETT, C. A. = Curth Flatow 1920; dtsch. Schriftsteller. »Und abends in die Skala« (Drehbuch); *»Vater einer Tochter«* (Theaterstück); *»Fenster zum Flur«* (Theaterstück).
Dies ist das einzige PS, das Flatow benutzte. Es erinnert an seine Arbeit fürs Kabarett, wenn man die beiden Vornamenbuchstaben mit dem Hauptnamen zusammen liest.

BARKER, Lex = Alexander Crichlow Barker jr.
1919–1973; amerik. Filmschauspieler. In insgesamt 5 »Tarzan«-Filmen war er der Affenmensch (1943–1953). Nach 1958 begann seine deutsche Karriere als »Old Shatterhand« in den Karl-May-Filmen.
Sein PS ist lediglich die Reduzierung seines Vornamens Alexander auf Lex.

BARRYMORE, Ethel = Ethel Blythe
1879–1959; amerik. Theater- und Filmschauspielerin. Tochter von Maurice, Schwester von John und Lionel B. Für die beste Nebenrolle in dem Film »None But The Lonely Heart« erhielt sie 1944 den Oscar.

BARRYMORE, John = John Blythe
1882–1942; amerik. Theater- und Filmschauspieler. Sohn von Maurice, Bruder von Ethel und Lionel B. »Dr. Jeckyll und Mr. Hyde«; »Dinner at Eight« u. a.

Ihr Schmollmund machte sie auch berühmt: Brigitte Bardot, franz. Sexidol der 50er und 60er Jahre

BARRYMORE, Lionel = Lionel Blythe
1878–1954; amerik. Theater- und Filmschauspieler, zeitweise Direktor bei MGM. Sohn von Maurice, Bruder von Ethel und John B. Für seine Rolle in dem Film »A Free Soul« erhielt er 1931 den Oscar.

BARRYMORE, Maurice = Herbert Blythe
1847–1905; engl. Schauspieler. Vater von Ethel, John und Lionel B.
Ein Beispiel für das Weiterleben eines PS über mehrere Generationen – er entnahm es einem alten Theaterzettel des Haymarket Theatre in London.

BARTHOLOMEW, Freddie = Frederick Llewellyn

Count Basie, einer der Großen der internationalen Jazz-Szene, kreierte den Big-Band-Swing

1924; engl. Film-Kinderstar irischer Abstammung. »David Copperfield«; »Der kleine Lord«; »Manuel«; »Oliver Twist« u. a. Filme.

BARTOK, Eva = Eva Ivanowa Szöke
1926; dtsch. Filmschauspielerin aus Ungarn. »Durch die Wälder – durch die Auen«; »Ohne dich wird es Nacht«; »Dunja« (Remake: »Der Postmeister«).
Ihr PS entstand in Anlehnung an den Namen des ung. Komponisten Béla Bartók.

BASIE, Count = William Basie
1904–1984; amerik. Jazzpianist, Komponist und Dirigent seines Orchesters. C. B. gehörte 1929–1935 der Band von B. Motens an. Nach dessen Tod gründete er seine eigene Band.
Das »Count« in seinem PS heißt auf deutsch »Graf« und ist eine Bezeichnung, wie sie unter Jazzern als Anerkennung verliehen wird (genau wie »King«).

BASSANO, Giacomo Iacopo = C. I. da Ponte
ca. 1514–1592; ital. Maler. Religiöse Motive, Tier- und Landschaftsbilder.
Sein PS ist der Name seines Geburtsortes.

BEADLE, Tom >BOND, William< >DEFOE, Daniel< >QUIXOTA, Donna Arine< >TRINKOLO, Boatswain< = Daniel Foe
ca. 1660–1731; engl. Schriftsteller. *»Robinson Crusoe«.*
Dieses PS ist das engl. Wort für Kirchendiener. Er benutzte es für eine Streitschrift gegen die Unduldsamkeit der anglikanischen Hofkirchen gegenüber Andersgläubigen. Ein Flugblatt in gleicher Sache zeichnete er mit ABIGALL, dem Namen der Frau Davids.

BEATTY, Warren = Warren Beaty
1937; amerik. Filmschauspieler und Regisseur. »Bonnie und Clyde« u. v. a. Für die Regie des Films »Reds« erhielt er 1981 den Oscar.
Das eine t in seinem PS verhinderte, daß er als ein »Geschlagener« (»Beaty«) eingestuft wird.

BEAUMARCHAIS, Caron de = Pierre Augustin Caron
1732–1799; franz. Dramatiker, Harfenlehrer der Töchter Ludwigs XV., Geheimagent. Sein Stück »Ein toller Tag« lieferte die Vorlage für das Libretto zu Mozarts Oper »Figaros Hochzeit«; nach seinem »Barbier von Sevilla« entstand Rossinis gleichnamige Oper; und Goethe fand den Stoff für »Clavigo« in seinen »Mémoires«. Die Heirat mit einer reichen Witwe ermöglichte ihm den Kauf des Adelstitels, der sein literarisches PS wurde.

BEAUMONT, André = Jean Conneau
1880–1937; franz. Flieger.

BEAUMONT, Charles = Charles Nutt
1929–1967; amerik. Science-fiction-Autor.

BEAUMONT, Susan = Susan Black
1936; engl. Filmschauspielerin.
Ein PS, das sich 50 Jahre lang besonderer Beliebtheit erfreute. Aus einer Vielzahl von Personen, die es sich zulegten, diese drei als Auswahl. Wörtlich übersetzt bedeutet es im Französischen »Schönberg«.

BÉCAUD, Gilbert = François Silly
1927; franz. Chansonsänger. »Monsieur 100 000 Volt« wurde 1952 von Edith Piaf entdeckt. Neben Liedern wie »Nathalie« oder »L'important c'est la Rose« spielte G. B. auch in einigen Filmen mit und komponierte zahlreiche Filmmusiken.
Sein PS ist verständlich, »silly« heißt im Englischen »Dummkopf«, »töricht«. Keine Empfehlung für eine Karriere.

BÉJART, Maurice = Maurice-Jean de Berger
1928; franz. Ballettänzer und Choreograph.
Sein PS ist die Zusammenziehung von Jean und Berger.

BEKKER, Jens >DOERNER, Stefan< >KONSALIK, Heinz Günther< >NIKOLAI, Boris< >PAHLEN, Henry< = Heinz Günther
1921; dtsch. Schriftsteller. Zwischen 1960 und 1969 schrieb K. unter diesen vier PS nebenher weitere 20 Romane. Seit 1985 werden sie neu unter seinem bekanntesten PS Konsalik herausgebracht. Dazu gehören u. a. »Nacht der Versuchung«; »Eine Sünde zuviel«; »Begegnung in Tiflis«.

BEL GEDDES, Barbara = Barbara Geddes Lewis
1922; amerik. Theater- und Filmschauspielerin. Bekannt durch die Rolle der »Miss Ellie« in der TV-Serie »Dallas«. Spielte u. a. aber auch in Hitchcocks Film »Vertigo« (»Aus dem Reich der Toten«).
Ihr PS entstand durch Weglassen des Dutzendnamens »Lewis«.

BELL, Acton = Ann Brontë
1820–1849; engl. Schriftstellerin. »Agnes Gray« (Roman) u. a. Schrieb zusammen mit ihren beiden Schwestern >*BELL, Currer,*< und >*BELL, Ellis*< Gedichte unter dem Titel »Poems by Currer, Ellis und Acton Bell«.

BELL, Currer = Charlotte Brontë
1816–1855; engl. Schriftstellerin. Berühmteste der drei Schwestern. »Jane Eyre, die Waise von Lowood«; »Shirley«; »Villette« u. a. Schwester von >*BELL, Acton*< und >*BELL, Ellis*<.

BELL, Ellis = Emily Brontë
1818–1848; engl. Schriftstellerin. »Wutheringshöhe« u. a. Schwester von >*BELL, Acton*< und >*BELL, Currer*<.
Das lyrische Kollektiv-PS der drei Schwestern hat im Englischen einen guten Klang: »Glocke«.

BELL, Marie = Marie-Jeanne Bellon-Downey
1900 (n. a. A. 1905); franz. Theater- und Filmschauspielerin. »Le grand jeu« (»Das große Spiel«); »Carnet de bal« (»Reise in die Vergangenheit«); »Le colonel Chabert« (»Oberst Chabert«).
Ihr PS ist die erste Silbe ihres Familiennamens.

BELLAIRS, George = Harold Blundell
1902; engl. Kriminalschriftsteller. Schrieb 50 Krimis, deren Held Inspector Littlejohn ist.

BENDIX, Ralf = Dr. Karl Heinz Schwab
1924; dtsch. Schlagersänger und U-Musik-Produzent. Ein Gesangswettbewerb verhalf ihm zu seinem ersten Schallplattenvertrag (»Mary Ann«, »Buona sera«, »Come prima«, »Babysitter-Boogie«).

BENDOW, Wilhelm = Wilhelm Emil Boden
1884–1950; dtsch. Theater- und Filmschauspieler, Revue- und Kabarett-Darsteller. »Die Fledermaus« (Stummfilm); »Stürme der Leidenschaft«; »Münchhausen« u. a.; viele Sketche auf Schallplatte.

BEN-GAVRIÉL, Mosde Ya'akov = Eugen Hoeflich
1891–1965; österr.-israel. Schriftsteller. »Der Mann im Stadttor«; »Das Haus in der Karpfengasse«; »Ein Löwe hat den Mond verschluckt«; »Frieden und Krieg des Bürgers Mahaschavi«.
Wie viele nahm er als israel. Staatsbürger einen israel. Namen an.

BEN GURION, David = David Gruen
1886–1973; israel. Politiker poln. Herkunft. Organisierte als Generalsekretär der Histradut-Gewerkschaft 1921–1933 die Landbesiedlung der jüd. Einwanderer und 1935–1948 die illegale Einwanderung jüd. Flüchtlinge. BG proklamierte am 15. 5. 1948 den selbständigen Staat Israel, dem er

1948–1953 und 1955–1963 als Ministerpräsident und Verteidigungsminister vorstand.
Selbstverständlich nahm auch er als erster Bürger Israels einen israel. Namen an.

BENNETT, Bruce = Hermann Brix
1909; amerik. Olympiateilnehmer 1928 und achter »Tarzan«-Darsteller.
Als er in den 40er Jahren aus dem »Tarzan«-Klischee ausbrach, änderte er seinen Namen in Bruce Bennett. Unter diesem spielte er u. a. in »Der Schatz der Sierra Madre« (mit Humphrey Bogart).

BENRATH, Henry = Albert Rausch
1882–1949; dtsch. Schriftsteller, Neoromantiker. »Die Kaiserin Galla Placidia«; »Ball auf Schloß Kobolnow«; »Die Kaiserin Konstanze«; »Der Kaiser Otto III.«.
Wieso er den Namen des Rokokoschlosses bei Düsseldorf als PS wählte, ist nicht bekannt.

BENTON, Brook = Benjamin Franklin Peay
1931; amerik. Rocksänger. »Its just a matter of time«.
Bent-on bedeutet »versessen auf«, das klingt für einen Sänger hübscher als Peay, das an »Erbse« erinnert.

BERG, Axel >DÜHRKOPP, Herbert< = Herbert Reinecker
1914; dtsch. Schriftsteller (Dramen, Romane, Drehbücher).

Die Mezzosopranistin Teresa Berganza feiert nicht nur auf den großen Opernbühnen Erfolge

»Der Hund von Blackwood Castle«; »Die blaue Hand«.

BERG, Bengt = Magnus Kristoffer
1885–1967; schwed. Schriftsteller und Ornithologe. »Mein Freund der Regenpfeifer«; »Arizona Charles Junge«; »Mit den Zugvögeln nach Afrika«; »Der Lämmergeier im Himalaja«.

BERGANZA, Teresa = Teresa Vargas
1934; span. Opernsängerin, Mezzosopran, auch Interpretin für span. Volkslieder.
Möglicherweise wollte die seriöse Sängerin durch ihren Namen weder mit dem faschistischen brasilianischen Politiker noch mit dem Zeichner freizügiger Beautys für

Herrenmagazine in Verbindung gebracht werden.

BERGER, Helmut = Helmut Steinberger
1944; österr. Schauspieler. Begann als Statist in Cinecitta, kam durch Visconti-Filme zu Weltruhm: »Ludwig II.«; »Gewalt und Leidenschaft«.
Sein PS ist die übliche Verkürzung seines richtigen Familiennamens.

BERGER, Ludwig = L. Gottfried Heinrich Bamberger
1892–1969; dtsch. Theater- und Filmregisseur. Seine Shakespeare-Inszenierungen waren stilbildend. Filme: »Ein Glas Wasser« (1923); »Ich bei Tag und du bei Nacht« u. a.
Sein PS ist lediglich die Verkürzung seines Familiennamens.

BERGIUS, C. C. = Egon Maria Zimmer
1910; dtsch. Schriftsteller (Romane); ehemaliger Zivil-Flugkapitän. »Die Straße der Piloten«; »Sand auf Gottes Mühlen«; »Die Söhne des Ikarus«.
Warum er als PS den Familiennamen des dtsch. Chemikers (Nobelpreis 1931) wählte, ist nicht bekannt.

BERLIN, Irving = Israel Isidore Baline
1888–1984; amerik. Komponist von Unterhaltungsmusik russ. Herkunft. Musical: »Annie get your gun« (1950).
Sein PS entstand durch einen Druckfehler auf seinem ersten Notenblatt.

BERNHARDT, Sarah = Henriette-Rosine Bernard
1844–1923; franz. Schauspielerin, Tragödin. Spielte praktisch alles, auch Männerrollen (Hamlet).
Warum sie ihren Namen dieser leichten Korrektur unterzog, ist nicht bekannt.

BICKERSTAFF, Isaac >DRAPIER, M. B.< = Jonathan Swift
1667–1745; irischer Schriftsteller. *»Gullivers Reisen«.*
Das PS bedeutet frei übersetzt »Fehdehandschuh«. Swift, der Dekan der anglikanischen Kirche war, benutzte es bei Angriffen gegen den Katholizismus.

BILITIS = Pierre Louÿs
1870–1925; franz. Schriftsteller.
Als Verehrer heidnischer Sinnenfreudigkeit gab er »Lieder der Bilitis« heraus. Bilitis war eine Erfindung von ihm, er ernannte sie zu einer dichtenden Freundin, der Sappho von Lesbos, und gab sich selbst als deren Übersetzer aus.

BJARME, Brynjolf = Henrik Ibsen
1828–1906; norweg. Dramatiker. *»Peer Gynt«; »Hedda Gabler«; »Nora«* u. v. a.
Sein PS benutzte er für seine frühen revolutionären Gedichte, die er verfaßte, als er noch Apothekerlehrling war und sich abends auf das Abitur vorbereitete.

BLACK, Roy = Gerd Höllerich
1943; dtsch. Schlagersänger. »Ganz in Weiß« u. v. a. Zahlreiche goldene Schallplatten, fünfmal den »Goldenen Löwen«, dreimal die »Europa«.
Sein PS entstand in Anspielung auf seine schwarzen Haare.

BLAKE, Nicholas = Cecil Day Lewis
1904–1972; engl. Schriftsteller. Neben 20 Bänden Lyrik begann er 1935 unter diesem PS Detektivromane zu schreiben, in deren Mittelpunkt meist der Privatdetektiv Strangeways steht.

BLANCO, Roberto = Roberto Zerquera
1937; Schlagersänger; in Tunis geboren, Eltern Kubaner, seit 1971 dtsch. Staatsbürger. Er gewann zahlreiche Schlagerfestivals mit Hits wie »Heute so, morgen so«, »San Bernadino«, »Der Weg nach Amarillo« u. a.
Sein PS ist bewußt als Gegensatz zu seiner dunklen Hautfarbe gewählt. »Blanco« (span.) = »weiß«.

BLIXEN, Tania >ANDRÉZEL, Pierre< >DINESEN, Isac< >OSCEOLA< = Baronesse Karen Christence Blixen-Fineckel
1885–1962; dän. Schriftstellerin. Tochter des Schriftstellers Dinesen. Nachdem sie sich 1913 auf einer Kaffeefarm in Kenia niedergelassen hatte, schrieb sie phantasievolle Erzählungen. In »Schatten wandern übers Gras« hat sie ihre Erinnerungen geschrieben. Für ihr Buch »Afrika, dunkle, lockende Welt« wurde sie zum Nobelpreis vorgeschlagen.

BLOOM, Claire = Claire Blume
1931; engl. Theater- und Filmschauspielerin. In »Limelight« (1952) Partnerin von Chaplin; »Blick zurück im Zorn« (mit Richard Burton) u. a.
Ihr PS ist der engl. Aussprache ihres dtsch. Familiennamens angepaßt.

BÖHME, Margarete = Marg. Schlüter
1869–1939; dtsch. Schriftstellerin. »Tagebuch einer Verlorenen«.
Dieser Bericht aus dem Prostituiertenmilieu war zur Zeit seines Erscheinens (1928) so gewagt, daß die Autorin sich ein PS zulegen mußte.

BÖÖK, Fredrik = Martin F. Christofferson
1883–1961; schwed. Schriftsteller (Romane und Essays). »Viktor Lejon« (Roman); »Sommerspuk« (Roman) u. a.

BÖRNE, Ludwig = Löb Baruch
1786–1837; dtsch. Schriftsteller und Publizist. Seine »Briefe aus Paris« üben leidenschaftliche Kritik an den deutschen Zuständen.
Als er 1818 vom jüd. zum christl. Glauben übertrat, nahm er diesen Namen an.

BOGARDE, Dirk = Derek van den Bogaerde

1920; engl. Theater- und Filmschauspieler holl. Abstammung. »The Servant«; »Der Tod in Venedig«; »Despair« (»Die Reise ins Licht«) u. v. a.
Sein PS ist die Anpassung seines holl. Namens an die engl. Aussprache.

BOLDREWOOD, Rolf = Thomas Alexander Browne
1826–1915; engl. Schriftsteller. »Die Reiter vom Teufelsgrund« u. a. Romane.

BOM = F. Cortesi
Geburtsdatum unbekannt, gestorben 1897; russ. Clown ital. Abstammung.

BOM = Mechislaw Antonowitsch Stanewsky
1879–1927; russ. Clown poln. Herkunft.

BOM = Nikolay Josifowitsch Viltzak
1880–1960; russ. Clown tschech. Herkunft.

BOM = N. A. Kamsky
1894–1966; russ. Clown.
Eines der seltenen PS, das Eigentum einer Institution, hier eines Zirkus, ist.
Das PS BOM darf nur von Clowns benutzt werden, die im russ. Staatszirkus auftreten.

BONAVENTURA = Johannes Fidanza
1221–1274; ital. Scholastiker, heiliggesprochen 1482.

BONAVENTURA = Friedrich Gottlob Wetzel
1779–1819; dtsch. Schriftsteller (vielleicht auch PS für F. Schelling, E. T. A. Hoffmann oder C. Brentano).
Welcher dtsch. Romantiker unter diesem PS »Die Nachtwachen des B.« geschrieben hat, ist noch immer nicht ganz geklärt. Das PS kommt aus dem Spätlateinischen und heißt »der Glückbringende«.

BOND, William >BEADLE, Tom< >DEFOE, Daniel< >QUIXOTA, Donna Arine< >TRINKOLO, Boatswain< = Daniel Foe
ca. 1660–1731; engl. Schriftsteller. *»Robinson Crusoe«.*
»Bond« bedeutet im Englischen »Schuldschein«, er benutzte das PS für einen Entwurf zu einem neuen Banksystem.

BONDS, Gary (U. S.) = Gary Anderson
1939; amerik. Rockmusikkomponist. »Quarter to three«.
Eines der seltenen PS, das in Verbindung mit einer Nationalitätenbezeichnung benutzt wird.

BONNEY, Graham = Graham Bradley
1945; engl. Schlagersänger. In Deutschland wurde er u. a. bekannt durch die TV-Serie »Hits a gogo« als Moderator. Sein erster Hit war »Supergirl« (1966).

BOOT, William >STOPPARD, Tom< = Tom Straussler

1937; engl. Dramatiker und Theaterkritiker, der unter diesem PS seine frühen Theaterkritiken schrieb.

BOOTH, Shirley = Thelma Booth Ford
1907; amerik. Schauspielerin, die 1952 neben Burt Lancaster Filmruhm mit »Come back, little Sheba« erntete. Sie bekam für die Rolle den Oscar. Das Stück hatte sie schon mit Erfolg am Broadway gespielt.

BORCHERS, Cornell = Cornelia Bruch
1925; dtsch. Filmschauspielerin. »Rot ist die Liebe«; »Istambul« (mit Errol Flynn); »Arzt ohne Gewissen« u. v. a.
Des Wohlklangs und der internationalen Sprechbarkeit wegen wählte sie dieses PS.

BORNHAGEN, Adalbert = Paul Alfred Otte
1903; dtsch. Journalist, der wesentlichen Anteil an der speziellen Form des Berliner Feuilletons hat.
Er benutzte das PS für Theaterkritiken und literarische Essays. Es ist nach dem Ort Bornhagen im Werratal gebildet.
Welche Rolle der Ort in seiner literarischen oder menschlichen Entwicklung spielte, ist nicht bekannt.

BORROMINI, Francesco = Francesco Castelli
1599–1667; ital. Architekt. Er prägte wesentlich den röm. Hochbarock.
Möglicherweise wählte er sein PS, um nicht ständig an Schlösser (»castelli«) erinnert zu werden, die zu bauen seine Aufgabe war.

BOTTICELLI, Sandro = Allessandro di Mariano Filipepi
1445–1510; ital. Maler, einer der bedeutendsten des florentinischen Quattrocento. »Die Geburt der Venus«.
»Botticelli« heißt »kleines Faß«.

BOUMÉDIENNE, Houari (BUMEDIENNE, Huari) = Mohammed Bourcharrouba
1925–1978; alger. Politiker. Wurde 1960 Generalstabschef der Befreiungsarmee und Kommandeur der alger. Streitkräfte in Tunesien und Marokko. 1965 wurde er, an der Spitze eines Revolutionsrates, als Staatschef gewählt.

BOURVIL = Andre Raimbourg
1917–1970; franz. Schauspieler (Filmkomiker). »Wenn Versailles erzählen könnte . . .«; »Schweigen ist Gold«; »Der längste Tag« u. v. a.
Sein PS bildete er nach der Stadt Bourville (Normandie), in der er aufgewachsen ist.

BOUVERIE, B. = William Ewart Gladstone
1809–1898; engl. Premierminister.
Er benutzte das PS für seine literarischen Arbeiten. Es bedeutet im Französischen »Ochsenzucht«.

David Bowie 1975 in »Der Mann, der vom Himmel fiel«, seiner ersten Filmrolle

BOWIE, David >STARDUST, Ziggy< = David Robert Hayward-Jones
1946; engl. Popsänger. Trat zu Beginn seiner Karriere als Ziggy Stardust auf. Wechselte oft sein Aussehen, u. a. auch Transvestit. Neueste Pophits: »Let's dance«; »China girl«; »Blue Jeans« u. a.
Sein PS legte er sich zu, um nicht mit David Jones von der Gruppe »Monkees« verwechselt zu werden.

BOX, Edgar = Gore Vidal
1925; amerik. Romanautor und Dramatiker.
Schrieb unter dem PS unverbindliche, aber gut bezahlte Unterhaltungsromane. Das PS bezieht sich darauf: »Box« bedeutet im Angloamerikanischen auch »Kasse«.

BOYD, Nancy = Edna St. Millay
1892–1950; amerik. Lyrikerin und Erzählerin.
Neben ihren formstrengen, von der Kritik gelobten Geschichten schrieb sie auch handlungsreiche Kurzgeschichten; für diese erfand sie ihr PS.

BOZ = Charles John Huffam Dickens
1812–1870; engl. Romanautor. (Hauptwerke: *»Oliver Twist«; »David Copperfield«; »Geschichte zweier Städte«.*) Dickens galt als einer der beliebtesten Schriftsteller seiner Zeit.
Unter dem PS Boz veröffentlichte er seine ersten Werke, die »Sketches«, humorvolle Skizzen aus dem Londoner Alltag, die er für Zeitungen schrieb.
Sein PS war der Babyname eines seiner Brüder. D. benutzte mehrere PS, am häufigsten aber Boz.

BRAHM, Otto = Otto Abraham
1856–1912; dtsch. Literaturkritiker und Theaterleiter, Begründer der Volksbühne.
Sein PS ist eine Verkürzung seines Familiennamens.

BRAMANTE, Donato = Donato d'Angelo
1444–1514; ital. Architekt und Maler, der die klassische Architektur der Hochrenaissance begründete.
Sein PS bedeutet im Italienischen »herbeisehnend«, »begehrend«, »verlangend«.

BRAND, Christianna = Mary Christianna Milne Lewis
1907; engl. Kriminalschriftstellerin. War Verkäuferin und schrieb ihren ersten Krimi, um eine bösartige Kollegin zu ärgern, mit dem Titel »Death in high heels« (»Tod in hohen Absätzen«); ca. 15 weitere Titel.

BRANDES, Georg = Morris Cohen
1842–1927; dän. Literaturhistoriker und -kritiker. Begründer der antiklerikalen, nicht nationalen Geisteshaltung in den nordischen Ländern.

BRANDT, Willy >GAASLAND, Gunnar< = Herbert Ernst Frahm
1913; dtsch. sozialdemokratischer Politiker. 1933 Emigration nach Skandinavien. 1945 Rückkehr. 1947 Beitritt zur SPD. 1969 Bundeskanzler. Setzte sich für Unterzeichnung des Atomwaffensperrvertrages durch die Bundesrepublik Deutschland ein. 1970 dtsch.-sowj. und dtsch.-poln. Vertrag. 1974 Rücktritt. 1971 Friedensnobelpreis. Vorsitzender der Sozialistischen Internationale.
Den Namen bekam F. von der SAP-Zentrale (Sozialistische Arbeiterpartei) für seine Norwegen-Mission.

BRASSEUR, Pierre = Albert Pierre Espinasse
1905–1972; franz. Theater- und Filmschauspieler. »Quai des brumes« (»Hafen im Nebel«); »Les enfants du Paradis« (»Kinder des Olymp«) u. v. a.
Sein PS heißt auf deutsch »Bierbrauer«.

BRENNGLAS, Adolf = Adolf Glaßbrenner
1810–1876; dtsch. Journalist mit feinem Gefühl für den typisch Berliner Witz. Erfinder der Figur des Eckenstehers Nante.
Sein PS entstand durch Umstellen der beiden Silben seines richtigen Namens.

BRENT, Evelyn = Mary Elizabeth Riggs
1899–1975; amerik. Filmschauspielerin. Spielte 1928 in dem ersten Tonfilm der Paramount: »Interference«

BRENT, Romney = Romulo Larralde
1902–1976; amerik. Theater- und Filmschauspieler mexik. Herkunft.
Einsilbige PS waren bei US-Filmfirmen so beliebt, daß gelegentlich zur gleichen Zeit das gleiche PS von zwei und mehr Schauspielern benutzt wurde.

BRICE, Pierre = Pierre de Bris
1929; franz. Filmschauspieler. »Winnetou«-Darsteller.
Sein PS ist eine andere Schreibweise seines richtigen Familiennamens.

BRIDGE, Ann = Mary Dolling O'Malley, geb. Sanders
1889–1974; engl. Schriftstellerin.

»Verzauberter Sommer«; »Begegnung am Bosporus« u. a. Romane.

BRIDGE, Bonar = W. W. Tulloch
1846–1920; schott. Literat und Bibliograph.
Dieses PS (auf deutsch »Brücke«) ist seit Jahrzehnten beliebt. Es taucht immer wieder auf.

BRIDIE, James >HENDERSON, Mary< = Osborne Henry Mavor
1888–1951; schott. Arzt und Dramatiker, der unter dem PS Bridie Stücke schrieb, die sich durch handfesten Realismus und Humor auszeichneten. »Die seltsamen Pläne der Dame Rimmel«; »Sturm im Wasserglas«; »Susanna im Bade« u. a.

BRITT, May = Maybritt Wilkens
1933; schwed. Filmschauspielerin. Wurde von Carlo Ponti entdeckt. »Der blaue Engel« (1959); »Krieg und Frieden« u. a.
Ihr PS ist die Trennung ihres richtigen Vornamens. Wobei man streiten kann, ob »May« ein Vorname ihres PS ist oder ob »May Britt« als Einzelname gilt.

BRONSON, Charles = Charles Buchinsky
1920; amerik. Filmschauspieler, vorher Bergmann. In »Die glorreichen Sieben« (1960) begann seine Schauspielerkarriere. Als »Super-Sado-Maso-Typ« trat er in vielen Actionfilmen als Kämpfer (meist mit den Fäusten) für die Gerechtigkeit auf. »Das dreckige Dutzend«; »Spiel mir das Lied vom Tod«; »Ein Mann sieht rot« u. a.
B. änderte seinen russ. Namen während der McCarthy-Ära, um nicht als »Roter« gebrandmarkt zu werden. Er nannte sich nach der Bronson Street in Beverly Hills.

BROOKS, Geraldine = Geraldine Stroock
1925–1977; amerik. Filmschauspielerin.

BROOKS, Leslie = Lesli Gettmann
1922; amerik. Filmschauspielerin.

BROOKS, Phyllis = Phyllis Weiler
1922; amerik. Filmschauspielerin.
Ein beliebtes PS. Zur gleichen Zeit wurde es in Hollywood mehrmals verwendet. Leider ist nur bei >BROOKS, Mel< bekannt, warum er seinen Namen änderte.

BROOKS, Mel = Melvyn Kaminsky
1926; amerik. Autor, Schauspieler und Regisseur. »Frankenstein Junior«; »Silent Movie«; »To be or not to be«. 1968 bekam er für Originalstory und Drehbuch des Films »The Producers« den Oscar.
Um Verwechslungen mit dem Trompeter Max Kaminsky auszuschließen, änderte er 1941 seinen Namen in »Mel Brooks«.

BROWN, Arthur = Arthur Wilton
1944; engl. Rockmusiker. »Fire«.

BROWN, Carter = Alan Geoffrey Yates
1923; engl. Kriminalautor, dessen Romane voller Brutalitäten und Sex stecken.
Der Vorname des PS stammt von einer berühmten Detektivfigur der Groschenhefte in den 30er Jahren: Nick Carter. Carter bedeutet im Englischen »Fuhrmann«.

BROWNE, Henriette = Sophie de Saux, geb. de Boutellier
1829–1901; franz. Kupferstecherin.
Einer der seltenen Fälle, daß zu dieser Zeit eine Französin ihren Namen ablegte und ein engl. PS wählte. Möglicherweise, weil damals die Kupferstecherei in England auf höherem Niveau als in Frankreich stand.

BRUCKNER, Ferdinand = Theodor Tagger
1891–1958; österr. Schriftsteller (Dramen, Romane, Lyrik). »Krankheit der Jugend«; »Rassen«; »Verbrecher« u. a. War Leiter des Berliner Renaissance-Theaters.
Nach dem Erfolg seines psychoanalytischen Dramas »Elisabeth von England« 1930 lüftete er selbst sein PS.

BRUDER FATALIS >KOSMAS< >ROSENFELD< >STILLE, C. A.< = Ignaz Franz Castelli
1781–1862; österr. Schriftsteller. Über 200 Unterhaltungsstücke; Dialektromane.
Um seine überquellende Produktion zu verbergen, legte er sich ständig neue PS zu.

BRYNNER, Yul = Youl Bryner
1917–1985; amerik. Schauspieler, der auf der Insel Sachalin geboren wurde. Seine Karriere begann, als er kahlköpfig spielte. »The King am I« (Oscar 1956); »Die glorreichen Sieben« u. a.
B. selbst behauptet, er sei Taidje Khan jr., aber niemand war in der Lage, herauszufinden, wer er wirklich ist (nicht einmal seine Ehefrauen). Er soll der Sohn eines schweizerisch-mongolischen Vaters und einer Zigeunerin rumänischer Abstammung sein.

BUCER, Martin (auch Butzer) = Martin Kuhhorn
1491–1551; dtsch. Reformator. Emigrierte nach England, wurde Professor in Cambridge.
Daher auch die englische Schreibweise seines PS mit c. Eine Butze ist im Dialekt ein Kobold oder Knirps.

BUCHELA (Madame) = Margarethe Goussanthier
1899; dtsch. Hellseherin (Zigeunerin). Sagte vielen Prominenten die Zukunft voraus.
Sie wurde unter einer Buche geboren, da Zigeuner ihren Wagen verbrennen müssen, wenn darin ein Kind zur Welt kommt.

BÜRGER, Berthold >KURTZ, Melchior< >NEUNER, Robert< = Erich Kästner
1899–1974; dtsch. Schriftsteller. *»Fabian«; »Drei Männer im Schnee«; »Notabene«;* u. a.
Unter diesem PS schrieb K. das Drehbuch zu dem Ufa-Jubiläumsfilm »Münchhausen« 1942. Da er Schreibverbot hatte, brauchte er dazu eine Sondergenehmigung. Bürger hieß der Übersetzer der »Münchhausen«-Geschichten aus dem Englischen, der Vorname ist eine Verbeugung vor Brecht.

BUFFALO BILL = William Frederick Cody
1846–1917; B. B. war als amerik. Kavallerieoffizier 1868–1872 und 1876 in den Feldzügen gegen die Indianer beteiligt. Seinen Namen verdiente er sich durch sein Geschick beim Erlegen von Bisons als Versorgungsleiter beim Bau der Pazifikbahn. Seit 1883 zog B. B. mit seiner »Wildwestshow« durch die USA und Europa. Seine Abenteuer wurden mehrfach verfilmt.

BURNS, George = Nathan Birnbaum
1896; amerik. Schauspieler. Eigene TV-Shows. Für seine Leistung in dem Film »The Sunshine Boys« erhielt er 1975 den Oscar.
Eines der beliebten einsilbigen Hollywood-PS.

BURNS, Tommy = Noah Brusso
1881–1955; kanad. Schwergewichtsboxer.
Dies ist einer der Fälle, bei denen man bedauert, daß der ursprüngliche Name nicht beibehalten wurde! Noah als Boxer – welche Perspektiven für ihn und seine Promoter!

BURTE, Hermann = Hermann Strübe
1879–1960; dtsch. Schriftsteller, expressionistisch und völkisch. »Wiltfeber, der ewige Deutsche«; »Alemannische Gedichte«.
Wählte das PS, um sich von seinem Vater Friedrich Strübe zu unterscheiden, der sich als badischer Dialektdichter einen Namen erschrieben hatte.

BURTON, Richard = Richard Walter Jenkins
1925–1984; engl. Schauspieler. Erste Erfolge in Shakespeare-Rollen. Zahlreiche US-Filme, sechsmal zum Oscar nominiert, doch nie erhalten. Zweimal mit Elizabeth Taylor verheiratet. »Blick zurück im Zorn«; »Cleopatra«; »Wer hat Angst vor Virginia Woolf«; »1984« (seine letzte Rolle).
PS nach dem Namen seines Englischlehrers, der in ihm allerdings mehr einen künftigen Politiker als einen Schauspieler sah.

BUTTERWORTH, William = Henry Schroeder
1774–1853; engl. Kartograph dtsch. Abstammung.
Das PS sollte wahrscheinlich seine dtsch. Herkunft verbergen. Es bedeutet »Butterwert«.

C

CABALLERO, Fernán = Cecilia de Arrom, geb. Böhl de Faber
1796–1877; span. Schriftstellerin, Romane und Erzählungen. »Die Möwe«; »Spanische Dorfgeschichten«; »Die Familie Alvareda« u. a.
Der Autorin war nicht nur ein männliches PS wichtig – es mußte auch noch »Edelmann« bedeuten.

CADE, Stanford = Stanford Kadinsky
1895–1973; engl. Chirurg russ. Abstammung.
Sein PS ist die engl. Form der ersten Silbe seines Nachnamens.

CAGLIOSTRO, Allesandro Graf von = Giuseppe Balsamo
1743–1795; ital. Abenteurer und Alchemist. Spielte in Paris in der berüchtigten Halsband-Affäre eine Hauptrolle. In Rom auf Befehl des Papstes wegen Ketzerei zum Tode verurteilt, dann zu lebenslanger Festung begnadigt.

CAINE, Michael = Maurice Joseph Micklewhite
1933; engl. Film- und Fernsehschauspieler. »Revanche« (mit Laurence Olivier); »Educating Rita« (1984 zum Oscar nominiert) u. v. a.
Der Vorname seines PS kommt aus seiner Kindheit, er wurde »Mike« genannt, der Nachname ist nach dem Stück »Meuterei auf der Caine« gewählt.

CALHERN, Louis = Carl Henry Vogt
1895–1956; amerik. Theater- und Filmschauspieler. Filme: »Asphalt Dschungel«; »Julius Cäsar« (Titelrolle) u. v. a.
PS auf Druck seines Onkels, der keinen Schauspieler in der Familie haben wollte. Der Nachname des PS ist eine Kombination aus seinen beiden Vornamen, den Vornamen wählte er nach der Stadt St. Louis (obwohl in New York geb.).

CALIGULA = Gaius Iulius Caesar Germanicus
12 n. Chr. – 41 n. Chr.; röm. Kaiser seit 37 n. Chr. Nach der Rückkehr von einer Strafexpedition gegen Britannien wurde er durch Prätorianer in Rom ermordet.
Sein PS bedeutet »Soldatenstiefelchen«, was etwa unserem »Kommißstiefel« entspricht. Es wurde ihm wegen seiner Gewalttaten angehängt.

CALLAS, Maria = Cecilia Sophia Anna Meneghini, geb. Kalogeropoulos
1923–1977; griech. Opernsängerin. Feierte zum erstenmal 1947 bei den Festspielen in Verona Triumphe, viele folgten. Ab 1971 unterrichtete sie an der Juilliard School of Music in New York.
Die Namensänderung veranlaßte ihr Vater nach der Emigration in die USA, sie ist die Anpassung des griech. Namens an amerik. Sprachgewohnheiten.

CALVERT, Phyllis = Phyllis Bickle
1915; engl. Theater- und Filmschauspielerin. »Der Mann in Grau«; »Madonna der sieben Monde« u. v. a.
Der Produzent und Regisseur Herbert Wilcox veranlaßte ihre Namensänderung.

CANADAS = Henry Higgins
1944–1978; span. Stierkämpfer engl. Herkunft.
Verständlich, daß ein span. Stierkämpfer nicht mit einem engl. Namen zum Matador aufsteigen wollte (und wohl auch nicht konnte). Noch dazu mit diesem Namen, der seit »My fair Lady« nicht nur Shaw-Kennern ein Begriff ist.

CANALETTO = Giovanni Antonio Canale
1697–1768; ital. Maler. Sohn und Schüler des Theaterdekorationsmalers Bernardo C., der architektonisch getreue Stadtansichten, besonders von Venedig, malte.

CANALETTO = Bernardo Belloto
1720–1780; ital. Maler und Radierer. Neffe von Giovanni Antonio Canale, nannte sich wie sein Onkel, weil er im gleichen Stil malte.
Das PS ist die Verkleinerungsform von »Canale«.

CANNON, Freddie = Frederick Anthony Picariello
1940; amerik. Popsänger. »Palisades Park«.
Sein PS bedeutet »Kanone«.

CANTINFLAS = Mario Moreno Reyes
1913; mexik. Stierkämpfer und Filmkomiker, Clown. Er kam durch den Film »In 80 Tagen um die Welt« zu internationaler Anerkennung.

CAPONE, Al = Alphonso Caponi
1895–1947; »König der Gangster« in Chicago.
Sein PS ist die Anpassung seines

ital. Namens an den amerik. Sprachgebrauch.

CAPOTE, Truman = Truman Streckfus-Persons
1924–1984; amerik. Schriftsteller (Romane und Lyrik). »Grasharfe«; »Frühstück bei Tiffany«; »Kaltblütig«.
Erst nach seinem Tode wurde bekannt, daß Capote ein PS war.

CAPUCINE = Germaine Marie Lefebvre
1933; franz. Theater- und Filmschauspielerin. »Der rosarote Panther«; »Satyricon« u. v. a.
Eines der zahlreichen Ein-Wort-PS, die franz. Schauspieler und Schauspielerinnen gern wählen.

CARCO, Francis = François Carcopino-Tusoli
1886–1958; franz. Schriftsteller. Geb. in Neukaledonien. 1922 Großer Literaturpreis der Académie française. Seine Romane schildern Boheme und Unterwelt des Paris vor dem I. Weltkrieg.
Sein PS ist die Verkürzung seines Familiennamens und entspricht der knappen Härte seines Schreibstils.

CARLO, Yvonne de = Peggy Yvonne Middleton
1922; kanad. Filmschauspielerin. »Schlüssel zum Paradies« (mit Alec Guinness); »Lied des Orients«.
Ein PS, das franz. Temperament signalisiert und zu dieser feurigen Schwarzhaarigen mit Sex in den Fingerspitzen paßt. Sie benutzte es bereits als Varieté-Künstlerin.

8-Dollar-Zigarren waren für Al Capone, den berüchtigten Gangsterboß, ein Markenzeichen

CARLOS = Illich Ramirez Sánchez
1946; in Venezuela geborener, international gesuchter Terrorist.

CARMEN SYLVA >WEDI, E.< = Elisabeth, Königin von Rumänien, geb. Pauline E. Ottilie Luise, Prinzessin von Wied
1843–1916; dtsch. Prinzessin, die als rumän. Königin Gedichte für die eigene Schublade schrieb.
Als sie dennoch kursierten, ließ sie sie unter dem Titel »Stürme« und dem PS drucken, das sie so gedeutet hat: »Carmen das Lied, und Silva der Wald / Von selbst gesungen, das Waldlied schallt.« Das PS sollte somit an die heimat-

Truman Capote schuf eine neue Form der dokumentarisch unterbauten Kriminalgeschichte

lichen Wälder bei Neuwied erinnern.

CARMICHAEL, Harry >HOWARD, Hartley< = Leopold Horace Ognall
1908; engl. Schriftsteller.
Unter diesem PS schrieb O. 27 Krimis.

CAROL, Martine = Maryse Mourer
1921–1967; franz. Filmschauspielerin. »Lola Montez« (Regie: Max Ophüls). Eine frühe Sexbombe, die durch Kostümfilme wie »Caroline, Chérie« bekannt wurde, Vorläufer der »Angelique«-Filme
Da ihr Familienname an »mourir« = »sterben« anklang, war die Wahl eines PS natürlich dringend geboten.

CAROL, René = Gerhard Tschgierschnitz
1921; dtsch. Schlagersänger.
Wirklich, einen solchen Familiennamen kann man einem Schlagersänger nicht zumuten, das PS ist aus verständlichem Grund gewählt.

CARR, Vikki = Florencia Bisenta Casillas Martinez Cardona
1938; amerik. Popsängerin. »It must be him«.
Ihr PS ist die erste Silbe ihres letzten Familiennamens.

CARRÉ, John le = David John Moore Cornwell
1931; engl. Schriftsteller und Diplomat. »Der Spion, der aus der Kälte kam«; »Dame, König, As, Spion«; »Smileys Leute«.
Als er noch im diplomatischen Dienst tätig war, wurde er angewiesen, seine Romane unter einem PS erscheinen zu lassen. Während einer Busfahrt durch London sah er den Namen John le Carré an einer Ladenfront. Er wählte ihn zu seinem PS.

CARRELL, Rudi = Rudolf Wybrand Kesselaar
1934; holl. Showmaster im deutschen Fernsehen. »Am laufenden Band«; »Rudis Tagesshow« u. a.
Sein PS ist aus Buchstaben seines Familiennamen gebildet.

CARROLL, Lewis = Charles Lutwidge Dodgson
1832–1898; engl. Schriftsteller und Mathematiker. »Alice im

Wunderland«; »Alice hinter den Spiegeln«; märchenhafte Erzählungen.
Der seriöse Mathematiker schrieb unter strengster Wahrung seines PS für die Kinder seines Oxforder Freundes seine Nonsens-Märchen. Wie er gerade zu diesem PS kam, ist unbekannt.

CARTER, Nick
Verlags-PS für einen Helden von Kriminalgeschichten, die in Ichform geschrieben wurden. Der erste, der unter diesem PS schrieb, war der amerik. Schriftsteller John R. Coryell (1848–1924). Es folgten bis 1922 zwei weitere, die die Serie fortsetzten.

CARTESIUS, Renatus = René Descartes
1596–1650; franz. Mathematiker, Naturwissenschaftler und Philosoph.
Dem Zug der damaligen Zeit folgend, hat auch D. seinen Namen latinisiert.

CASARÉS, Maria = Maria Casares Quiroga
1922; franz. Filmschauspielerin. »Les enfants du Paradis« (»Kinder des Olymp«); »Orphée«.
Spanierin, die vor dem Franco-Regime nach Frankreich floh und ihr PS durch Weglassung des für Franzosen kaum aussprechbaren Namens Quiroga bildete.

CASSIDY, Butch = Robert Le Roy Parker
1866–1909; amerik. Bankräuber. Als P. eine Zeit als Metzger (»butcher«) arbeitete, erhielt er »Butch« als Spitzname. »Held« vieler Gangsterfilme.

CASTLE, William = William Schloss
1914; amerik. Regisseur von Horrorfilmen. »Der Nachtwandler«; »Makaber« u. v. a.
Sein PS ist die direkte Übersetzung seines dtsch. Familiennamens.

CAUDWELL, Christopher = Christopher St. John Sprigg
1907–1937 (gefallen in Spanien); engl. marxistischer Autor und Journalist.
Da auch sein Vater Journalist war und unter seinem Namen schrieb, legte sich Christopher dieses PS zu, zumal er eine andere politische Richtung vertrat als sein Vater.

CAVALLI, Pier Francesco = P. F. Caletti Bruni
1602–1676; ital. Opernkomponist. Er schrieb 42 Opern.
Warum er sich als PS ausgerechnet das Wort »Pferde« wählte, ist nicht bekannt.

CEBOTARI, Maria = Maria Cebutaru
1910–1949; Opernsängerin und Filmschauspielerin. Operndebüt 1932 als Mimi in Puccinis »La Boheme« an der Staatsoper Dresden. Filme: »Mädchen in Weiß«; »Melodie der Liebe«; »Starke Herzen im Sturm«.

Ihr PS ist eine bedeutend klangvollere Form ihres rumän. Familiennamens.

CELAN, Paul = Paul Ancel (eigtl. Antschel)
1920–1970; dtsch. Schriftsteller, der in Frankreich lebte (Lyrik).
Er bildete sein PS aus der anagrammatisch veränderten Buchstabenreihenfolge seines Namens, der wiederum eine Französisierung des eigtl. Geburtsnamens Antschel ist.

CÉLINE, Louis-Ferdinand = Louis Fuch Destouches
1894–1961; franz. Arzt und Schriftsteller. Berühmtestes Werk: »Voyage au bout de la nuit« (Roman, 1932).
Nach einem Rußland-Aufenthalt Hinwendung zum Antisemitismus und Faschismus. Als Kollaborateur zum Tode verurteilt, dann aber begnadigt.
Sein PS ist der Vorname seiner Mutter.

CELTES (auch Celtis), Konrad = Konrad Pickel (auch Bickel)
1459–1508; dtsch. Humanist. In Nürnberg zum Dichter gekrönt.
Das PS ist ungeklärt. Celtes (Celtis) heißt im Lateinischen ein Ulmengewächs.

CENDRARS, Blaise = Frédéric Sauser-Hall
1887–1961; franz. Schriftsteller. Sohn eines Schweizers und einer Schottin. Abenteurerleben. Anreger des Kubismus.
Sein PS ist wahrscheinlich aus dem franz. »cendre« (»Asche«) abgeleitet.

CERAM, C. W. = Kurt W. Marek
1915–1972; dtsch. Schriftsteller. »Götter, Gräber und Gelehrte«; »Enge Schlucht und schwarzer Berg«; »Der erste Amerikaner« u. a.
Er wählte das PS, eine Umkehrung des Familiennamens, um seine neuen literarischen Themen gegen jene abzusetzen, die er bisher behandelt hatte, wie z. B. den Kriegsbericht »Wir hielten Narvik«.

CETTO, Gitta v. = Brigitta Seuffert
1908; dtsch. Schriftstellerin (Unterhaltungsromane). »Blumen für Eva«; »Die drei von nebenan«; »Lenas besonderer Sommer«.

CHAMBERS, Peter >CHESTER, Peter< = Dennis John Andrew Phillips
1924; engl. Schriftsteller.
Unter diesem PS schrieb er die meisten seiner Krimis. Bei beiden PS behielt er den Vornamen und die Anfangsbuchstaben des PS-Hauptnamens bei.

CHANDLER, Gene = Eugene Dixon
1937; amerik. Popsänger und Plattenproduzent. »Duke of Earl«.

CHANDLER, Jeff = Ira Grossel
1918–1961; amerik. Theater- und

Filmschauspieler. »Broken Arrow« (»Der gebrochene Pfeil«); »Return to Eton Place« u. v. a.
Sein PS wurde von dem Kriminalautor Raymond Chandler abgeleitet, da er ähnlich harte Typen verkörperte, wie sie Chandler in seinen zahlreichen Romanen beschrieb.

CHANOIS, Jean-Paul le = Jean-Paul Dreyfus
1909; franz. Filmregisseur. »Les Miserables« (»Die Elenden«); »Der Fall des Dr. Laurent«; »Die Französin und die Liebe« u. a.
Das PS war ursprünglich sein Deckname in der Résistance, den er dann für seine Regiearbeit beibehielt.

CHARDONNE, Jacques = Jacques Boutelleau
1884–1968; franz. Romancier. Erhielt für seinen ersten Roman »Hochzeitsgedicht« den Prix Femina, für »Claire« den Grand Prix du roman der Académie française.
Sein PS ist eine Anspielung. »Chardon« heißt auf französisch »Distel«.

CHARISSE, Cyd = Tula Ellice Finklea
1923; amerik. Filmschauspielerin und Tänzerin. »Singing in the rain«; »Silk Stockings« (»Ninotschka«-Remake).
PS nach ihrem ersten Ehemann Nico Charisse und aus der Babysprache ihres kleinen Bruders: »Cyd« = »Sid« = »Sister«.

CHARLES, Ray = Ray Charles Robinson
1932; amerik. Popmusiker. »I can't stop loving you«.
Sein PS ist lediglich der Verzicht auf seinen Familiennamen.

CHARTERIS, Leslie = Leslie Charles Bowyer Yin
1907; engl. Kriminalautor. Sohn eines Chinesen und einer Engländerin.
Held seiner Krimis ist »The Saint«, eine Art moderner Robin Hood, der durch sein nicht immer gesetzlich einwandfreies Eingreifen den Armen hilft.
Sein PS ist ein Kunstwort ohne direkten Bezug.

CHASE, James Hadley = René Raymond
1906–1985; engl. Kriminalautor der harten Linie. Schrieb auch unter den PS James L. Docherty, Ambrose Grant, Raymont Marshall. In der Bundesrepublik erscheinen jedoch alle seine Romane unter »Chase«.
Ein ideales PS für einen Kriminalautoren. Es heißt auf deutsch »jagen«.

CHAUBER, Theobald >AUERBACH, Berthold< = Moses Baruch
1812–1882; dtsch. Schriftsteller, liberaler Politiker.
Dieses PS benutzte er nur gelegentlich, in jener Zeit, da er als Kalender-Redakteur arbeitete. In ihm sind die Buchstaben seines richtigen Namens enthalten.

Chiang Ch'ing, die Frau Mao Tse-tungs, wird hier als Anführerin der »Viererbande« angeklagt

CHECKER, Chubby = Ernest Evans
1941; amerik. Popmusiker. »The Twist«.

CHER = Cherilyn Sarkasia la Piere
1946; amerik. Popsängerin. »Dark Lady«.
Die erste Silbe ihres ersten Vornamens wurde ihr PS.

CHESTER, Peter >CHAMBERS, Peter< = Dennis John Andrew Phillips
1924; engl. Schriftsteller.
Unter diesem PS schrieb er 6 Krimis. Bei beiden PS behielt er den Vornamen und die Anfangsbuchstaben des PS-Hauptnamens bei.

CHEVALIER, Maurice = Maurice Edouard Saint-Léon Chevalier
1888–1972; franz. Chansonnier und Schauspieler mit Strohhut und ewig jungem Charme. 1958 erhielt er einen speziellen Oscar für seinen Beitrag zum internationalen Entertainment – fast ein halbes Jahrhundert lang.
Sein PS ist lediglich die Verkürzung seines richtigen Namens.

CHIANG CH'ING >LAN P'IN< = Li Yun-ho
1914; chin. Politikerin und Filmschauspielerin. Seit 1937 Mitglied der KPCh, seit 1939 mit Mao Tsetung verheiratet. Unter diesem PS wurde sie die führende Propagandistin der Kulturrevolution. Nach Maos Tod 1976 als Anführerin der »Viererbande« angeklagt und 1977 aus der KPCh ausgeschlossen. 1981 zum Tode verurteilt, die Vollstreckung wurde jedoch ausgesetzt.
Ihr zweites PS war ihr Künstlername als Filmschauspielerin.

CHLUMBERG, Hans v. = Hans Bardach Edler v. Ch.
1897–1930 (Sturz bei Bühnenprobe); österr. Dramatiker. »Wunder um Verdun« u. a.
Er wählte den letzten Namen zu seinem PS, weil er glaubte, mit dem Namen Bardach zu sehr in die Nähe von »Barlach« zu kommen.

CHRISTENSEN, Synnove = Mai Lindegard

1919; norw. Schriftstellerin. »Lindemans Töchter«; »Das schweigsame Haus« u. a.

CHRISTIAN-JACQUE = Christian Albert François Maudet
1904; franz. Filmregisseur. »Blaubart«; »Fanfan der Husar«; »Lady Hamilton« u. v. a.
Sein PS wählte er, weil sein Familienname an »Maudit« (der Böse) anklingt.

CHRISTIE, Agatha >WESTMACOTT, Mary< = A. Mary Clarissa Miller, verh. Mallowan
1890–1976; engl. Kriminalschriftstellerin. Helden ihrer Romane sind der belg. Detektiv Hercule Poirot und die liebenswürdige Amateurdetektivin Miss Marple. Ihr Bühnenstück »Die Mausefalle« wird seit 1952 ununterbrochen in London aufgeführt und weist somit die längste Spielzeit aller Schauspielaufführungen der Welt auf.
Genaugenommen kein PS, sondern der Name ihres ersten Ehemannes.

CIMABUE = Bencivienti (auch: Cenni) di Pepo
ca. 1240–1302; ital. Maler. Vorläufer Giottos. Erfüllte die von der byzantinischen Kunst überlieferten Formen mit neuem Leben und kraftvollem Ausdruck.
Ein seltsames PS! »Cima« heißt der »Berg« und »Bue« der »Ochse«.

Die über 70 Krimis der Agatha Christie erreichten eine Weltauflage von mehr als 300 Millionen

CINDY und BERT = Jutta Gusenburger und Norbert Berger
1948 (Cindy), 1945 (Bert); dtsch. Schlagersänger. »Immer wieder sonntags ...« u. v. a. Hits.

CLAIR, René = René Chaumette
1898–1981; franz. Filmregisseur (Mitglied der Académie française 1960). »Unter den Dächern von Paris«; »Die Schönen der Nacht«; »Der 14. Juli«.
Sein PS bedeutet »klar«, »hell«.

CLARÍN = Leopoldo Alas y Urena
1852–1901; span. Autor und Literaturkritiker, Prof. für röm. Recht und Wirtschaftspolitik.
Seine geistvollen Romane und brillanten Essays veröffentlichte

er unter diesem PS: »Clarino« ist die Bezeichnung für eine besonders hohe Tonlage beim Trompetenblasen.

CLARKE, Arthur Charles = Nigel Calder
1917; engl. Wissenschaftler. Träger des Kalinga-Preises der UNESCO. Zahlreiche Bücher über Kosmologie, z. B. »Einsteins Universum« (1980).
Er verwendete das PS als Autor von Science-fiction-Romanen.

CLAUDE LORRAIN = Claude Gelée
1600–1682; franz. Maler, Meister der »idealen Landschaft«.
In seinem PS hat er den richtigen Vornamen zu einem Teil seines vornamenlosen PS erhoben, während er statt des glibbrigen »Gelée« die Landschaft, aus der er stammte (Lothringen), zum zweiten Namen seines PS wählte.

CLAUREN, Heinrich = Karl Gottlieb Samuel Heun
1771–1854; dtsch. Schriftsteller (Unterhaltungsromane). »Mimili« u. v. a.
Unter dem gleichen PS schrieb Wilhelm Hauff den Roman »Der Mann im Mond«. Clauren (Heun) verklagte ihn deshalb. Hauff führte zu seiner Entschuldigung an, daß er die sentimental-lüsternen Romane C.s habe parodieren wollen.

CLAYDERMAN, Richard = Philippe Pagès
1953; franz. Konzertpianist mit »sehr persönlichem« Anschlag.
Ein gutes PS, sowohl für französische wie deutsche und englische Zungen geeignet.

CLEISBOTHAM, Jedediah = Walter Scott
1771–1832; schott. Schriftsteller. Schrieb als einer der ersten historische Romane.
Dieses PS verwendete er als imaginärer Hrsg. von 4 Serien seiner »Tales of my Landlord«.

CLIBURN, Van = Harvey Lavan Cliburn
1934; amerik. Konzertpianist (Tschaikowsky-Preis-Träger).
Sein PS ist aus seinem texanischen Namen abgeleitet und nicht, wie oft vermutet wird, holl. Ursprungs.

CLIFF, Jimmy = James Chambers
1948; jamaikanischer Pop-Sänger. Erster »Superstar« des Reggae.
So macht ein PS aus einem James in »Kammern« ein Frischluft-Typ Jimmy »Riff«.

CLIFFORD, Charles = William Henry Ireland
1777–1835; engl. Fälscher von Shakespeare-Manuskripten.

CLODION = Claude Michel
1738–1814; franz. Bildhauer.
Möglicherweise hat er bei der Wahl seines PS an die schöne Römerin Clodia (1. Jhdt. v. Chr.) gedacht, die Mittelpunkt vieler

Skandale war und von Catull unter dem Namen Lesbia besungen wurde.

CLOOTS, Anacharis = Jean Baptiste du Valde-Grâce (Baron de Cloots)
1755–1794; franz. Revolutionär.
In dem Vornamen des PS – nur er ist eines – steckt bereits das politische Programm dieses Kopfes der Französischen Revolution.

COBB, Lee J. = Leo Jacob
1911–1976; amerik. Theater- und Filmschauspieler. »Die Faust im Nacken«; »Die zwölf Geschworenen«; »Das war der Wilde Westen« u. v. a.
Sein PS ist lediglich eine andere Schreibweise der zweiten Silbe seines richtigen Namens unter Hinzufügung eines B. In den 30er Jahren gab es bereits einen berühmten Charakterschauspieler namens Irving S. Cobb.

COCCAJO, Merlino = Teofilo Folengo
1491–1544; ital. Dichter und Benediktinermönch. Wurde berühmt mit dem Epos »Baldus«; beeinflußte Rabelais und Fischart.
Interessant, daß sich ein Mönch den Vornamen Merlino zulegte, schließlich ist der Zauberer Merlin des Artuskreises aus der Verbindung des Teufels mit einer Jungfrau entstanden.

COLBERT, Claudette = Lily Claudette Chauchoin
1905; franz. Filmschauspielerin in amerik. Filmen. »It happened one Night« (Oscar 1934 als beste Darstellerin); »Cleopatra«; »Blaubarts achte Frau« u. v. a.
Kein Amerikaner hätte ihren Geburtsnamen aussprechen können, deshalb wählte sie als PS den Namen des berühmten franz. Staatsmannes, der auch für Amerikaner keine Ausspracheschwierigkeiten brachte.

COLE, Nat King = Nathaniel Adam Coles
1917–1965; amerik. Jazzpianist und Sänger.
Sowie sich Basie zum Count (Graf) machte, fügte der farbige Jazzpianist Cole seinem PS ein King hinzu. Jazzfans sagen, er hat sich mit Recht gekrönt.

COLÈRE, François la >ARAGON, Louis< = Louis Andrieux
1897–1982; franz. Schriftsteller. Gedichte in dadaistischer Manier, Idealisierung der Arbeiterklasse im Sinne des sozialistischen Realismus.
Dieses PS benutzte er als Decknamen während seiner Zeit in der Résistance. Es heißt auf deutsch »der Zorn«.

COLETTE = Sidonia Gabrielle Colette
1873–1954; franz. Schriftstellerin. Bekannteste Romane: »Cherie« und »Gigi«.
Dieses Ein-Wort-PS ist eigentlich keines, sondern nur die Auslassung ihrer Vornamen.

Sean Connery, als »James Bond« zu Weltruhm gelangt, in dem Film »Diamantenfieber« von 1959

COLLINS, Corny = Gisela Szymanski
1936; dtsch. Filmschauspielerin. »Italienreise – Liebe inbegriffen«; »Immer die Radfahrer«; »Der Maulkorb«.
Sie wählte das PS wegen des damals modern. engl. Wohlklangs.

COLLINS, Tom = Joseph Furphy
1843–1912; austr. Romanautor, der erst mit 40 Jahren zu schreiben begann, z. B. »Such is life«. Sein PS zeugt von guter Kenntnis der Mixgetränke: »Tom Collins« ist der Name eines Cocktails.

COLLODI, Carlo = Carlo Lorenzini
1826–1890; ital. Schriftsteller, der in seinen Erzählungen mit der aus Holz geschnitzten Figur »Pinocchio« eine neue Art von Kinderhelden schuf.
Da er Beamter bei der staatl. Zensurbehörde war, wählte er für seine literarischen und journalistischen Arbeiten dieses PS.

COMBERBACK, Silas Tomkyn = Samuel Taylor Coleridge
1772–1834; engl. Schriftsteller.
Er benutzte das PS nur für wenige Werke seines fragmentarischen Schaffens, und zwar für jene, die sich mit metaphysischen Themen beschäftigen.

CONNERY, Sean = Thomas Connery
1930; schott. Schauspieler, C. gilt als *der* »James-Bond«-Darsteller.
Zur Betonung seiner schott. Herkunft wählte er für sein PS den schott. Vornamen Sean, gesprochen »Schon«.

CONNINGTON, J. J. = Alfred Walter Stewart
1880–1947; engl. Wissenschaftler und Kriminalschriftsteller. Der international bekannte Chemiker schrieb seit 1926 Krimis. In den meisten seiner Romane ist Sir Clinton die Zentralfigur.

CONRAD, Joseph = Józef Teodor Konrad Korzeniowski
1857–1924; engl. Schriftsteller russ.-poln. Abstammung. »Der Verdammte der Inseln«; »Lord Jim«; »Mit den Augen des Westens« u. a. Romane.
Sein PS sind zwei seiner drei Vor-

namen. Diese Vereinfachung war notwendig, da kein Engländer seinen Familiennamen aussprechen kann.

COOPER, Alice = Vincent Damon Furnier
1948; amerik. Rocksänger der gleichnamigen Gruppe. »Muscle of love«; »Billion Dollar Baby«; »Killer«; »Welcome to my nightmare«.
Wählte sein (weibliches) PS zur Untermauerung seiner Behauptung, daß er biologisch beide Geschlechter verkörpere.

COOPER, Gary = Frank J. Cooper
1901–1961; amerik. Filmschauspieler. Erhielt als bester Darsteller 1941 in »Sergeant York« und 1952 in »12 Uhr mittags« den Oscar.
Seinen Vornamen verdankt er seiner Agentin Nan Collins, die aus Gary in Indiana kam und meinte, daß »Gary Cooper« einen poetischen Klang hätte.
»Gary« wurde der populärste Vorname im Amerika der 50er Jahre.

CORNO DI BASSETTO = George Bernard Shaw
1856–1950; irischer Dramatiker, Literaturkritiker (Nobelpreis 1925).
Shaw benutzte dieses PS für seine Musikkritiken in »The Star« und »The World« von 1888–1894. Es bedeutet »Basset-Horn«, ein heute kaum noch benutztes Blasinstrument, das aber z. B. Mozart oft einsetzte.
Weitere PS konnten bisher noch nicht einwandfrei aufgeklärt werden.

Joseph Conrad, dessen Romane und Erzählungen meist in der Südsee spielen. Das Foto stammt von 1923

CORREGGIO = Antonio Allegri (gen. il Correggio)
1498–1534; ital. Maler von religiösen Motiven, immer allerdings von besinnlich-heiterer Schönheit.
Sein PS bezieht sich auf seinen Geburtsort.

CORTEZ, Ricardo = Jake Kranz
1899–1977; amerik. Filmschauspieler der Stummfilmzeit.
Keine seiner Verehrerinnen ahnte, daß sich hinter dem Liebhaber mit dem verschleierten Blick und

George Bernard Shaw, der große irische Dramatiker, vor seiner Sommerlaube in Dublin

dem Namen des span. Eroberers ein biederer Mr. Kranz verbarg.

CORVINUS, Jakob = Wilhelm Raabe
1831–1910; dtsch. Schriftsteller. *»Der Hungerpastor«; »Unsers Herrgotts Kanzlei«* u. a. Romane. Ein Humorist aus pessimistischer Grundhaltung.
Sein PS benutzte er nur für seinen ersten Roman »Die Chronik der Sperlingsgasse« (1856). Es hat sowohl zu seinem Namen wie zum Buchtitel Bezug. »Corvinus« heißt auf lateinisch »Rabe«.

COSIMO, Piero di = Piero di Lorenzo
1462–1521; ital. Maler meist religiöser Motive. Sein PS ist der Vorname seines Lehrmeisters.

COSTELLO, Lou = Louis Cristillo
1906–1959; amerik. Filmkomiker, der zusammen mit >*ABBOTT, Bud*< in einer Serie von Schwankfilmen in den 50er Jahren spielte. Sein PS ist eine Anpassung seines Namens an amerikanische Zungen.

COURTELINE, Georges Victor Marcel = Georges Victor Marcel Moineaux
1858–1929; franz. Theaterschriftsteller. »Boubouroche« u. v. a. Seine Stücke – meist Farcen – sind in Frankreich auch heute noch beim Publikum beliebt und von der Kritik geschätzt.
Er wählte das PS, da sein Vater ebenfalls Schriftsteller war und unter seinem richtigen Namen veröffentlichte.

CRANACH, Lukas d. Ä. = Lukas Müller
1472–1553; dtsch. Maler, Graphiker und Kupferstecher. »Kreuzigung« (München); »Katharinenaltar« (Dresden); Lutherbilder.
Er nannte sich nach seiner Geburtsstadt Cranach (das heutige Kronach in der Bundesrepublik).

CRAWFORD, Joan = Lucille le Sueur
1904–1977; amerik. Filmschauspielerin. »Miss Cheneys Ende«; »A Woman's Face«; »Was geschah mit Baby Jane?«. Für ihre Rolle in »Mildred Pierce« erhielt sie 1945 den Oscar.
Da ihr richtiger Name nach An-

sicht der Hollywood-Bosse zu »erfunden« und »theatralisch« klang, wurde ihr PS am Beginn ihrer Karriere 1925 durch ein Preisausschreiben ermittelt.

CRAYON, Geoffrey >AGAPIDA, Friar Antonio< >KNIKKERBOCKER, Diedrich< = Washington Irving
1783–1859; amerik. Essayist und Erzähler.
Dieses PS benutzte er für »The Sketch Book«, dessen eleganter Stil ihm Weltruhm einbrachte. Es bedeutet im Französischen »Bleistift«. Irving dürfte einer der ersten Amerikaner gewesen sein, der seinen Vornamen nach dem Namen des Präsidenten erhielt.

CRIBLECOBLIS, Otis >FIELDS, W. C.< = William Claude Dukinfield
1879–1946; amerik. Filmkomiker.
Unter diesem PS und >*JEEVES, Mahatma Kane*< schrieb der amerik. Filmkomiker seine Drehbücher, in denen er immer seiner Aggression gegen Kinder, Tiere und eine heile Welt freien Lauf ließ. Allerdings sind viele seiner Slang-Dialoge einfach nicht übersetzbar.

CRISPIN, Edmund = Bruce Montgomery
1921–1978; engl. Musiker und Kriminalschriftsteller.
Held seiner Krimis, die er unter diesem PS schrieb, ist der Oxford-Literaturprofessor Gervase Fan. »Crispin« ist im klassischen franz. Lustspiel der kecke Diener, der immer zu Streichen aufgelegt ist.

CROSBY, Bing = Harry Lillis Crosby
1904–1977; amerik. Sänger (»White Christmas«) und Filmschauspieler. Für seine Rolle (ein Priester) in »Going my Way« erhielt er 1944 den Oscar. Autobiographie: »Call me lucky«.
Seinen PS-Vornamen erhielt er nach einer Comic-Figur mit Namen »Bing«.

CRUZE, James = Jens Cruz Bosen
1884–1942; amerik. Filmregisseur dän. Abstammung. Kam zu filmhistorischen Ehren, weil er für den Saubermann des amerik. Films, Will A. Hays, der nach etlichen Sexskandalen der Stars die Zensur auch für das Privatleben einführte, einen Film mit dem schlichten Titel »Hollywood« drehte, in dem ein junges Mädchen in die Filmstadt kam und kein Star wurde. Der Film wurde prompt ein Mißerfolg.
Sein PS ist die Anpassung seines dän. Namens an die amerik. Sprechweise.

CURTIS, Tony = Bernard Schwartz
1925; amerik. Filmschauspieler. »The Defiant Ones« (1958 für den Oscar nominiert); »Unternehmen Petticoat«; »Manche mögen's heiß« u. v. a.
Der Hollywood-Produzent Bob

Goldstein änderte seinen Namen, weil er meinte: »Schwartz ist kein Name, um dich großen Zeiten entgegenzuführen, wäre nicht einmal mit George Bernard Schwartz möglich.«

CURTIZ, Michael = Mihaly Kertesz
1888–1962; amerik. Filmregisseur aus Ungarn. Drehte u. a. die Humphrey-Bogart-Filme »Angels With Dirty Faces«, »Casablanca« (dafür erhielt er 1943 den Oscar) und »Wir sind keine Engel«.
Sein PS ist sein ung. Name – so geschrieben, wie ihn Amerikaner aussprechen.

CUSANUS, Nikolaus = Nikolaus Krebs (auch N. v. Kues, N. Chrypffs)
1401–1464; dtsch. Theologe und Philosoph (Bischof, später Kardinal). Lehrte die »Einheit der Gegensätze« in Gott. Kontakt zur dtsch. Mystik.
Sein PS ist die lat. Form des Namens seines Geburtsorts Kues a. d. Mosel.

D

DAGOVER, Lil = Marta Maria Lilitts
1897–1980; dtsch. Schauspielerin, Star der Stummfilmzeit. »Das Kabinett des Dr. Caligari«; »Schloß Hubertus«; »Die Buddenbrooks«.
Ihr Geburtsjahr beruht auf eigenen Angaben, wird jedoch eher ins Jahr 1887 statt 1897 datiert.
Der Vorname im PS ist aus ihrem Geburtsnamen abgeleitet, ihr Hauptname aus dem Namen ihres Ehemannes, des Schauspielers Daghofer.

DALIDA = Yolande Gigliotti
1933; franz. Schlagersängerin, in Kairo geboren. »Am Tag, als der Regen kam«; »Bambino«. 20 Mio. verkaufte Schallplatten.
Ihr Ein-Wort-PS ist ein Kunstwort ohne Sinn.

DANE, Clemence = Winifred Ashton
um 1890; engl. Schriftstellerin (Romane). »Der Zauber der Broomes/Das Königreich der B.«; »Regiment der Frauen«; »The moon is feminine«. Begann als Lehrerin, wurde Malerin, dann Schauspielerin. Für die Bühne nannte sie sich Diana Portis.

DANELLA, Utta = Uta Deneller
keine Angaben über ihr Geburtsjahr; dtsch. Schriftstellerin (hauptsächlich Frauenschicksale und Familiensagas). »Tanz auf dem Regenbogen«; »Der dunkle Strom«; »Flutwelle«.
Ihr PS gibt ihrem Familiennamen etwas mehr Wohlklang.

DANIEL, Jens = Rudolf Augstein
1923; dtsch. Publizist, seit 1947 Hrsg. des Wochenmagazins »Der Spiegel«.
Unter diesem PS schrieb er Leitartikel für sein Blatt. Benutzte weitere PS für mehrere Veröffentlichungen.

DANIEL-ROPS = Henri Petiot
1901–1965; franz. Schriftsteller (Romane, Essays). Mitglied der Académie française 1955. »Das flammende Schwert«; »Geschichte des Gottesvolkes«; »Die Kirche im Frühmittelalter«; »Er kam in sein Eigentum«.
Sein PS ist ein Doppelname mit Bindestrich und nicht, wie häufig angenommen, ein Vor- und ein Familienname.

DARIN, Bobby = Walden Robert Cassotto
1936–1973; amerik. Popsänger. »Mack the Knife«.

DARÍO, Rubén = Félix Rubén García-Sarmiento
1867–1916; Dichter kreolischer Abstammung aus Nicaragua. Seine Lyrik gab dem span. Modernismus die Richtung.

DARLTON, Clark >McPATTERSON, Fred< = Walter Ernsting
1920; dtsch. Science-fiction-Schriftsteller. Durch die Hefte mit dem Romanhelden »Perry Rhodan« ist er einer der bekanntesten Science-fiction-Autoren.

DAVIDSON, Lawrence Herbert = David H. Lawrence
1885–1930; engl. Schriftsteller (Romane, Essays). Seine psychoanalytischen Liebesromane haben ihn berühmt gemacht. Sein »Pornography and Obscenity« ist ein Standardwerk zu diesem Thema.
Sein PS wählte er, um sich von T. E. Lawrence (»Die sieben Säulen der Weisheit«) zu unterscheiden.

DAVIS, Skeeter = Mary Frances Penick
1931; amerik. Countrysängerin. »The end of the world«.
Der Vorname ihres PS heißt im Umgangsamerikanisch »Moskito«.

DAY, Bobby = Robert Byrd
1934; amerik. Popsänger. »Rockin Robbin«.

DAY, Doris = Doris Kappelhoff
1924; amerik. Sängerin und Filmschauspielerin. Die blonde Frau Saubermann des Hollywoodfilms der 50er Jahre. Viele Filmkomödien wie »Bettgeflüster« und »Ein Pyjama für zwei«. Auch als Sängerin populär (»Que sera . . .«).
Das PS bekam sie von dem Kapellmeister Barney Rapp nach ihrem erfolgreichen Lied »Day After Day«.

DEAN, Jimmy = Seth Ward
1928; amerik. Countrysänger. »Big bad John«.
Bei diesem PS ist die Anlehnung an James Dean nicht zu übersehen.

DEE, Joey = Joe Dinicola
1940; amerik. Popmusiker. »Peppermint Twist«; »The Starliters«.
Vor die Wahl gestellt, welche Silbe seines Familiennamens er für sein PS nehmen sollte, hat er sich für die erste entschieden.

DEE, Kiki = Pauline Matthews
1947; engl. Popmusikerin, Sängerin. »Don't go breaking my heart«.

DEFOE, Daniel >BEADLE, Tom< >BOND, William< >QUIXOTA, Donna Arine< >TRINKOLO, Boatswain< = Daniel Foe
ca. 1660–1731; engl. Schriftsteller. »Robinson Crusoe«.
Sein PS stammt aus seiner Kindheit. Um Verwechslungen mit seinem Vater zu vermeiden, wurde er D. (für Daniel) Foe genannt. Daraus wurde Defoe. Später hat er daraus ein weiteres PS abgeleitet: Daniel de Foe, was einen franz. Adelstitel vortäuschte. Als politischer Publizist und Hitzkopf kam er oft mit der Obrigkeit in Konflikt und benutzte über 50 PS für seine Schriften.

DEKOBRA, Maurice = Ernste Maurice Tessier
1885–1973; franz. Schriftsteller. Seine Romane waren in den 20er Jahren Bestseller. »Die sprechende Sphinx«; »Parfümierte Tiger«.
Sein PS ist ein Kunstwort, in das »Dekadenz« ebenso hineinspielt wie »Kobra«.

DELORME, Danielle = Gabrielle Girard
1926; franz. Filmschauspielerin. »Die schwarze Akte«; »Der Engel, der ein Teufel war«; »Gigi« u. a.
Wird ihr PS nur gesprochen, kann es als »de Lorme« verstanden werden, wodurch sie »geadelt« würde.

Cathérine Deneuve, eine der Topstars des internationalen Films, in »Allein mit Giorgio« von 1971

DENEUVE, Cathérine = Cathérine Dorléac
1943; franz. Filmschauspielerin. »Ekel«; »Belle de jour – Schöne des Tages«; »Die letzte Metro« u. a.
Sie nahm den Mädchennamen ihrer Mutter als PS, da ihre Schwester unter dem Familiennamen ebenfalls Schauspielerin war.

DENVER, John = John Henry Deutschendorf
1943; amerik. Folksänger. »Game of Love« mit der Band »Mindbenders«.

DEREK, John = Derek Harris
1926; amerik. Filmschauspieler

und Regisseur. Als er 1980 den Film »Tarzan, Herr des Urwalds« inszenierte, war erstmals nicht Tarzan, sondern Jane die Hauptdarstellerin: Bo Derek, seine Frau, spielte diese Rolle.
Er machte nicht nur seinen richtigen Vornamen zum Hauptnamen seines PS, sondern übertrug sein PS auch auf seine Ehefrau Bo Derek.

DERÈME, Tristan = Philippe Huc
1889–1942; franz. Schriftsteller. D. schrieb hauptsächlich Kindergeschichten.
Interessant ist die Wahl des PS-Vornamens, schließlich ist Tristan der Held einer Brautwerbungs-und-Ehebruchs-Geschichte. Aber vielleicht ist es auch nur eine Verbeugung vor Richard Wagner.

DESNY, Ivan = Ivan Desnitzky
1922 (in Peking); franz.-dtsch. Filmschauspieler. »Weg ohne Umkehr«; »Die ehrbare Dirne«; »Die Dame ohne Kamelien«; »Die Ehe der Maria Braun« u. v. a.
Sein PS ist aus seinem Familiennamen abgeleitet.

DEVAL, Jacques = Jacques Boularan
1890–1972; franz. Schriftsteller, in den USA tätig. Boulevardkomödien (»Towaritsch«).
Möglicherweise ist sein PS von dem franz. Verb »dévaler« abgeleitet. Es bedeutet »unterkriechen, hineinschlüpfen«.

DIETRICH, Marlene = Maria Magdalene v. Losch
1901; amerik. Filmschauspielerin dtsch. Herkunft. »Der blaue Engel«; »Shanghai Express«; »Destry Rides Again« u. a.
Seriöse Nachschlagewerke nennen »Dietrich« als ihren Künstlernamen. Sie behauptet in ihrer Autobiographie jedoch, dies sei ihr richtiger Name. Filmhistoriker zweifeln dies an, genau wie manche andere Angaben in ihrem Lebensbericht.

DINE, S. S. van = Willard Huntington Wright
1888–1939; amerik. Detektivromanautor und Literaturkritiker. In seinen Krimis brilliert der Detektiv Philo Vance, ein Sherlock-Holmes-Epigone (in den Verfilmungen von William Powell dargestellt).
Das PS benutzte er nur für Kriminalromane. Unter seinem richtigen Namen schrieb er u. a. »Zwanzig Regeln für das Schreiben von Detektiv-Geschichten«.

DINESEN, Isac >ANDRÉZEL, Pierre< >BLIXEN, Tania< >OSCEOLA< = Baronesse Karen Christence Blixen-Finecke
1885–1962; dän. Schriftstellerin, lebte seit 1913 in Kenia.
Die leidenschaftliche Großwildjägerin benutzte dieses männliche PS für Jagdgeschichten.

DION = Dion DiMucci
1939; amerik. Rocksängerin. »Runaround Sue«.

DISTICH, Dick = Alexander Pope
1688–1744; engl. Schriftsteller. Hauptvertreter des engl. Klassizismus. Verfaßte zwischen dem 13. und 15. Lebensjahr bereits über 4000 Verse.
Auch sein PS, das er nur für seine ersten Gedichte benutzte, ist eine Verbeugung vor einer Versform: Ein Distichon ist eine Strophe aus zwei verschiedenen Versen.

DIZ = Edward Jeffrey Irving Ardizzone
1900–1979; engl. Karikaturist und Buchillustrator.
Sein PS ist aus seinem Familiennamen herausdestilliert.

DOBROWEN, Issay = Ischok Israelewitsch Barabeytschik
1891–1953; russ. Dirigent, Pianist.
In seinem PS ist das russ. »dobrowje« (»gut«) versteckt.

DOERNER, Stefan >BEKKER, Jens< >KONSALIK, Heinz Günther< >NIKOLAI, Boris< >PAHLEN, Henry< = Heinz Günther 1921; dtsch. Schriftsteller; s. *>BEKKER, Jens<*.

DR. KUAN-SUE >RAMPA, Lobsang< = Cyris Henry Hoskins
?–1981; engl. Klempner, Schriftsteller.
Unter diesem PS gründete er eine kultische Sekte, die sich an tibetanischen Religionsformen orientierte.

DR. OBERN >DREAMER, John< >VOLTAIRE< = François Marie Arouet
1694–1778; franz. Philosoph, Schriftsteller.
Unter diesem deutschen PS veröffentlichte er »Gott und die Menschen, eine theologische, doch vernünftige Schrift«.

DONATELLO = Donato di Niccolo di Betto Bardi
ca. 1386–1466; ital. Bildhauer, vielseitigster Meister der Frührenaissance.
Sein PS heißt frei übersetzt »der Begnadete«.

DONOVAN = Danovan Philip Leitch
1946; schott. Folksänger. »Sunshine Superman«; »Atlantis«.
Das PS ist sein geringfügig veränderter Vorname.

DOPPLER, Daniel = Helmut Karasek
Geburtsjahr unbekannt; dtsch. Journalist, Kulturressortchef des Magazins »Der Spiegel«.
Unter seinem PS schrieb er sein erstes satirisches Boulevardstück »Die Wichtel«, das 1985 in Hannover uraufgeführt wurde.

DOR, Karin = Kätherose Derr
1936; dtsch. Filmschauspielerin. Darstellerin in vielen Edgar-Wallace- und Karl-May-Verfilmungen, aber auch in dem James-Bond-Film »Man lebt nur zweimal« und in dem Hitchcock-Film »Topas«.

DOR, Milo = Milutin Doroslovac
1923; serbischer Schriftsteller (meist Romane), in Budapest geboren. »Nichts als Erinnerung«; »Salto Mortale«; »Romeo und Julia in Wien«; »Othello von Salerno«; »Die weiße Stadt«.
Sein PS ist die erste Silbe seines Familiennamens. Er schrieb viele Bücher gemeinsam mit Reinhard Federmann. Ihr gemeinsames PS war dann »Fedor«.

DOREN, Mamie van = Joan Lucille Olander
1933; amerik. Filmschauspielerin mit großer Oberweite. »Guns, Girls and Gangsters«; »Der Kandidat« u. v. a.

DORGELÈS, Roland = Roland Lécavelé
1886–1973; franz. Schriftsteller (Romane). »Die hölzernen Kreuze«, »Das Wirtshaus zur schönen Frau«.

DORIAN, Ernest = Ernst Deutsch
1890–1969; dtsch. Theater- und Filmschauspieler. Spielte profilierte Rollen in Stumm- und Tonfilmen (»Der Golem«, »Der Prozeß«). *Der* »Nathan der Weise« auf deutschen Bühnen.
Das PS benutzte er nach seiner Emigration 1933 in die USA.

DORN, Philip = Frits van Dongen
1905–1975; holl. Schauspieler. In deutschen Filmen war er Partner von La Jana (»Das indische Grabmal«), Kristina Söderbaum (»Verwehte Spuren«, »Die Reise nach Tilsit«) und Maria Schell (»Der träumende Mund«).
Er versuchte in Hollywood unter diesem PS eine neue Karriere.

DORS, Diana = Diana Mary Fluck
1931–1984; engl. Film- und Fernsehschauspielerin, Sex-Idol (»Busenkönigin«).
Laut ihrer Biographie »Behind Closed Doors« wählte sie das PS nach dem Mädchennamen ihrer Großmutter.

DOSSI, Dosso = Giovanni di Lutero
ca. 1479–1542; ital. Maler.
Sein PS ist aus seinem (wahrscheinlichen) Geburtsort Dosso abgeleitet.

DOUGLAS, Kirk = Yssur Danielowitsch Demsky
1916; amerik. Theater- und Filmschauspieler russ. Herkunft. »Die Glasmenagerie«; »Vincent van Gogh«; »Reporter des Satans«; »Spartacus« u. a.
Sein PS wählte er aus Bewunderung für den Schauspieler Douglas Fairbanks jr., dessen Filme mit ausschlaggebend waren, daß er Schauspieler wurde.
Sein Sohn Michael D. (»Die Straßen von San Francisco«) übernahm von seinem Vater PS und Talent. Als Produzent des Films »Einer flog übers Kuckucksnest« erhielt er 1975 den Oscar.

DOUGLAS, Melvin = Melvyn Hesselberg
1901–1981; amerik. Theater- und Filmschauspieler. »Ninotschka«; »Die Frau mit den zwei Gesichtern« (beide mit der Garbo). Für »Hud«, 1963, und »Being There« (»Willkommen, Mr. Chance«), 1979, erhielt er den Oscar, jeweils für die beste Nebenrolle.

DOYLE, Lynn = Leslie Alexander Montgomery
1873–1961; irischer Schriftsteller humoristischer Romane und Stükke.
Ganz schön verwegen, sich als PS einen so berühmten Autorennamen zuzulegen, auch wenn man keine Kriminalromane schreibt! Oder war gerade der Anklang an den berühmten Namen beabsichtigt?

DRAPIER, M. B. >BICKERSTAFF, Isaac< = Jonathan Swift
1667–1745; irischer Schriftsteller. *»Gullivers Reisen«.*
Dieses PS heißt im Französischen »Tuchhändler«. Er benutzte es für eine Streitschrift gegen Handelsbeschränkungen, die England Irland, besonders auf dem Textilsektor, auferlegte. Swift bediente sich oft franz. PS, weil er seine Angriffe gegen England so darstellte, als sollten sie Frankreich gelten. Eines lautete »Jack Frenchman«.
Seine Proteste gegen die Ausbeutung seiner irischen Heimat schrieb er unter zahlreichen verschiedenen PS.

DRAWCANSIR, Alexander Sir = Henry Fielding
1707–1754; engl. Schriftsteller. Sein bekanntester Roman: *»Tom Jones«.*
Als Chef des Londoner Haymarket Theatre führte er scharfe Satiren, die er unter diesem PS verfaßt hatte, gegen den Premierminister Walpole auf. Die Tarnung half nichts, der Minister erließ strenge Zensurbestimmungen, das Theater mußte schließen.

DREAMER, John >DR. OBERN< >VOLTAIRE< = François Marie Arouet
1694–1778; franz. Philosoph, Schriftsteller.
Er benutzte dieses PS für Berichte aus England, in denen er die Zustände in Frankreich kritisierte. Ein anderes PS für diese Berichte war »Lord Bolingbroke«.

DSCHINGIS CHAN = Temüjin Temüdzin
1155–1227; Heerführer des nordchin. Reiches. Ab 1206 Herrscher über die Mongolei, was ihm den Titel »Dschingis Chan« einbrachte. Blutige Feldzüge gegen Nordchina, Korea und Südrußland führten zur Ausbreitung des Mongolenreiches.

DÜHRKOPP, Herbert >BERG, Axel< = Herbert Reinecker
1914; dtsch. Schriftsteller (Dramen, Romane, Drehbücher).
Unter diesem PS schrieb er zahlreiche Hörspiele. Eines davon wurde unter dem Titel »Vater

In seinen über 200 Songs greift Bob Dylan überwiegend politische und soziale Mißstände an

braucht eine Frau« 1952 verfilmt. Das Drehbuch schrieb er unter seinem richtigen Namen, zusammen mit Christian Bock und Herbert Witt.

DUNN, Michael = Gary Neil Miller
1934–1973; amerik. Zwerg und Schauspieler (kein Liliputaner). Bühnenerfolg als Grumio in Shakespeares »Der Widerspenstigen Zähmung«; Filmerfolg in »Das Narrenschiff«.

DURTAIN, Luc = André Nepveu
1881–1959; franz. Schriftsteller. »Im vierzigsten Stock« (drei Novellen); Reiseberichte.

DYLAN, Bob = Robert Alan Zimmermann
1941; amerik. Sänger und Komponist. Beeinflußt von Blues und Volksmusik. In seinen Liedern klagt er Rassismus und Krieg an. 1964 war er Mitbegründer des sog. »Folk Rock«.
Sein PS wählte er aus Bewunderung für den walisischen Dichter Dylan Thomas.

E

EBSTEIN, Katja = Karin Witkiewicz
1945; dtsch. Schlagersängerin. »Wunder gibt es immer wieder«; »Theater«.

ECK, Johannes = Johannes Mai(e)r aus Egg
1486–1543; dtsch. Theologe. Hauptgegner Martin Luthers, hatte maßgeblichen Einfluß auf die Formulierung der kath. Antwort gegen Luthers Thesen.
Sein PS ist aus seinem Geburtsort Egg an der Günz gebildet.

EDSCHMID, Kasimir = Eduard Schmid
1890–1966; dtsch. Schriftsteller. Gilt als Mitbegründer des dtsch. Expressionismus. »Die sechs Mündungen«; »Das rasende Leben«; »Wenn es Rosen sind, werden sie blühen«. Seine Bücher wurden während der Nazizeit verboten; er selbst erhielt Redeverbot. Nach dem II. Weltkrieg Vizepräsident des deutschen PEN-Zentrums und der Deutschen Akademie für Sprache und Literatur. Sein PS bildete er durch das Anfügen der ersten zwei Buchstaben seines Vornamens an den Familiennamen.

EFFEL, Jean = François Lejeune
1918–1982; franz. Zeichner. »Die Erschaffung der Erde«.
Sein PS sind seine Initialen F. L., ergänzt durch den populärsten franz. Vornamen.

EGALITÉ, Philippe = Louis Philippe Joseph Herzog von Orléans
1747–1793.
Der Politiker und Staatsmann wählte nach der Revolution dieses programmatische PS. »Egalité« = »Gleichheit«, eine der drei Forderungen der Revolution, die außerdem »Freiheit« (Liberté) und »Brüderlichkeit« (Fraternité) propagierte.

EGERTON, George = Mary Chavelita Dunne
1859/60–1945; austr. Schriftstellerin (Romane).
Sie wählte ein männliches PS, obwohl ihre Bücher oft Frauenfragen zum Thema hatten.

EGESTORFF, Georg = Georg Freiherr v. Ompteda
1863–1931; dtsch. Schriftsteller (Romane). *»Drohnen«; »Herzeloyde«; »Der jungfräuliche Gipfel«.*
Da die Skala seiner Themen vom Berg- über den Gesellschafts- bis zum Liebesroman reichte, wählte der ehem. sächsische Kammerherr für einige Titel dieses PS.

EIS, Egon = Egon Eisler
1910; österr. Schriftsteller. Theaterstücke und Drehbücher. Nach 1945 Sachbücher: »Illusion der Sicherheit«; »Illusion der Gerechtigkeit«.
Sein PS, die Verkürzung seines Namens, wählte er, um weder mit Gerhart E., dem SED-Politiker, noch mit Hanns E., dem Komponisten, verwechselt zu werden.

EISNER, Kurt = Kurt Kosmanowski
1867–1919; dtsch. Publizist und Politiker (USPD). Der Sohn eines russ. Vaters wurden von dem bayerischen Offizier Graf Arco-Valley auf der Fahrt in den Landtag in München erschossen.

ELIOT, George = Mary Ann Evans
1819–1880; engl. Schriftstellerin (meist Romane). »Silas Marner, der Weber von Raveloe«; »Middlemarch«; »Bilder aus dem kirchlichen Leben Englands«.
Sie wählte dies männl. PS, lange bevor Thomas Stearns Eliot (kein PS) seinen ersten Gedichtband veröffentlichte. Der Nobelpreisträger für Literatur sah in der Vorläuferin gleichen Namens keinen Anlaß, seinen Namen zu ändern. Mit Recht.

ELLERT, Gerhart = Gertrud Schmirger
1900; österr. Schriftstellerin (historische Romane, Dramen). »Es war Ihr Wunsch, Majestät« (Roman); »Richelieu« (Drama); »Die Johanniter« (Roman) u. v. a.

ELLINGTON, Duke = Edward Kennedy Ellington
1899–1974; amerik. Jazzpianist (Orchesterleiter, Komponist). Hatte mit seinem Orchester große Erfolge mit dem sog. »Jungle Style«. Als Komponist beeinflußte E. zahlreiche Musiker, auch des modernen und Free Jazz.
»Duke« ist eine Ehrenbezeichnung unter Jazzern, genau wie »King«.

ELUARD, Paul = Eugène Grindel
1895–1952; franz. Lyriker. Gehörte zum Kreis um Picasso, aber auch zur Résistance.
Seinen ersten Gedichtband veröffentlichte er noch unter seinem richtigen Namen, erst später wähl-

te er das PS, das wahrscheinlich von »éluder« abgeleitet ist, was soviel wie »ausweichen«, »eine klare Antwort vermeiden« bedeutet.

ELVIN, Violetta = Violetta Prokhorowa
1925; russ. Ballettänzerin.
Einer der seltenen Fälle, daß eine Tänzerin auf ihren russ. Namen verzichtet!

EMIN PASCHA, Mehmet = Eduard Schnitzler
1840–1892 (ermordet); dtsch. Reisender und Afrikaforscher.

EMMERAN, Eusebius >HAFIS< = Georg Friedrich Daumer
1800–1875; dtsch. relig. Schriftsteller. »Das Christentum und seine Urheber«.
Während er unter dem PS >*HAFIS*< eigene Gedichte als persische veröffentlichte, benutzte er dieses PS für religionsphilosophische Aufsätze.
Eventuell sollte das PS an den zu Tode gemarterten Wanderbischof Emmeram erinnern, der um das Jahr 700 lebte.

EMO, E. W. = Emerich Josef Wojtek
1898–1975; österr. Filmregisseur. »Im Prater blühn wieder die Bäume« (Stummfilm); »Der liebe Augustin«; »Melodie aus Wien«; »K. u. k. Feldmarschall« u. v. a.

ERASMUS, Desiderius = Gerhard Gerard (auch Geert Geerts)

Das Gemälde von Massys zeigt Erasmus, einen der bedeutendsten Humanisten der Weltgeschichte

ca. 1466–1536; holl. Humanist. Auf ihn geht die heute noch gültige Aussprache des Altgriechischen zurück. Luther benutzte die griech. Ausgabe des E. für seine Übersetzung des NT. Besser bekannt als »Erasmus von Rotterdam«.
»Desiderius« = »voller Sehnsucht«.

ERASTUS, Thomas = Thomas Lieber (auch Liebler)
1524–1583; dtsch.-schweizer. Humanist und Mediziner. Als Zwinglianer bekämpfte er energisch die calvinistischen Kirchenbannbestrebungen.
Sein PS bedeutet im Lateinischen »Liebhaber«, »Freund«, ist also die Übersetzung seines dtsch. Namens.

ERICH, Otto >IPSE, Henrik< = Otto Erich Hartleben
1864–1905; dtsch. Schriftsteller (Lyriker, Dramatiker, Erzähler). *»Rosenmontag«* (Drama); *»Die Erziehung zur Ehe«* (Roman); *»Meine Verse«*.
Das PS ist aus seinen beiden Vornamen gebildet. Er benutzte es bis 1890, da er bis dahin noch im Staatsdienst tätig war.

ERNST, Otto = Otto Ernst Schmidt
1862–1926; dtsch. Schriftsteller, vorher Volksschullehrer. »Asmus Sempers Jugendland« (Kindergeschichten); »Semper der Jüngling« (Roman); »Semper der Mann« sowie Komödien.
Ein PS, das durch die Trennung vom Allerwelts-Familiennamen entstand.

ESMOND, Carl = Willy Eichberger
1905; österr. Filmschauspieler. »Liebelei«, nach Schnitzler (mit Luise Ullrich und Wolfgang Liebeneiner, 1933).
Als er 1934 nach den USA emigrierte, legte er sich dieses amerikanisch klingende PS zu.

ESPINA, Concha = Consepción Espina de Serna
1877–1955; span. Schriftstellerin. »Die Aphinx der Maragatos«; »Das Metall der Toten«; »Das Mädchen aus der Mühle«.
Interessant an diesem PS ist der Vorname. Aus der Consepción (Empfängnis) machte die realistische Autorin Concha (Muschel).

ESTANG, Luc = Lucien Bastard
1911; franz. Schriftsteller (Romane, Lyrik). »Die Stunde des Uhrmachers«; »Mögen diese Worte meine Antwort sein«; »Das Glück und das Heil«.
Verständlich, daß ein Schriftsteller bei solchem Familiennamen sich ein PS zulegt.

EUSEBIUS, >FLORESTAN< = Robert Schumann 1810–1856; dtsch. Komponist und Musikschriftsteller; s. >FLORESTAN<.

F

FABRICIUS, Georg = Georg Goldschmied
1516–1571; dtsch. Scholastiker.
Er latinisierte seinen deutschen Namen, wie es damals unter Gelehrten üblich war. »Fabricius« = »Kunsthandwerker«.

FABRICIUS, Hildanus = Wilhelm Fabry
1560–1634; dtsch. Chirurg. Erprobte neue chirurgische Instrumente, verbesserte die Technik der Amputation.
Das PS ist die latinisierte Form seines Familiennamens, »Hildanus« die latinisierte Form seines Geburtsortes Hilden im Rheinland.

FABRIZIUS, Leopold = Albert Vigoleis Thelen
1903; dtsch. Schriftsteller und Übersetzer. Hauptwerk: *»Die Insel des zweiten Gesichts«* (Roman). Fontane-Preis 1954.
Unter diesem PS schrieb er von 1933 bis 1940 für die in Holland erscheinende deutsche Emigrantenzeitschrift »Vaterland« Glossen und Buchbesprechungen.

FÄRBER, Gottlieb >LEBRECHT, Peter< = Ludwig Tieck
1773–1853; dtsch. Dichter der Frühromantik, bekannter Shakespeare-Übersetzer. *»Der gestiefelte Kater«; »Vittoria Accorombona«* u. a.
Dieses PS »verpaßte« ihm der verärgerte Buchhändler Nicolai, weil T. in einem Roman so viel satirisch-phantastischen Unsinn anhäufte, daß er keine Verkaufs-Chancen hatte. Nicolai gab dem Werk, das T. später selbst als »Fehlgeburt« bezeichnete, den reißerischen Titel »Die sieben Weiber des Blaubart« von G. F., um Käufer anzulocken.

FAIR, A. A. = Erle Stanley Gardner

1889–1970; amerik. Kriminalschriftsteller.
Während Gardner unter seinem richtigen Namen die Fälle von seinem Detektiv Perry Mason lösen ließ, erfand er für sein PS ein neues Detektivpaar: Bertha Cool und Donald Lam.

FAIRBANKS, Douglas = Douglas Ulman
1883–1939; amerik. Filmschauspieler. »Die drei Musketiere«; »Robin Hood«; »Das Privatleben von Don Juan« u. a.

FALCO = Johann Hölzl
1957; österr. Schlagersänger (»Der Kommissar«, »Rock me Amadeus«).

FALKBERGET, Johan = J. Petter Lillebakken
1879–1967; norweg. Schriftsteller (meist Romane). »Brandopfer«; »Im Zeichen des Hammers«; »Brot der Nacht«; »Die Pflugschar« u. a.

FALLA, Manuel de = Manuel Maria de Falla y Matheu
1876–1946; span. Komponist. Erster Erfolg mit der Oper »La vida breve«. »Amor als Zauberer«; »Der Dreispitz«; »Meister Pedros Puppenspiel«.
Sein PS ist lediglich die Verkürzung seines Familiennamens.

FALLADA, Hans = Rudolf Ditzen
1893–1947; dtsch. Schriftsteller (Romane), vorher Journalist und Verlagslektor. »Kleiner Mann was nun?«; »Wer einmal aus dem Blechnapf frißt« u. v. a.
Bei der Lektüre von Grimms Märchen hat ihm der Name des Schimmels »Falada« so gefallen, daß er ihn fortan als PS verwandte, allerdings mit einem l mehr.

FARRELL, Suzanne = Roberta Sue Ficker
1945; amerik. Ballerina.

FARRÈRE, Claude = Frédéric-Charles-Pierre-Èdouard Bargone
1876–1957; franz. Schriftsteller (Romane). »Opium«; »Der Mann, der einen Mord beging«; »Der letzte Gott«.

FAST, Howard Melvin = Walter Ericson
1914; amerik. Schriftsteller (Romane). »Spartacus«; »Versuchung der Macht«; »Die Affäre Winston«.
Welche der vielen Bedeutungen, die »fast« im Englischen hat, mag ihn zu diesem PS veranlaßt haben? »Fast« kann bedeuten: fest, treu, schnell, luxuriös, fasten.

FAULKNER, William = William Harrison Falkner
1897–1962; amerik. Schriftsteller (Romane, Lyrik). Mit seinem Roman »Der Freistaat« kam er 1931 zu literarischem Ansehen. Weitere Werke: »Wendemarke«; »Licht im August«; »Requiem für eine Nonne« u. a. 1949 Nobelpreis für Literatur.
Sein PS entstand durch Zufügung

eines u in seinem Familiennamen.

FENDER, Freddy = Baldemar Huerta
1936; amerik. Rocksänger. »Before the next tear-drop falls«.
Ein »fender« ist im Englischen ein Kamingitter.

FERBER, Christian >GLAS, Simon< = Georg Heinrich Balthasar Seidel
1919; dtsch. Schriftsteller und Journalist.
Er mußte ein PS wählen, da sein Großvater Heinrich, sein Vater Heinrich Wolfgang, seine Mutter Ina und sein Bruder Willy sämtlich schriftstellerisch unter dem Namen Seidel tätig waren. Dieses PS benutzte er für seine journalistischen Arbeiten. Außerdem schrieb er Glossen unter dem PS Lisette Mullère (franz. Form für »Lieschen Müller«).

FERNANDEL = Fernand Joseph Désiré Constandin
1903–1971; franz. Schauspieler. Begann als Varietésänger und Operettenbuffo. Grotesk-komische Rollen in mehr als 100 Filmen. »Don Camillo und Peppone«; »Reise in die Vergangenheit«.
Seine Schwiegermutter nannte ihn »Fernand d'elle« = »ihr Fernand« (d. h. der Fernand ihrer Tochter, nicht ihr eigener).

FERNAU, Rudolf = Andreas R. Neuberger

Fernandel gelangte als Don Camillo zu Weltruhm. Hier in »Genosse Don Camillo« aus dem Jahre 1965

1898–1985; dtsch. Theater- und Filmschauspieler. Wurde mit dem Film »Dr. Crippen an Bord« über seine Theatererfolge hinaus bekannt. Seine Autobiographie »Als Lied begann's« gibt ein gutes Bild des Theaterlebens seiner Zeit.
PS nach dem Conférencier R. F., der in den 20er Jahren im Münchner Künstlerkabarett »Café Siegestor« auftrat und den der junge Andreas N. bewunderte.

FERRER, José = José Vincente Ferrer Otero y Cintrón
1912; amerik. Theater- und Filmschauspieler. Für die Rolle in »Cyrano de Bergerac« erhielt er 1950 den Oscar. »Moulin Rouge« (Darstellung des verkrüppelten Malers Toulouse-Lautrec); »Fedora« u. v. a.

Sein PS ist eine Verknappung seines langen Familiennamens.

FERRY, Gabriel = Eugène Louis Ferry Gabriel de Bellemare
1809–1852; franz. Schriftsteller. »Der Waldläufer« (Roman).
Sein PS ist eine Verkürzung und Umstellung seines Familiennamens.

FEUILLÈRE, Edwige = Edwige Caroline Cunati
1907; franz. Theater- und Filmschauspielerin. »Lucrezia Borgia«; »Doppeladler«; »Die Herzogin von Langeais«. Die »Grande Dame« des franz. Films.
Am Beginn ihrer Karriere benutzte sie für kleinere Rollen das PS Cora Lynn. Der Name F. ist der ihres Ehemannes.

FEYDER, Jacques = Jacques Frédérix
1887–1948; franz. Filmregisseur aus Belgien. »Fahrendes Volk«; »Anna Christie«; »Thérèse Raquin« u. a.

FIELD, Michael = Katharine Harris-Bradley und Emma Cooper
1848–1914 (K. H.-B.), 1862–1913 (E. C.); engl. Lyrikerinnen.
Zwei Lyrikerinnen mit einem männlichen PS – da kann man nur mit Fontane sagen: »Das ist ein weites Feld.«

FIELDS, W. C. >CRIBLECOBLIS, Otis< = William Claude Dukinfield
1879–1946; amerik. Schauspieler (Komiker). Spielte (immer sich selbst) in zahlreichen Stumm- und Tonfilmen. Bekannt als Kinderhasser; s. >*JEEVES, Mahatma Kane*<.

FILARETE = Antonio di Pietro Averlino (auch Averalino)
ca. 1400–1469; ital. Architekt und Bildhauer. Schuf die reliefgeschmückte Bronzetür von St. Peter in Rom.

FINCH, Peter = William Mitchell
1916–1977; engl. Theater- und Filmschauspieler. »Der Prozeß um Oscar Wilde«; »Geschichte einer Nonne«; »Network« (Oscar 1976 als bester Darsteller) u. v. a.
Sein PS heißt auf deutsch »Fink«.

FLEMING, Joy = Erna Strube
1944; dtsch. Jazzsängerin.
Ihr engl. PS-Vorname bedeutet »Freude«, »Fröhlichkeit«.

FLEURY = Abraham-Joseph Benard
1750–1822; franz. Komödienschauspieler.
Ein PS aus der Pflanzenwelt, was etwa »der Blühende« heißt.

FLORENS = Joseph v. Eichendorff
1788–1857; dtsch. Dichter der Romantik. *»Aus dem Leben eines Taugenichts«* u. a.
Er benutzte das PS (»der Blühende«) lediglich für seine ersten lyrischen Versuche.

FLORESTAN >EUSEBIUS< = Robert Schumann
1810–1856; dtsch. Komponist und Musikschriftsteller.
Nachdem eine Fingerlähmung die geplante Pianistenlaufbahn zunichte gemacht hatte, widmete sich Sch. nur noch Kompositionsaufgaben. In der von ihm 1834 gegründeten »Neue Zeitschrift für Musik« setzte er sich in vielen Beiträgen, die er unter diesen beiden PS schrieb, für neue Komponisten (Brahms) ein.
Florestan heißt »Blumenfreund«.

FLORIZEL = George IV.
1762–1830.
Unter diesem PS veröffentlichte der engl. König Georg IV. seine Gedichte.

FOCK, Gorch = Hans Kinau
1880–1916 (gefallen); dtsch. Schriftsteller. Erzählungen aus der Welt der Waterkant: »Seefahrt ist not«; »Hein Godenwind«; »Ein Schiff! Ein Schwert! Ein Segel!« Nach ihm wurden die Segelschulschiffe der deutschen Kriegsmarine benannt.
Sein PS kommt aus der Seemannssprache. »Focken« = »Segel hissen«.

FOERSTER, Eberhard >MUNK, Christian< = Günther Weisenborn
1902–1969; dtsch. Schriftsteller, Dramaturg. *»U-Boot S 4«; »Das Mädchen von Fanö«* (Roman); *»Der 20. Juli«* (Drehbuch), Bundesfilmpreis.
Als er bei den Nationalsozialisten Schreibverbot hatte (zeitweise Zuchthaushaft), veröffentlichte er kleinere Arbeiten unter diesem PS, das er auch zur persönlichen Tarnung benutzte.

FONTAINE, Joan = Joan de Beauvoir de Havilland
1917; amerik. Theater- und Filmschauspielerin. »Rebecca«; »Die Waise von Lowood«; »Verdacht« (»Suspicion«; Oscar 1941 als beste Darstellerin).
Das PS war notwendig, da ihre Schwester Olivia de Havilland bereits ein Hollywoodstar war. Sie nahm den Nachnamen ihres Stiefvaters an.

FONTEYN, Margot = Margot Foneyn de Arias, geb. Margaret Hookham
1919; engl. Ballerina. Trat in allen klassischen Partien auf, zuletzt mit Rudolf Nurejew.
Sie nannte sich zuerst »Margot Fontes«, nach dem brasilianischen Mädchennamen ihrer Mutter, auf Anraten von Ninette de Valois änderte sie ihn später in das jetzige PS.

FORD, John = Sean Aloysius O'Fearna
1895–1973; amerik. Filmregisseur irischer Herkunft. »Der Verräter« (»The Informer«, 1935); »Früchte des Zorns« (»The Grapes of Wrath«, 1940); »So grün war mein Tal« (»How green was my Valley, 1941); »Der Sieger« (»The quiet Man«, 1952). Für diese Filme er-

hielt er jeweils einen Oscar für die beste Regie.

FORD, Leslie >FROME, David< = Zenith Jones Brown
1898; amerik. Kriminalschriftstellerin.
Unter diesem PS schrieb sie über 15 Krimis, die in den USA spielen und deren Hauptthelden Grace Latham und Colonel John Primerose sind.

FORESTIER, George >JONTZA, Georg< >weitere noch nicht entschlüsselte PS< = Dr. Karl Emerich Krämer
1918; dtsch. Schriftsteller.
Unter diesem PS erschien 1952 der Gedichtband »Ich schreib' mein Herz in den Staub der Straße«. Angeblich von »einem Elsässer, der als Fremdenlegionär in Indochina verschollen ist«. Autor war jedoch der Lektor des Diederichs-Verlags. Die Kritik feierte die Gedichte als Bereicherung der dtsch. Sprache. Der Verlag zog den Gedichtband zurück, veröffentlichte später Arbeiten von K. unwissentlich unter anderen PS.

FOREZ = François Mauriac
1885–1970; franz. Schriftsteller. *»Thérèse Dequeyroux«; »Natterngezücht«.*
Das PS war sein Deckname während seiner Zeit in der Résistance. Es ist die Befehlsform von »durchbohren«.

FORST, Willi = Wilhelm Froß
1903–1980; österr. Schauspieler, Regisseur, Drehbuchautor. »Mazurka« (Regie); »Wiener Blut« (Regie); »Maskerade« (Regie); »Bel Ami« (Regie und Hauptrolle); »Burgtheater« (Regie); »Die Sünderin« (Regie).

FORSTER, Friedrich = Waldfried Burggraf
1895–1958; dtsch. Dramatiker und Schauspieler. »Der Graue«; »Robinson soll nicht sterben«; »Die Liebende«.
Um die Doppeltätigkeit als Schauspieler, Dramaturg und Schauspieldirektor einerseits und Schriftsteller bühnenwirksamer Stücke andererseits voneinander abzusetzen, wählte B. sein PS, das er nur für literarische Arbeiten benutzte.

FORSYTHE, John = John Lincoln Freund
1918; amerik. Theater- und Filmschauspieler. Bekannt als Blake Carrington in der Fernseh-Serie »Der Denver-Clan«.
Das PS hat literarischen Ursprung. Es stammt aus dem Titel des Romans »Die Forsyte Saga« von J. Galsworthy.

FORTRIDGE, Allan G. >AMBERG, Lorenz< >JUNGK, Robert< = Robert Baum
1913; dtsch.-amerik. Schriftsteller, Ökologe. »Die Zukunft hat schon begonnen«; »Heller als tausend Sonnen« (beide unter dem PS Robert Jungk).
Schrieb unter diesem PS Artikel für den »Observer« (London).

FORZANO, Andrea >HANBURY, Victor< >WALTON, Joseph< = Joseph Losey
1909; amerik. Filmregisseur. »Ímbarco a Mezzanotte« (»Abreise um Mitternacht«).
Da er zur Zeit der Kommunistenverfolgung in den USA auf die »schwarze Liste« kam, drehte er Gebrauchsfilme in Italien und England unter drei verschiedenen PS.

FOX, Emerson = Rolf (eigtl. Rudolf) Olsen
1919; österr. Filmregisseur, Autor, Schauspieler. Sein PS benutzt er für internationale Dokumentarfilme: »Shocking Asia«; »Journey into the Beyond«; »The last Taboos«; »Ekstase«.
O. wählte »Fox«, weil er ein kurzes Wort suchte, das man sich leicht merken kann. Und außerdem hat er dabei an die amerik. Filmgesellschaft gedacht.

FOX, William = William Fiedman
1879–1952; amerik. Filmverleiher, geb. in Ungarn.
Hätte er sich kein PS zugelegt, hieße die große Film-Verleihorganisation jetzt wahrscheinlich »20th Century Fiedman«.

FRANCE, Anatole = François Anatole Thibault
1844–1924; franz. Schriftsteller. Vertrat das »Fin de siècle« in geistreicher, ironischer, skeptischer, dabei aber humorvoller Art. »Thais«; »Das Leben der heiligen Johanna« u. a. 1921 Nobelpreis für Literatur.
Sein PS wählte er nicht aus Patriotismus, sondern aus Verehrung zu seinem Vater, der ein Antiquariat leitete und den die Kunden »Monsieur France« nannten.

FRANCIS, Connie = Concetta Franconera
1938; amerik. Schlagersängerin, Anfang der 60er Jahre eine der erfolgreichsten (9 goldene Schallplatten).
Ihr PS ist eine Amerikanisierung ihres ital. Namens.

FRANZ, Karl >FREI, Bruno< = Benedikt Freistadt
1897; österr. Journalist und Schriftsteller.
Unter diesem PS schrieb er aus dem Exil in der Zeitschrift »Neues Deutschland«, da er als jüd. Kommunist 1933 emigrieren mußte.

FRAUENLOB = Heinrich von Meissen
um 1250–1318; fahrender Sänger. Sang an vielen deutschen Höfen Minnelieder.
Sein PS wurde ihm wegen seines Preisliedes auf die Jungfrau Maria verliehen.

FREED, Arthur = Arthur Grossman
1894–1973; amerik. Filmproduzent. »Ein Amerikaner in Paris« (1951); »Gigi« (1958). Für beide Filme erhielt er den Oscar.

FREGOSUS, Fredericus = Martin Luther
1483–1546; dtsch. Reformator.
Luther benutzte das PS für Streitschriften, die er schrieb, als er in Reichsacht war.

FREI, Bruno >FRANZ, Karl< = Benedikt Freistadt
1897; österr. Journalist und Schriftsteller. »Der Papiersäbel« (Autobiographie, 1972).
Unter diesem PS schrieb der überzeugte Kommunist bis 1933 Artikel in der »Weltbühne«.

FREIER, Gustav = August Heinrich Julius Lafontaine
1758–1831; dtsch. Schriftsteller, Verfasser trivial-sentimentaler Familienromane.
Aus Respekt vor dem großen franz. Namensvetter, den Fabelerzähler La Fontaine, legte er sich dieses PS zu.
Er benutzte außerdem noch mehrere andere PS für seine zahlreichen Romane.

FRESNAY, Pierre = Pierre-Jules-Louis Laudenbach
1897–1975; franz. Theater- und Filmschauspieler. »Marius«; »Die Hand des Teufels«; »Der Reisende ohne Gepäck« u. v. a.
Der in Straßburg geborene L. wählte ein PS, das den franz. Augen und Ohren angenehmer war als sein dtsch. Name.

FREY, William >IVANOW, Konstantin Petrowitsch< >KUPRIANOW, B. V.< >LENIN W. I.< >TULIN, K.< = Wladimir Iljitsch Uljanow
1870–1924; russ. Revolutionsführer; s. *>LENIN, W. I.<*

FRIEDELL, Egon = Egon Friedmann
1878–1938; österr. Schriftsteller, Theaterkritiker, Schauspieler. »Kulturgeschichte der Neuzeit«; »Die Judastragödie«; »Die Reise mit der Zeitmaschine«.
Er änderte seinen Namen, um nicht mit seinem älteren Bruder Oscar verwechselt zu werden, der mittelmäßige Lustspiele schrieb. Die Endung »-ell« nahm er vom Namen seines Studienfreundes Bruno Graf zu Castell-Rüdenhausen.

FRÖBE, Gert = Karl-Gerhard Fröber
1913; dtsch. Theater- und Filmschauspieler. »Berliner Ballade«; »Der Gauner und der liebe Gott« (Ernst-Lubitsch-Preis 1960); »Via Mala«; »Die tollkühnen Männer in ihren fliegenden Kisten«; »Goldfinger« (James-Bond-Film).
Seriöse Nachschlagewerke geben seinen Namen als PS an. Er selbst legt Wert auf die Feststellung, daß Fröbe sein richtiger Name ist.

FROME, David >FORD, Leslie< = Zenith Jones Brown
1898; amerik. Kriminalschriftstellerin.
Unter diesem PS schrieb sie Krimis, die in England spielen und deren Held der engl. Detektiv Evan Pinkerton ist.

FRY, Christopher = Christopher Harris
1907; engl. Dramatiker, vorher Schauspieler. »Ein Phönix zuviel«; »Die Dame ist nicht fürs Feuer«; »Venus im Licht«.
Er erfand dieses PS, um sich als Dramatiker vom Schauspieler zu unterscheiden.

FUGSHAIM, Melchior Sternfels von = Hans Jakob Christoffel von Grimmelshausen
1622–1676; dtsch. Schriftsteller. *»Simplicius Simplicissimus«;* s. *>HIRSCHFELT, Samuel Greifensohn von<*

FUNK, Kurt = Herbert Wehner
1906; deutscher Politiker.
Der damalige KPD-Politiker (jetzt SPD) benutzte dieses PS als Abgesandter des KPD-Zentralkomitees im Saarland vor der Wahl über den Anschluß an Deutschland. Die KPD plädierte für Beibehaltung des »Status quo«. »Ich habe damals viel von ihm gelernt«, schrieb der DDR-Staatsratsvorsitzende Honecker 1980 in seinen Memoiren.

FUSSENEGGER, Gertrud = Gertrud Dietz, verh. Dorn
1912; österr. Schriftstellerin (Romane). »Geschlecht im Advent«; »Die Brüder von Lawasa«; »Maria Theresia« u. a. Schrieb auch Dramen (»Pilatus«) und Gedichte.

G

GAASLAND, Gunnar
>BRANDT, Willy< = Herbert Ernst Frahm
1913; dtsch. Politiker (SPD).
Zu Tagungen der Exilzentrale der Sozialistischen Arbeiterpartei (SAP) in Paris reiste er nach 1933 mit einem gefälschten Paß auf den Namen G. G.

GABIN, Jean = Jean Alexis Moncorgé
1904–1976; franz. Filmschauspieler. Begann als Sänger und Tänzer in Varietés. »Hafen im Nebel«; »Die große Illusion«; »Mit den Waffen einer Frau«.

GABO, Naum = Naum Neemia Pevsner
1890–1977; russ. Bildhauer. Gegenstandslose Gebilde aus Plastik, Glas, Metall.
Das PS war notwendig, da auch sein Bruder Antoine unter dem Familiennamen als Bildhauer erfolgreich arbeitete.

Jean Gabin, der große Mann des franz. Films, als Fernfahrer in »Der Weg ins Verderben« von 1955

GABOR, Zsa Zsa = Sari Gabor
1919; amerik. Filmschauspielerin, geb. in Ungarn. »Moulin Rouge«.
Der PS-Vorname sollte das männliche, anerkennende Zungen-

Greta Garbo, die »Göttliche«. Ihretwegen allein schon lohnte sich die Erfindung des Kinos

schnalzen ausdrücken, wenn eine aufregende Frau auftaucht. Es paßt zu ihr, die mehr Ehemänner hatte als Filmrollen.

GALINA, Anna = Evelyne Cournand
1936; amerik. Ballettänzerin.
Ein Beispiel mehr, daß Ballettänzerinnen sich gern russ. PS zulegen.

GAN, Peter = Richard Moering
1894–1974; dtsch. Schriftsteller (Lyriker). Seine Gedichte sind virtuose Spielereien mit vielen Stilen.
Warum er ein PS wählte, erklärte er so: »Ich wollte von Anfang an unbekannt bleiben und nur für wenige Seelen (auch die meine) schreiben; eine boshafte Kritik (vor der ich mich immer gefürchtet habe) würde – das fühlte ich – mir alle, zum Schreiben nötige, Unbefangenheit genommen haben.« Warum er dieses PS wählte, verrät er nicht.

GANCONAGH = William Butler Yeats
1865–1939; irischer Dramatiker (1923 Nobelpreis für Literatur).
1886 nahm er Verbindung zur irischen revolutionären Bewegung auf, zur Tarnung benutzte er dabei das irische PS.

GARBO, Greta = Greta Lovisa Gustafsson
1905; schwed. Filmschauspielerin, gen.: »Die Göttliche«. Erster Film in Schweden: »Gösta Berling«, zweiter in Deutschland: »Die freudlose Gasse«. Bekannteste Filme: »Königin Christine«; »Kameliendame«; »Ninotschka«. Sie zog sich 1942 vom Filmgeschäft zurück.
Ihr PS soll sie von Regisseur Mauritz Stiller bekommen haben. Auf die Frage, was es bedeutet, sagte er: »Ich weiß es wirklich nicht. Aber es ist gut, nicht wahr?« Sie benutzte im Privatleben später weitere PS, um dem »Garbo-Rummel« zu entgehen.

GARDNER, Ava = Lucy Johnson
1922; amerik. Filmschauspielerin. »Die Killer« (nach Hemingway) machte sie zum Star. »Die barfüßige Gräfin« u. v. a. 1953 für den Oscar nominiert.

GARFIELD, John = Julius Garfinkle
1913–1952; amerik. Filmschauspieler. »Vier Töchter« (zum Oscar nominiert 1938); »Immer wenn der Postmann zweimal klingelt«; »Gentleman's Agreement«.
Sein PS nahm das unamerikanische »finkle« aus seinem Familiennamen.

GARLAND, Beverly = Beverly Fessenden
1926; amerik. Film- und Fernsehschauspielerin.
Bewundernswert an ihr ist nur der Mut, sich das gleiche PS zuzulegen wie die nun schon legendäre Judy G.

GARLAND, Judy = Frances Ethel Gumm
1922–1969; amerik. Filmschauspielerin. Seit 1936 der große Kinderstar Hollywoods, der durch Gesangs- und Tanzszenen Erfolg hatte. Glänzende Karriere als Sängerin. Nach Alkohol- und Drogenproblemen schaffte sie mit dem Remake »A Star is born« 1955 ein Comeback. Allerdings nur für kurze Zeit.
PS mit 12 Jahren nach dem Theaterkritiker Robert Garland und dem damals populären Lied »Judy«.

GARNER, James = James Baumgartner
1928; amerik. Film- und Fernsehschauspieler. Bekannt durch die »Rockford«-TV-Serie. Letzter Film: »Victor/Victoria«.
Sein PS heißt auf deutsch »Kornspeicher«.

GARRICK, John = Reginald Doudy
1902; engl. Theater- und Filmschauspieler.
Ein PS, das verpflichtet. David G. (1716–1779) war ein epochemachender engl. Schauspieler, dessen realistischer Darstellungsstil für die deutschen Shakespeare-Aufführungen maßgebend wurde.

GARY, Romain = Romain Kacev
1914–1980; franz. Schriftsteller (Romane). »General Nachtigall«; »Lady L.«; »Erste Liebe – Letzte Liebe« u. a.

GAST, Lise = Elisabeth Richter
1908; dtsch. Schriftstellerin (Romane). »Junge Mutter Randi«; »Eine Frau allein«.

GAST, Peter = Heinrich Köselitz
1854–1918; dtsch. Schriftsteller und Komponist. 1900–1908 Kustos des Weimarer Nietzsche-Archivs. »Der Löwe von Venedig« (komische Oper).

GAVARNI, Paul = P. Sulpice Chevalier
1804–1866; franz. Zeichner der »Gesellschaft« und der »Slums«.
Sein PS entstand durch eine Schlamperei beim Druck des Katalogs zum Pariser Salon 1828. Statt »Chevalier« wurde »Gavarni« gedruckt.

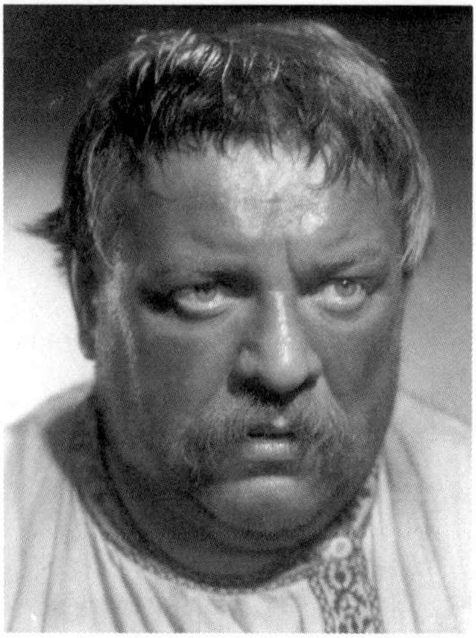

Der Vollblutschauspieler Heinrich George in dem unvergessenen Film »Der Postmeister« von 1940

GAYLE, Crystal = Brenda Gayle Webb
1951; amerik. Popsängerin. »Don't it make my brown eyes blue«.

GAZUL, Clara >L'ETRANGE, Joseph< >MAGLANOWITSCH, Hyazinth< = Prosper Mérimée
1803–1870; franz. Schriftsteller und Historiker.
Unter dem PS Joseph L'Etrange gab er »Das Theater der Clara Gazul« heraus. Das Buch enthielt Dramen einer span. Schauspielerin, die auf dem Titelblatt abgebildet war – es war Prosper Mérimée in Verkleidung. Es handelte sich also um ein Doppel-PS. Die Buchstaben Gazul müssen es Mérimée angetan haben, er verwendete sie in anderer Reihenfolge noch einmal; s. >*MAGLANOWITSCH, Hyazinth.*<.

GEDDA, Nicolai = Nicolai Ustinow
1925; schwed. Opernsänger russ. Herkunft. An allen Opernbühnen der Welt bekannter Tenor.
Er wählte das PS, um Verwechslungen mit Peter U., dem Schauspieler und Autor, zu vermeiden.

GEORGE, Gorgeous = George Raymond
1915–1963; amerik. Ringer.
Bei diesem PS zeugt der Vorname von bewundernswertem Selbstgefühl. »Gorgeous« heißt auf deutsch »herrlich, prächtig«.

GEORGE, Heinrich = Georg Heinrich Schulz
1893–1946; dtsch. Schauspieler. Unvergessen sein »Götz v. Berlichingen«, sein »Miller« in »Kabale und Liebe«, aber auch in »Postmeister« und vielen anderen Filmen wußte er zu begeistern.
Sein Sohn Götz George, ebenfalls Schauspieler, übernahm sein PS.

GÉRARD, Danyel = Gérard Daniel Kherlakian
1941; franz. Schlagerkomponist und Sänger. Komponierte für Johnny Hallyday, Sylvie Vartan, Dalida, Richard Anthony, Caterina Valente und Udo Jürgens. Mit »Butterfly« hatte er 1971 auch als Sänger Erfolg.

GERRON, Kurt = Kurt Gerson
1897–1944 (ermordet in Auschwitz); dtsch. Theater- und Filmschauspieler, Regisseur. Er war sowohl in komischen wie in zwielichtigen Rollen erfolgreich, u. a. auf der Bühne in der »Dreigroschenoper«. Filme: »Varieté«; »Der blaue Engel« u. a.

GERSHWIN, George = Jacob Gershwin
1898–1937; amerik. Komponist. Berühmt durch seinen sinfonischen Jazz. »Rhapsody in blue«; »Porgy and Bess« u. a.
Er wollte, daß beide Namen mit »G« beginnen.

GERT, Valeska = Gertrude Samosch
1892–1978; dtsch. Kabarettistin, Filmschauspielerin, Vertreterin des modernen Groteskstanzes.
Der PS-Vorname war eine Konzession an das russophile Publikum der 20er Jahre.

GEVA, Tamara = Tamara Gevergeyewa
1908; russ. Ballettänzerin in den USA.
Der amerik. Aussprache zuliebe verkürzte sie in ihrem PS ihren Familiennamen.

GHIRLANDAIO, Domenico = Domenico di Tommaso Bigordi (auch Bigardi)
1449–1494; ital. Maler. Berühmt durch seine Fresken und Tafelbilder von blühender Farbigkeit.
Sein PS erinnert an seinen Vater, der Goldschmied war und goldene Schmuckgirlanden anfertigte.

GIEHSE, Therese = Therese Gift
1898–1975; dtsch. Schauspielerin. Begann beim Kabarett, kam 1925 zu den Münchner Kammerspielen, mußte 1933 emigrieren, kehrte 1945 nach Berlin und München zurück.
Verständlich, daß eine Schauspielerin nicht als »Gift« auf der Bühne stehen wollte.

GIERER, Berchtold = Walter Scheidt
1895-1967; dtsch. Schriftsteller. »Geschlechter am See«; »Im Troß der Reiter«; »Die Geige«.

GILBERT, Anthony >MEREDITH, Anne< = Lucy Beatrice Malleson
1899–1973; engl. Schriftstellerin. Unter diesem PS hat sie ca. 60 Krimis geschrieben. In den meisten ist der Rechtsanwalt Arthur Crook der Hauptheld.

GILBERT, Jean = Max Winterfeld
1879–1942; dtsch. Operettenkomponist. »Die keusche Susanne«; »Die Kinokönigin«; »Die Frau im Hermelin«. Typischer Vertreter der Berliner Operette.
Sein Sohn Robert übernahm das PS, das durch den Vornamen dazu verlockt, es franz. auszusprechen.

GILBERT, John = John Pringle
1897–1936; amerik. Filmschau-

spieler. »Die lustige Witwe«; »Die große Parade«; »Königin Christine« (mit Greta Garbo) u. a.
Das PS Gilbert wurde in der Folge gern in Hollywood benutzt.

GILDO, Rex = Ludwig Alexander Hirtreiter
1939; dtsch. Schlagersänger. »Dauerbrenner« unter den deutschen Schlagersängern. Etwa 200 Schlager, darunter »Speedy Gonzales« und »Fiesta Mexicana«.
Er legte sich das PS während seiner Ausbildung zu Tanz, Schauspiel und Gesang zu. »Rex« wurde er bereits in der Schule genannt.

GIORGIONE = Giorgio da Castelfranco
1477/78–1510; ital. Maler, der die venezianische Malerei der Hochrenaissance zur Blüte führte und als einer der ersten auch weltliche Motive wählte.
Sein PS bedeutet »großer Giorgio«. Es ist also die Steigerung seines Vornamens.

GISH, Dorothy = Dorothy de Guiche
1898–1968; amerik. Filmschauspielerin der Stummfilmzeit (»Orphans of the storm«). Schwester von Lillian, mit der sie auch im Film Schwesternrollen spielte. Deren Berühmtheit erreichte sie jedoch nicht.

GISH, Lillian = Lillian de Guiche
1896; amerik. Filmschauspielerin franz. Abstammung. Star der Stummfilmzeit. Sie kreierte als erste die Naive auf der Leinwand. »Geburt einer Nation«; »Duell in der Sonne«; »Die Nacht des Jägers« u. a.
So wie die Amerikaner ihren Namen aussprachen, schrieb sie ihn in ihrem PS.

GITTE = Gitte Haennig
1946; dän. Schlagersängerin. Trat bereits mit 10 Jahren im dän. Fernsehen auf. 1963 gewann sie die Deutschen Schlagerfestspiele in Baden-Baden mit »Ich will 'nen Cowboy als Mann«. Curth Flatow prägte für sie den Ausdruck »Babyvamp«. Erwachsen, gelang ihr eine zweite Karriere als Sängerin, nun unter ihrem vollen Namen.

GLAS, Simon >FERBER, Christian< = Georg H. B. Seidel
1919; dtsch. Schriftsteller (1. PS) und Journalist (2. PS). 3 Romane: »Das Netz«; »Die schwachen Punkte«; »Jeder wie er kann«. Seine PS waren notwendig, da die ganze Familie schriftstellerisch tätig war.

GLASGOW, Ellen = Anderson Gholson
1874–1945; amerik. Schriftstellerin. »Die eiserne Ader« (Roman); »So ist das Leben« (Pulitzerpreis 1942).

GLODOCI, Loran = Carlo Goldoni
1707–1793; ital. Komödienautor. Er schrieb nach eigenen Angaben 150 Stücke. *»Diener zweier Her-*

ren«; »Mirandolina«; »Das Kaffeehaus«.
Sein PS bildete er durch die Verschiebung einiger Buchstaben seines richtigen Namens. Er benutzte es für Gelegenheitsarbeiten und Bearbeitungen.

GOBBI, Tito = Tito Weiss
1915; ital. Opernsänger.
Verständlich, daß er nicht mit einem so unmusikalischen Namen Karriere machen wollte.

GODDARD, Paulette = Marion Levy
1911; amerik. Filmschauspielerin. Erste Erfolge in den Chaplin-Filmen »Moderne Zeiten« und »Der große Diktator«. Ihre beste Rolle spielte sie in dem Film »Das Tagebuch einer Kammerzofe« (1946). Nach ihrer Heirat mit Erich Maria Remarque zog sie sich fast ganz vom Film zurück.

GODDEN, Rudi = Rudolf Lißbauer
1907–1941; dtsch. Schlagersänger und Filmschauspieler. Gründete 1935 das Kabarett »Die acht Entfesselten« in Berlin. Erste Filmrolle in »Truxa« (1937). »Robert und Bertram«; »Hallo, Janine«; »Es leuchten die Sterne«.
PS nach seinem Stiefvater Goddeng.

GOLAW, Salomon von = Friedrich v. Logau
1604–1655; dtsch. Schriftsteller (Lyrik). Gilt als bester Verfasser von Sinngedichten im Barock.
Für seine satirischen Gedichte benutzte er dieses PS.

GOLDWYN, Samuel = Samuel Goldfish
1882–1974; amerik. Filmproduzent poln. Abstammung. Für die Produktion des Films »Die besten Jahre unseres Lebens« erhielt er 1946 den Oscar.
Hätte er sich kein PS zugelegt, hieße heute die Filmverleihfirma MGM »Metro-Goldfish-Mayer«.

GOLON, Anne = Simone Golonbinoff, geb. Changense, und Serge G. Golonbinoff
1921 (Simone), 1903–1972 (Serge); franz. Autorenehepaar der »Angélique-Romane«.

GOODRICH, William = Roscoe (»Fatty«) Arbuckle
1887–1933; amerik. Filmkomiker.
Nach seinem Skandalprozeß 1921/22 war seine Schauspielerkarriere beendet. Buster Keaton, einer der wenigen, die zu ihm hielten, riet ihm, das PS »Will B. Good« (»will gut sein«) anzunehmen. A. entschied sich für W. G. Er benutzte das PS als Tarnung bei seiner Arbeit als Gagman und Lustspielregisseur.

GORDON, Glenn = Dr. jur. Fritz Habeck
1916; österr. Schriftsteller. *»Das Boot kommt nach Mitternacht«.*
Da er vom Kinderbuch über den historischen Roman bis zu Hörspiel und Drama so ungefähr alles

Maxim Gorki, Begründer des sozialistischen Realismus, nach einer Zeichnung von 1919

schreibt, hat er sich für einige Arbeiten dieses Allerwelts-PS zugelegt.

GORDON, Richard = Gordon Ostlere
1921; engl. Arzt und Schriftsteller. »Doktor ahoi« u. a. Seine heiteren Bücher aus seiner Arztpraxis waren so erfolgreich, daß er seit 1952 nur noch schriftstellerisch tätig ist.
Er wählte das PS zu einer Zeit, da er unter seinem richtigen Namen hauptsächlich als Arzt tätig war.

GORDON, Ruth = Ruth Jones
1898–1985; amerik. Theater- und Filmschauspielerin. »Rosemary's Baby« (Oscar 1968 für beste Nebenrolle); »Harold and Maude« (auf der Bühne wie im Film).

GORKI, Maxim = Alexej Maximowitsch Peschkow
1868–1936; russ. Schriftsteller. »Nachtasyl« (Drama); »Das Werk der Aramonows« (Roman).
Identifizierte sich mit der Armut und den harten Lebensbedingungen des russ. Volkes (schon vor der bolschewistischen Revolution) und nannte sich deshalb »Gorki«, zu deutsch: »bitter«. Seine Geburtsstadt Nischnij Nowgorod heißt seit 1932 nach seinem PS Gorki.

GOTT, Karel = Karal Gottar
1939; tschech. Schlagersänger. Bereits 1971 gewann die »Goldene Stimme« aus Prag zum siebtenmal die »Goldene Nachtigall« (höchste Popmusik-Auszeichnung des Ostblocks).

GOTTHELF, Jeremias = Albert Bitzius
1797–1854; Schweizer Schriftsteller und Theologe. »Der Bauernspiegel oder Lebensgeschichte des Jeremias Gotthelf«; »Elsi, die seltsame Magd«; »Uli, der Knecht«.
Da es seiner vorgesetzten Kirchenbehörde nicht gefiel, daß ein Pfarrer Romane schrieb, wählte er den Namen des Helden seines ersten Romans zu seinem PS.

GRACQ, Julien = Louis Poirier
1910; franz. Schriftsteller. »Das Ufer der Syrten« (Roman); »Ein Balkon im Wald« (Roman).
P. ist Geschichtslehrer an einem Gymnasium. Er hielt es für bes-

ser, seine romantisch-surrealistischen literarischen Arbeiten unter einem PS erscheinen zu lassen.

GRANDVILLE = Ignace Isidore Gérard
1803–1847; franz. Zeichner und Karikaturist. Illustrierte klassische Schriftsteller. In seinen Karikaturen zeichnete er oft Menschen mit Tierköpfen.
Sein PS bedeutet »große Stadt«. Ob er dies bewußt machte, ist unbekammt.

GRANGER, Stewart = James Lablache Stewart
1913; engl. Theater- und Filmschauspieler. »Scaramouche«; »Madonna der sieben Monde«; »Old Shurehand« u. v. a.
Nachdem ein James Stewart bereits zu Filmstarruhm aufgestiegen war, mußte er sich ein PS zulegen. Ein »granger« ist der Besitzer eines kleinen Gutshofs.

GRANT, Cary = Archibald Alexander Leach
1904; amerik. Filmschauspieler engl. Herkunft. Begann in England bei einer Artistengruppe. »Arsen und Spitzenhäubchen«; »Verdacht«; »Charade« u. v. a. 1969 Sonder-Oscar für seine Verdienste um den amerik. Film.
Sein PS legte er sich erst zu, nachdem er in den USA eingebürgert war.

GRAU, Franz = Paul Gurk
1880–1953; dtsch. Schriftsteller. 40 Dramen, 25 Romane.

Um 1610/12 entstand dieses Selbstbildnis von El Greco, der in der span. Stadt Toledo begraben wurde

Bis 1924 war er im öffentlichen Dienst des Berliner Magistrats, deshalb wählte er in dieser Zeit für seine literarischen Arbeiten ein PS.

GRAY, Nadia = Nadia Kujnir-Herescu
1923; ital. Filmschauspielerin rumän. Abstammung. Unvergessen ihr salonfähiger Striptease in Fellinis »La dolce vita«.
Verständlich, daß sie sich ein PS zulegte, das leichter auszusprechen ist als ihr Familienname.

GRECO, El = Domenikos Theotokopulos
1541–1614; griech.-span. Maler. Schüler von Tizian. »Toledo im Gewitter«; »Mater Dolorosa«.
Sein PS heißt auf spanisch »der

In seinem Todesjahr 1967 wurde dieses Foto des Guerilla-Führers Ernesto »Che« Guevara aufgenommen

Grieche« und bezieht sich auf seinen Geburtsort Phodele auf Kreta.

GREIFENSHOLM, Erich Stainfels von = Hans Jakob Christoffel von Grimmelshausen
1622–1676; dtsch. Schriftsteller. *»Simplicius Simplicissimus«;* s. *>HIRSCHFELT, Samuel Greifensohn von<.*

GREY, Joel = Noel Katz
1932; amerik. Schauspieler. Erfolgreich am Broadway, wurde als Conférencier »Emcee« in dem Film »Cabaret« (u. a. mit Liza Minelli) berühmt und erhielt dafür 1972 den Oscar für die beste Nebenrolle.

GRIN, Alexander Stepanowitsch = A. St. Grinewskij
1880–1932; russ. Schriftsteller. »Das Purpursegel« (Roman); »Wogenleiter« (Roman); märchenhafte Erzählungen.
Sein PS ist die erste Silbe seines Familiennamens.

GROCK = Adrian Wettach
1880–1959; Schweizer Clown. Seit 1951 leitete er seinen eigenen Zirkus. Sein Erkennungssatz: »Nit m-ö-ö-ö-glich.«
G. trat anfangs mit einem Partner namens »Brick« auf, deshalb das dazu passende PS »Grock«.

GRUBER, Ludwig = Ludwig Anzengruber
1839–1889; österr. Dramatiker und Erzähler. *»Der Pfarrer von Kirchfeld«; »Der Meineidbauer«.*
Er benutzte dieses PS lediglich für seine ersten Dramen.

GRÜN, Anastasius = Anton Alexander von Auersperg
1806–1876; österr. Schriftsteller (Romane, Lyrik) und Staatsmann. »Nibelungen im Frack«; »Spaziergänge eines Wiener Poeten«.
Der liberale Politiker, der sich gegen die Metternich-Richtung wandte und für ein Zusammengehen mit Deutschland war, veröffentlichte mit Rücksicht auf seine öffentlichen Ämter seine literarischen Werke unter diesem PS.

GRÜNDGENS, Gustaf = Gustav Gründgens

1899–1963; dtsch. Theater- und Filmschauspieler, Regisseur. Stilbildend und unübertroffen seine »Mephisto«-Darstellung und seine »Faust«-Inszenierung, die er auch für den Film aufbereitete.
Als junger Schauspieler änderte G. 1923 das v seines Vornamens in f, damit sich dieser von der allgemeinen Schreibweise abhob.

GRÜNEWALD, Matthias = Mathis (Matthäus) Gothart, gen. Nithart (Neidhardt)
ca. 1475/80–1528; dtsch. Maler. Sein berühmtestes Werk: »Der Isenheimer Altar«, in dessen »Sebastian« viele eine Selbstdarstellung sehen.
Die Namens- und Lebensdaten sind nicht belegt. Die hier aufgeführten Angaben entsprechen der heute gültigen Theorie, andere sehen in ihm den 1516 in Mainz geb. Matthias Gothart, wieder andere glauben, hinter dem PS verberge sich Mathis (Matthäus) Nithart oder Gothart, der 1528 in Frankfurt starb.

GRYPHIUS, Andreas = Andreas Greif
1616–1664; dtsch. Schriftsteller des Barock, Dramatiker und Lyriker.
Sein PS ist nur die damals übliche Latinisierung seines Namens.

GUERCINO, Giovanni Francesco = G. F. Barbieri
1591–1666; ital. Maler und stilbildender Zeichner.
Sein PS ist eigentlich ein Spitzname. »Il Guercino« heißt auf deutsch »der Schielende«.

Der Stahlstich aus dem 19. Jhdt. zeigt Johannes Gutenberg, den Erfinder der Buchdruckerkunst

GUÉTARY, Georges = Lambros Worloou
1915–1983; franz. Sänger und Schauspieler griech.-ägypt. Herkunft. »Ein Amerikaner in Paris«; »Der Zigeunerbaron« (spielte in der franz. Version dieses dtsch. Films die Hauptrolle, die in der dtsch. Fassung Gerhard Riedmann verkörperte).

GÜTERSLOH, Albert Paris = A. Conrad Kiehtreiber
1887–1973; österr. Schriftsteller (barockverschlungene Romane). »Die tanzende Törin«; »Die Fabel von der Freundschaft«.
Bevor er zu schreiben begann, war er Schauspieler und Maler.

Für die Bühne legte er sich dieses klangvolle PS zu, das die westfälische Kleinstadt Gütersloh mit der Weltstadt Paris »vereint«.

GUEVARA, Che = Ernesto Guevara de la Serra
1928–1967 (erschossen); argent. Arzt, marxistischer Politiker, Guerillaführer. Nachdem er Fidel Castro Ruz bei dessen Revolution in Kuba erfolgreich unterstützt hatte, scheiterte ein entsprechender Versuch in Bolivien.
Lediglich die Silbe »Che« ist ein PS. Sie bedeutet im argent. Sprachgebrauch: »He da, aufgepaßt.«

GUITRY, Sacha = Alexandre Pierre Searges
1885–1957; franz. Schriftsteller, Schauspieler, Filmregisseur. »Der Roman eines Schwindlers« (auch von ihm verfilmt); »Nicht zuhören, meine Damen« (Komödie); »Die Straße der Liebe« (Film).
Er wählte ein PS, da sein Vater ein bekannter Schauspieler war und er nicht in dessen Schatten seine Karriere aufbauen wollte. Der Sinn seines PS ist unklar.

GUNDOLF, Friedrich = F. Gundelfinger
1880–1931; dtsch. Philologe. gehörte zum Kreis um Stefan George und war Prof. für Literaturgeschichte in Heidelberg.
Sein PS ist die Germanisierung seines jüdischen Familiennamens.

GUTENBERG, Johannes = Johannes Gensfleisch zur Laden
ca. 1397–1468. Der in Mainz geborene G., der zunächst als Goldschmied arbeitete, gilt als Erfinder des Buchdrucks mit beweglichen Metallettern. Das technisch und ästhetisch hervorragendste Werk ist die sog. »Gutenberg-Bibel«.
Sein Vater, ein Mainzer Patrizier, wurde bereits nach seinem Haus »zum Gutenberg« genannt, daher das PS.

H

HABE, Hans = János Békessy
1911–1977; dtsch. Schriftsteller und Journalist ung. Abstammung. Romane: »Die Tarnowska«; »Das Netz«; »Im Namen des Teufels«; »Ilona« u. a.
Sein PS bildet er aus *Ha*ns (= János) *Be*kessy.

HAFFNER, Sebastian = Raimund Pretzel
1907; dtsch. Schriftsteller und Publizist. »Anmerkungen zu Hitler«; »Überlegungen eines Wechselwählers«.

HAFIS >EMMERAN, Eusebius< = Georg Friedrich Daumer
1800–1875; dtsch. religiöser Schriftsteller. *»Das Christentum und seine Urheber«.*
Unter dem PS eines persischen Dichters ließ der Pflegevater von Kaspar Hauser eigene Gedichte erscheinen. Johannes Brahms war davon so beeindruckt, daß er ca. 50 davon vertonte. D. schrieb über seine »Übersetzungen«: »Mein Hafis ist . . . eine, wenn auch freie Nachbildung der alten Gedichte des Persers.« Einen Dichter Hafis hat es tatsächlich gegeben. Er lebte ca. 1320–1386 in Persien.

HAGEL, Jan >NEBEL, Caspar< = Peter Orthofer
1940; dtsch. Schriftsteller, lebt in Österreich. Fernseh- und Hörfunksendungen, Kabarett. »Liebe unter sex Augen«.
Vom Hagel zum Nebel – für weitere PS bieten sich Schnee, Regen, Donner und Blitz an . . .

HALÉVY, Fromental = Jacques Fromental Élie Lévy
1799–1862; franz. Komponist. Mehr als 30 Opern, am bekanntesten: »Die Jüdin«.

HALLÉ, Charles = Karl Halle
1819–1895; engl. Pianist und Dirigent dtsch. Abstammung.

Die Schriften Knut Hamsuns übten einen starken Einfluß auf viele Autorengenerationen nach ihm aus

So kann man mit einem kleinen Strich seinem biederen deutschen Namen einen internationalen Touch geben.

HALLIDAY, Brett = David Dresser
1904–1977; amerik. Schriftsteller, der unter diesem PS die Krimis mit Mike Shayne als Helden schrieb. War dreimal verheiratet, alle Ehefrauen schrieben ebenfalls Krimis, oft mit ihm gemeinsam, dann unter anderen PS. Außerdem verwendete er während seiner Zeit als Journalist viele PS.

HALLYDAY, Johnny = Jean Philippe Smet
1943; franz. Schlagersänger. »L'Amour violent«; »Je si seul«; »Mon p'tit«; »Nashville«. Nicht nur durch seine Lieder, sondern auch durch seine polit. Kommentare in der von ihm herausgegebenen Zeitschrift »Les Copaines« hatte er Einfluß auf die Jugend.

HALM, Friedrich = Eligius Franz-Joseph Freiherr v. Münch-Bellinghausen
1806–1871; österr. Schriftsteller. Mit seinen prunkvollen, bühnenwirksamen Stücken war er zu seiner Zeit einer der beliebtesten Theaterautoren. Hauptwerke: »Griseldis«; »Wildfeuer«.
Sein PS wählte er, um seine liter. Arbeiten von seiner offiziellen Position abzusetzen.

HAMMOND, Albert = Lazlo Luis Perez
1944; engl. Schlagersänger. »It never rains in Southern California«. Unklar, ob er mit seinem PS dem Erfinder der gleichnamigen Orgel huldigen wollte oder der Stadt H. am Michigansee.

HAMSUN, Knut = Knud Pedersen
1859–1952; norweg. Schriftsteller (Nobelpreis 1920). »Hunger«; »Segen der Erde«, »Auf überwachsenen Pfaden« u. a.
Seine ersten beiden Veröffentlichungen erschienen noch unter seinem richtigen Namen. Das PS »Hamsun« stammt von dem Namen eines kleinen Hofes, den sein Vater von seinem Schwager gepachtet hatte. Er hieß »Hamsund« und lag in der Mitte der Halbinsel Hamaröy.

HANSEN, Joachim = Joachim Spieler
1930; dtsch. Filmschauspieler. »Der Stern von Afrika«; »Und ewig singen die Wälder«; »Steiner – das eiserne Kreuz«.

HANBURY, Victor >FORZANO, Andrea< WALTON, Joseph< = Joseph Losey
1909; amerik. Filmregisseur. »The sleeping Tiger«.
Da er zur Zeit der Kommunistenverfolgung in den USA auf die »schwarze Liste« kam, drehte er Gebrauchsfilme in Italien und England unter verschiedenen PS.

HANUSSEN, Erik Jan = Hermann Steinschneider
Geburtsjahr nicht zu ermitteln – 1933 (erschossen); dtsch. Hellseher. Eine der größten Varieté-Attraktionen der 20er Jahre. War den Nationalsozialisten nach der Machtergreifung lästig (sah angeblich den Reichstagsbrand voraus). Außerdem soll er Parteigrößen vor 1933 mit Geld geholfen haben. Er wurde im Berliner Grunewald erschossen, wahrscheinlich von SA-Männern.
Das PS ist frei und wurde inzwischen von zwei anderen Hellsehern benutzt.

HARDEN, Maximilian = Felix Ernst Wittkowski
1861–1927; dtsch. Publizist, bis 1888 Schauspieler. Mitbegründer der »Freien Volksbühne« Berlin.
Sein PS verwendete er seit dem Jahre 1876.

HARELL, Marte = Martha Schömig
1907; österr. Theater- und Filmschauspielerin. »Opernball«; »Erzherzog Johanns große Liebe«; »Liebeskrieg nach Noten« u. v. a.

HARLOW, Jean = Harlean Carpentier
1911–1937; amerik. Filmschauspielerin. Berühmt durch ihre superblonden Haare und ihre Affären. »Platinblond«; »Hell Angels«; »Saratoga« u. a.
Ihr PS ist aus ihrem Vornamen entwickelt.

HARRISON, Rex = Reginald Carey Harrison
1908; engl. Theater- und Filmschauspieler. »Dr. Doolittle« (Titelrolle); »My fair Lady« (für die Rolle des »Mr. Higgins« erhielt er 1964 den Oscar); »Cleopatra« (Cäsar) u. v. a.
Sein Vornamen-PS ist eine im Englischen beliebte Abkürzung seines Vornamens.

HART, Dolores = Dolores Hicks
1939; amerik. Filmschauspielerin.
Das PS dieser ziemlich unbekannten Filmschauspielerin ist gut zu verstehen, schließlich bedeutet »Hicks« im Englischen genau wie im Deutschen das Aufstoßen nach zuviel Alkohol.

HARTENFELS, Simon Lenfrisch von = Hans Jakob Christoffel von Grimmelshausen
1622–1676; dtsch. Schriftsteller.

»Simplicius Simplicissimus«; s. >HIRSCHFELT, *Samuel Greifensohn von.*<

HARVEY, Laurence = Laruschka Mischa Skikne
1928–1973; engl. Filmschauspieler, litauischer Abstammung. »Alamo«; »Butterfield 8«; »Ein Kampf um Rom« u. v. a.
Das PS gab ihm sein Agent Gordon Harbord, weil »Harvey der englischste Name ist«, den er sich denken konnte.

HARVEY, Lilian = Lilian Pape
1907–1968; dtsch. Filmschauspielerin. »Der blonde Traum«; »Die drei von der Tankstelle«; »Der Kongreß tanzt« u. v. a. Zusammen mit Willy Fritsch das Traumpaar des dtsch. Films.
Ihr PS ist der Mädchenname ihrer engl. Mutter. Während der Nazizeit wurde ihr die deutsche Staatsbürgerschaft entzogen.

HAUFF, Angelika = Alice Paula Marie Suchanek
1922–1983; österr. Theater- und Filmschauspielerin. Filme: »Zirkus Renz«; »Die Göttin vom Rio Beni« u. v. a.

HAUSER, Kaspar >PANTER, Peter< >TIGER, Theobald< >WROBEL, Ignaz< = Kurt Tucholsky
1890–1935 (Freitod); dtsch. Schriftsteller, Journalist, Kabarett-Texter mit polit. Engagement.
Er differenzierte, welches PS für welche Art seiner vielfältigen schriftstellerischen Produktionen paßte. 1922 erschien »Die verkehrte Welt in Knüttelversen dargestellt von Kaspar Hauser«. Für dieses PS wählte er den Namen des Findelkindes, das 1828 bei Nürnberg auftauchte und dessen Herkunft nie ganz geklärt werden konnte.

HAYSTACKS, Giant = Luke MacMasters
1947; engl. Ringer und Filmschauspieler.
PS von Ringern sind fast immer eine Quelle zum Schmunzeln. Dieses PS heißt schlicht und bescheiden »Riese Heuschober«.

HAYWARD, Susan = Edythe Marrener
1918–1975; amerik. Filmschauspielerin. »Ich heirate eine Hexe«; »Jack London«; »Laßt mich leben« (Oscar 1958 als beste Darstellerin) u. v. a.
Dieses PS wurde in den 30er Jahren in Hollywood gern benutzt.

HAYWORTH, Rita = Marguerita Carmen Cansino
1918; amerik. Theater- und Filmschauspielerin. »Nur Engel haben Flügel«; »Gilda«; »Lady von Shanghai«; »Getrennt von Tisch und Bett« u. v. a.
Da sie aus einer Schauspielerfamilie stammt und bereits früh als Sängerin und Tänzerin auftrat, legte sie sich ein PS zu, um nicht mit ihrer Mutter verwechselt zu werden.

HECK, Dieter »Thomas« = Carl Dieter Heckscher
1937; dtsch. Showmaster. Von Peter Frankenfeld entdeckt. 1965 Discjockey bei Radio Luxemburg, 1966 Europawelle Saar, wo er die »Deutsche Hitparade« aus der Taufe hob. 1969–1985 Moderator der »ZDF-Hitparade«. Zur Zeit u. a. Moderator der »Pyramide« im ZDF.
Sein PS verwendet den Vornamen, unter dem er bei Radio Luxemburg arbeitete. Vom Familienname hat er die letzte Silbe weggelassen.

HEFLIN, Van = Emmett Evan Heflin jr.
1910–1971; amerik. Theater- und Filmschauspieler. »Seven Sweethearts«; »Johnny Eager« (Oscar 1942 für die beste Nebenrolle); »Airport« u. v. a.
Was viele für das holländische »van« bei diesem PS hielten, war in Wahrheit die Abkürzung seines zweiten Vornamens.

HEIMBURG, Wilhelmine = Bertha von Behrens
1850–1912; dtsch. Schriftstellerin. Vollendete den nicht mehr beendeten Roman »Das Eulenhaus« der Marlitt und trat mit weiteren Romanen das Erbe der Marlitt (PS) an.
Das PS ist beste »Gartenlauben«-Produktion, jener Zeitschrift, die Heim, Herd und Burgfräuleins zu ihrem Programm erhoben hatte. Unbegreiflich nur, daß man auf das »von« verzichtete.

HEINO = Heinz-Georg Kramm
1942; dtsch. Schlagersänger. Von Ralf Bendix entdeckt. Volks-, Heimat-, Seemanns- und Wanderlieder, z. B. »Karamba, Karacho ein Whisky«, »So blau, blau, blau blüht der Enzian«

HEINTJE = Hendrix Nikolaus Theodor Simons
1955; holl. Kinderstar mit großer Stimme. Seine 1966 erschienene Schallplatte »Mama« wurde ein Verkaufshit. Bis zum Sommer 1971 28 goldene Schallplatten. Filmhauptrollen. Versuchte nach dem Stimmbruch eine neue Karriere als Schlagersänger mit seinem vollen Namen Heintje Simons.

HEITER, Amalie = Amalie, Herzogin von Sachsen
1794–1870; dtsch. Dramatikerin und Komponistin.
Ihre dramatischen Versuche erschienen unter diesem PS, das Anlaß zu manchem Wortspiel gab, wie z. B.: (Das kann ja »Heiter« werden!)

HELD, Kurt = Kurt Kläber
1897–1959; dtsch. Schriftsteller. Veröffentlichte unter seinem richtigen Namen polit. engagierte Romane (*»Revolutionäre«* und *»Barrikaden an der Ruhr«*, beide 1925).
Nach seinem Austritt aus der KPD schrieb er unter dem PS sozialkritische Jugendbücher, z. B. »Die rote Zora und ihre Bande«, 1943.

HELLBORN, Klaus >HELLMER, Klaus< >HORSTER, Ulrich< >HÜLSEN, Adrian< = Eduard Rhein
1900; dtsch. Schriftsteller und Publizist.

HELLMER, Klaus >HELLBORN, Klaus< >HORSTER, Ulrich< >HÜLSEN, Adrian< = Eduard Rhein
1900; dtsch. Schriftsteller und Publizist, der bei seinen PS den Anfangsbuchstaben treu blieb.

HELM, Brigitte = Brigitte Eva Gisela Schittenhelm
1908; dtsch. Filmschauspielerin. »Metropolis« (1927), in dem sie sowohl die Heldin als auch ihr Roboter-Double spielte. Tonfilme: »Remake«; »Spione am Werk«; »Ein idealer Gatte«; »Alraune«. Nach ihrer Heirat 1936 zog sie sich vom Film zurück.
Ihr PS ist aus der letzten Silbe ihres Familiennamens gebildet.

HENDERSON, Mary >BRIDIE, James< = Osborne Henry Mavor
1881–1951; schott. Arzt und Dramatiker.
Während er seine Stücke unter >*Bridie*< schrieb, benutzte er das weibliche PS für Übersetzungen.

HENREID, Paul = Paul Julius von Henried
1908; österr. Filmschauspieler, seit 1940 in den USA. »Casablanca«; »Nachtzug« u. v. a.
Sein PS ist die Entaristokratisierung seines richtigen Namens, und gleichzeitig vertauschte er »ie« in »ei«.

HENRICKS, Paul = Edward Hoop
1925; dtsch. Studiendirektor und Krimiautor. »Pfeile aus dem Dunklen«; »Sieben Tage Frist für Schramm«; »Keine Stimme für Krüß«.
Um seine Position als Studiendirektor nicht durch seine literarische Tätigkeit zu belasten, wählte er sein PS.

HENRY, O. = William Sidney Porter
1862–1910; amerik. Schriftsteller (Kurzgeschichten). »Narren des Glücks«; »Hinter der grünen Tür«; »Unschuldsengel vom Broadway«.
Das PS bildete er nach dem Namen eines franz. Apothekers Estienne-Ossian Henry, ein Mithäftling, der ihm während seiner Arbeit als Gefängnisapotheker (1897–1901) aufgefallen war. Fälschlicherweise wird sein PS oft »O'Henry« geschrieben.

HEPBURN, Audrey = Edda Hepburn van Heemstra
1929; amerik. Filmschauspielerin holl.-engl. Herkunft. »Ein Herz und eine Krone« (Oscar 1953 als beste Darstellerin); »Krieg und Frieden«; »Frühstück bei Tiffany«; »My fair Lady« u. v. a.

HEPBURN, Katharine = Katherine Burns

1909; amerik. Theater- und Filmschauspielerin. »Morning Glory« (1932/33); »Rat mal, wer zum Essen kommt?« (1967); »Der Löwe im Winter« (1968); »Am goldenen See« (1981). Für alle vier Filme erhielt sie als beste Darstellerin den Oscar.
Ihr PS entstand, um sich von den vielen Burns abzusetzen, die seit Generationen auf amerik. Bühnen standen. Warum in ihrem Vornamen aus dem e ein a wurde, ist nicht bekannt.

HERCZEG, Ferencz = Franz Herzog
1863–1954; ung. Schriftsteller (Romane und Erzählungen). »Die Sumpfblume«; »Rákóczi, der Rebell«; »Das Tor des Lebens«.
Es entsprach seiner nationalen Gesinnung, daß er seinen dtsch. Namen ungarisierte.

HÉRIAT, Philippe = Raymond Gérard Payelle
1898–1971; franz. Schriftsteller, vorher Schauspieler. »Familie Boussardel« (Roman); »Agnes Boussardel« (Roman).

HERKING, Ursula = Ursula Natalia Klein
1912–1974; dtsch. Bühnen- und Filmschauspielerin, Kabarettistin. »Katakombe«; »Kleine Freiheit«; »Die Schaubude«; »Münchner Lach- und Schießgesellschaft« u. a. Filme: »Onkel Bräsig«; »Das späte Mädchen«; »Gasparone«; »Keine Angst vor großen Tieren«. Kästner schrieb für sie Texte.

HERMANN, Georg = Georg Hermann Borchardt
1871–1943 (im KZ Birkenau); dtsch. Schriftsteller (Romane). »Jettchen Gebert«; »Kubinke«; »Henriette Jacoby«.

HERMLIN, Stephan = Rudolf Leder
1915; dtsch. Schriftsteller, Erzähler und Lyriker. Gilt als einer der herausragendsten Vertreter einer marxistischen Lyrik (mehrfach DDR-Nationalpreis). »Der Flug der Taube«; »Ferne Nähe«; »Der Leutnant Yorck v. Wartenburg«.

HERZOG, Werner = Werner Stipetic
1942; dtsch. Filmemacher. »Lebenszeichen«; »Jeder für sich und Gott gegen alle«; »Nosferatu – Phantom der Nacht«; »Wo die grünen Ameisen träumen«. Mehrere nationale und internationale Filmpreise.

HESTON, Charlton = Charlton Carter
1924; amerik. Theater- und Filmschauspieler. »Der Planet der Affen«; »Die Zehn Gebote«; »El Cid«; »Ben Hur« (für die Titelrolle erhielt er 1959 den Oscar als bester Darsteller).

HEYM, Stefan = Helmut Fliegel
1913; dtsch. Schriftsteller und Publizist, lebt seit 1952 in der DDR. Wegen seiner systemkritischen Haltung (Unterzeichnung der Petition gegen die Ausbürgerung Wolf Biermanns) konnten Roma-

ne wie »Fünf Tage im Juni« und »Collin« nur in der Bundesrepublik veröffentlicht werden. 1979 wurde er aus dem Schriftstellerverband der DDR ausgeschlossen, lebt aber weiter in Ost-Berlin.

HIGHSMITH, Patricia = Patricia Plangman
1921; amerik. Schriftstellerin (meist Krimis). »Zwei Fremde im Zug«; »Lösegeld für einen Hund«; »Kleine Mordgeschichten für Tierfreundc« u. a.
Schrieb anfangs Kindergeschichten unter ihrem richtigen Namen. Als sie begann, Krimis zu verfassen, wählte sie das PS, um sich auch mit dem Namen von ihrer bisherigen literarischen Produktion abzusetzen.

HILL, Headon = Francis Edward Grainger
1857–1924; engl. Kriminalschriftsteller.
Unter diesem PS schrieb er Dutzende Krimis, meist mit dem exzentrischen Detektiv Sebastian Zambra. Die Bücher sind verschollen.

HILL, Terence = Mario Girotti
1941; ital. Filmschauspieler. Gilt als die Verkörperung des blonden, blauäugigen, verschmitzten Helden.
In den deutschen Karl-May-Filmen spielte er noch unter seinem richtigen Namen. Erst als die »Spaghetti-Western« auch im Ausland als »Ami-Western« propagiert wurden, legte man ihm, wie den meisten ital. Westerndarstellern, einen engl. Namen zu. Zusammen mit *>SPENCER, Bud<* spielte er in prügelreichen Actionfilmen.

HILLARD, Gustav = Gustav Steinbömer
1881–1972; dtsch. Schriftsteller (meist Romane). »Kaisers Geburtstag«; »Der Brand im Dornenbusch«; »Gespräch im Spielsaal«; »Anruf des Lebens«.
Sein PS wählte der ehem. Generalstabsoffizier und Freund des preußischen Kronprinzen, als er Dramaturg bei Max Reinhardt in Berlin wurde und zu schreiben begann.

HIRSCHFELT, Samuel Greifensohn von = Hans Jakob Christoffel von Grimmelshausen
1622–1676; dtsch. Schriftsteller. *»Simplicius Simplicissimus«.*
Auf dem Titelblatt dieses Romans ist German Schleifheim von Sulsfort als Verfasser genannt. In einer späteren Fortsetzung behauptet G., daß dieser Name ein PS sei, der wahre Autor hieße S. G. v. Hirschfelt. Daß auch dies ein PS war, konnte erst 1837 enthüllt werden. G. benutzte mindestens 8 PS. Alle bildete er durch Umstellung der Buchstaben seines richtigen Namens.

HO CHI MINH = Nguyen That Tanh
1890–1969; vietnamesischer Politiker. 1945 Begründer der Demokratischen Republik Vietnam.

Sein PS bedeutet auf deutsch »der Erleuchtete«.

HOFFMANN, Ernst Theodor Amadeus = E. Th. Wilhelm Hoffmann
1776–1822; dtsch. Schriftsteller. »Die Elixiere des Teufels«; »Lebensansichten des Katers Murr«; »Das Fräulein von Scuderi« u. a.
Bei seinem PS ersetzte er den Vornamen Wilhelm aus Verehrung für Mozart durch »Amadeus«. Mozart hat allerdings nie diesen Namen benutzt, sondern immer »Amadé«.

HOLDEN, William = William Franklin Beedle jr.
1918–1984; amerik. Filmschauspieler. »Sunset Boulevard«; »Stalag 17« (Oscar 1953 als bester Darsteller); »Die Brücke am Kwai«; »Picknick« u. v. a.
Ein Paramount-Vorstand meinte, »Beedle« klinge wie ein Insekt, und nannte ihn nach einem Freund bei der Zeitung.

HOLLIDAY, Judy = Judith Tuvim
1922–1965; amerik. Theater- und Filmschauspielerin. »Der goldene Cadillac«; »Die ist nicht von gestern« (als beste Darstellerin erhielt sie 1950 den Oscar).

HOLM, Michael = Lothar Walter
1943; dtsch. Schlagersänger. »Tränen lügen nicht . . .«

Die frühere südvietnamesische Hauptstadt Saigon wurde nach ihm benannt: Ho Chi Minh

HOLM, Renate = Renate Franke
1931; dtsch. Sängerin, Sopranistin.

HOLMSEN, Bjarne P. = Arno Holz und Johannes Schlaf
1863–1929 (A. H.), 1862–1941 (J. S.); dtsch. Schriftsteller.
Gemeinsames PS für ihren Erstling, den Roman »Papa Hamlet«. Weitere Werke folgten, doch dann zerbrach die Literaten-Ehe, jeder schrieb unter eigenem Namen, und jeder beschimpfte den anderen. Das PS wählten beide, da damals die skandinavischen Dramatiker die europäischen Bühnen beherrschten.

HOLT, Hans = Karl Johann Hödl

1909; österr. Theater- und Filmschauspieler. »Wen die Götter lieben«; »Brüderlein fein«; »Die Trapp-Familie« u. v. a.

HOPE, Bob = Leslie Townes Hope
1904; amerik. Filmkomiker, geb. in England. Seit 1932 wirkte er in Musicals und Revuen mit. Filme: »Sein Engel mit den zwei Pistolen« u. v. a. Zusammen mit Bing Crosby in den Serienfilmen »On the road to . . .«
Während seiner Schulzeit wurde er »Hope, Les(s)« (als Abkürzung von »Leslie«, aber im Englischen auch »hoffnungslos«), genannt. Bob war die Rettung.

HOPPER, Hedda = Elda Furry
1890–1966; amerik. Filmschauspielerin und Klatschkolumnistin. Spielte das, was sie später war: eine ironische Gesellschaftsklatschtante. »Zucker mit Strychnin« nannte man ihre Klatschnachrichten.
Seltsam ist die Wahl ihres PS, das sie schon als Schauspielerin benutzte. »Furry« klang zwar an »fury« (= »Wut«) an, aber »Hopper« war nicht viel besser, es kann »Springer«, aber auch »Floh« und »Käsemade« bedeuten.

HORSTER, Ulrich >HELLBORN, Klaus< >HELLMER, Klaus< >HÜLSEN, Adrian< = Eduard Rhein
1900; dtsch. Schriftsteller und Publizist »Suchkind 312«; »Ein Herz spielt falsch«.
Als Chefredakteur der Zeitschrift »Hör zu« erfand er dieses PS für seine Fortsetzungsromane.

HOUDINI, Harry = Erik Weisz
1874–1926; amerik. Illusionskünstler ungar. Herkunft.

HOVEN, Adrian = Wilhelm Arpad Peter Hoffkirchner
1922–1981; österr. Filmschauspieler. »Opernball«; »Pulverschnee nach Übersee«; »Sterne über Colombo« u. v. a.

HOWARD, Hartley >CARMICHAEL, Harry< = Leopold Horace Ognall
1908; engl. Schriftsteller.
Unter diesem PS schrieb er in den Jahren 1951–1966 25 Krimis.

HOWARD, Leslie = Leslie Stainer
1893–1943 (gefallen); engl. Theater- und Filmschauspieler, Produzent, Regisseur. »Zwei Städte« (Regie); »Pygmalion«; »Vom Winde verweht«.

HRUSCHKA, Annie = Erich Ebenstein
1867–1929; österr. Schriftsteller.
Während er unter seinem richtigen Namen 70 oberflächliche Unterhaltungsromane schrieb, verfaßte er unter dem PS etwa 15 Krimis.

HUBY, Felix = Eberhard Hungerbühler
1938; dtsch. Schriftsteller und Journalist.

Unter seinem richtigen Namen arbeitet er für den »Spiegel« und ist Autor von Sachbüchern. Unter dem PS schrieb er zwei Krimis: »Der Atomkrieg in Weiersbronn« und »Tod im Tauern-Tunnel«.

HUDSON, Rock = Roy Fitzgerald
1925–1985; amerik. Filmschauspieler. »Giganten«; »Duell in den Wolken«; »Bettgeflüster«; »Ein Pyjama für zwei« u. v. a.
Sein PS hat er von seinem »Talentsucher«, der es aus dem Felsen von Gibraltar (Rock) und dem Hudson River zusammensetzte.

HÜLSEN, Adrian >HELLBORN, Klaus< >HELLMER, Klaus< >HORSTER, Ulrich< = Eduard Rhein
1900; dtsch. Schriftsteller und Publizist.

HUFNAGL, Max >SPINALBA, C.< = Karl Spindler
1796–1855; dtsch. Schriftsteller. Zog als Schauspieler mit dem »Grünen Wagen« durch die Lande. Hrsg. des erfolgreichen Almanachs »Vergißmeinnicht«.
Aus finanzieller Not schrieb er unter diesen beiden PS historische Romane.

HUGENFELS, Israel Fromschmit von = Hans Jakob Christoffel von Grimmelshausen
1622–1676; dtsch. Schriftsteller. *»Simplicius Simplicissimus«*; s. *>HIRSCHFELT, Samuel Greifensohn von<*.

Von Hundertwasser hielten seine Studenten nicht sehr viel: Er sprach in Vorlesungen oft nur per Tonband zu ihnen

HUGHES, Richard = Arthur Warren
1900–1976; engl. Schriftsteller (Romane). »Ein Sturmwind auf Jamaika«; »Hurrikan im Karibischen Meer«.
Vor ihm war bereits Robert Penn Warren (zweimal Pulitzerpreis) mit seinem ersten Buch auf dem Markt, so daß er ein PS wählen mußte.

HUGO, Richard = Ricarda Huch
1864–1947; dtsch. Schriftstellerin (Romane, Essays). *»Der Fall Deruga«; »Die Romantik«* u. a. War eine der ersten deutschen Frauen, die ihren Dr. phil. machte.
Ihr PS legte sie sich am Anfang ihrer Schriftstellerkarriere zu, um sich von ihrem ebenfalls schrei-

benden Bruder Rudolf Huch zu unterscheiden, der dann für seine Arbeiten das PS A. Schuster wählte. Bei ihrem PS blieben die Initialen ihres richtigen Namens erhalten.

HUNDERTWASSER, Friedensreich = Friedrich Stowasser
1928; österr. Maler und Graphiker. Seine Bilder sind vom österr. Jugendstil und den Werken Paul Klees beeinflußt.
Da »Sto« im Slawischen die Zahl Hundert bedeutet, ist sein PS die korrekte Übersetzung seines Familiennamens. Seinen Vornamen will er als Lebensprogramm verstanden wissen.

HUNTER, Kim = Janet Cole
1922; amerik. Filmschauspielerin. »Endstation Sehnsucht« (1951 erhielt sie dafür den Oscar für die beste Nebenrolle) u. v. a.
Ihr PS hat sie von David O. Selznick. Er meinte, »Janet Cole« sei ein Allerweltsname, aber »Kim Hunter« hätte Individualität und sei erfolgversprechend.

HUTTON, Betty = Elisabeth Jane Thornburg
1921; amerik. Filmschauspielerin und Sängerin. Blonde »Sexbombe« in mehreren Hollywoodfilmen. »The Fleet's in«; »The miracles of Morgans Creek«; »Annie get your gun« u. v. a. Zog sich nach einem Riesenkrach mit Paramount 1952 ins Privatleben zurück.
Ihr PS erhielt sie von Vincent Lopez, einem Bandleader aus Detroit, bei dem sie ihre Karriere begann.

HYDE-WHITE, Wilfred = Wilfred White
1903; engl. Theater- und Filmschauspieler. »Der dritte Mann«; »My fair Lady« (als »Pickering«) u. v. a.
Denkbar, daß sein PS aus der engl. Freude an Wortspielen entstand.

HYLACOMYLUS = Martin Waldseemüller
um 1470–um 1520; dtsch. Kartograph, auf dessen Landkarten erstmals die Bezeichnung »America« auftaucht.
Sein PS entstand aus der damaligen Mode, den richtigen Namen zu latinisieren bzw. gräzisieren.

I

IBRAHIM IBN ABD ALLAH = Johann Ludwig Burckhardt
1784–1817; Schweizer Orientreisender.
Benutzte das PS, als er 1814/15 die nur für Muslims erlaubten Städte Mekka und Medina als muslimischer Pilger (»Hadschi«) besuchte.

ILF, Ilja = I. Arnoldowitsch Fainzilberg
1897–1937; russ. Schriftsteller. »Zwölf Stühle«; »Das goldene Kalb« (beide Romane zusammen mit Eugen Petrow).

INGRAM, Rex = Reginald Ingram Montgomery Hitchcock
1893–1950; amerik. Schauspieler und Filmregisseur irischer Abstammung. »Allahs Garten« (Stummfilm) u. a.
Ja, für ihn gab es wirklich nur zwei Möglichkeiten! Entweder mußte er den Beruf oder den Namen wechseln.

INNES, Michael = John Innes Mackintosh Stewart
1906; engl. Schriftsteller.
Unter seinem richtigen Namen schrieb er Literaturkritiken, Biographien und Romane. Sein PS benutzte er nur für seine ca. 30 Krimis, deren Held John Appleby von Scotland Yard ist.

IONESCO, Eugène = Eugène Ionescu
1912; franz. Schriftsteller rumän. Herkunft. Begründer des absurden Theaters. »Die kahle Sängerin«; »Die Stühle«; »Die Nashörner« u. v. a.

IPSE, Henrik >ERICH, Otto< = Otto Erich Hartleben
1864–1905; dtsch. Schriftsteller (Lyriker, Dramatiker, Erzähler). *»Rosenmontag«* (Drama); *»Vom gastfreien Pastor«.*
Für seine heiter-frivolen Texte benutzte H. oft das PS, eine Anspielung auf Goethes »Meister Ipse«,

in seinen freizügigen Gedichten. Der Vorname Henrik stellt außerdem die Verbindung Ipse zu Ibsen her, dessen Theaterstücke wesentlichen Einfluß auf die dramatische Arbeit H.s hatten.

ISLE, Jean de l’ = Alphonse Daudet
1840–1897; franz. Schriftsteller (Erzählungen). *»Briefe aus meiner Mühle«; »Tatarin de Tarascon«.*
»Johann von der Insel« war eines der vielen PS, die Daudet für Kurzgeschichten wählte. Oft hatten seine PS Bezug zum Thema seiner Geschichten.

IVANOW, Konstantin Petrowitsch >FREY, William< >KUPRIANOW, B. V.< >LENIN, W. I.< >TULIN, K.< = Wladimir Iljitsch Uljanow
1870–1924; russ. Revolutionsführer, der während seiner Emigration zahlreiche PS benutzte; s. >*LENIN*<.

IVOGÜN, Marie = Ida von Günther
1891; dtsch. Opernsängerin (Koloratur).
Ihr PS hat sie aus den Buchstaben ihres richtigen Namens gebildet.

J

JACOB, P. L. = Jean Paul Lacroix
1806–1884; franz. Historiker und Schriftsteller. Hauptwerk: »Historische französische Kostüme« (10 Bände).

JACSON, Frank >MORNARD-VANDENDRESCHD, Jacques< = Ramón del Rio Mercader
1914–1978; span. kommunistischer Geheimagent.
Mit diesem Namen und entsprechenden Papieren erschlich sich der Mörder Trotzkis 1940 dessen Vertrauen in seinem mexik. Exil. Als Mordwaffe diente ein Eispikkel. Stalin soll der Auftraggeber gewesen sein. Der Mörder erhielt 20 Jahre Gefängnis, die er voll abbüßte.

JANNINGS, Emil = Theodor Friedrich Emil Janenz
1884–1950; dtsch. Theater- und Filmschauspieler. »Der letzte Mann«; »Der blaue Engel«; »Der zerbrochene Krug« u. v. a. Für seine Filmarbeit in den USA, »The last Command« (»Sein letzter Befehl«) und »The Way of all Flesh« (»Der Weg allen Fleisches«), 1927/28, erhielt er als erster Schauspieler bei der ersten Oscar-Verleihung den Oscar.

JARY, Michael = Andreas Jarczyk
1906; dtsch. Komponist für U-Musik. Viele Hits in den 50er Jahren: »Das machen nur die Beine von Dolores«; »Leise rauscht es am Missouri« u. v. a.

JEAN PAUL = Johann Paul Friedrich Richter
1763–1825; dtsch. Schriftsteller. »Leben des vergnügten Schulmeisterleins Maria Wuz in Auenthal«; »Titan« u. v. a. Romane und Erzählungen.
In der Vorrede zu seinem Roman »Quintus Fixlein« berichtet er, daß er eigentl. Jean Paul Friedrich

Emil Jannings in seiner unvergessenen Rolle als Dorfrichter Adam in »Der zerbrochene Krug« von 1937

heißt. Also, wenn man will, noch ein PS.

JEEVES, Mahatma Kane >Fields, W. C.< = William Claude Dukinfield
1879–1946.
Unter diesem PS und >*CRIBLECOBLIS, Otis*<, schrieb der amerik. Filmkomiker seine Drehbücher.

JEFFREY, Robert = Abdullah Jaffa Anver Bey Khan
1930; amerik. Ballettänzer und Choreograph.
Die Musikkritiker werden ihm für die Änderung seines zeilenfüllenden Namens dankbar sein.

JODOK >PROF. TIEFBOHRER< = Hans Theodor Karl Wilhelm Freiherr v. Gumppenberg
1866–1938; dtsch. Schriftsteller, Dramatiker. *»Der fünfte Prophet«; »König Heinrich I.«; »Schauen und Sinnen«.*
Unter dem PS (von Jodokus, einem Heiligen) parodierte er Ibsen, den Naturalismus und Symbolismus. Er erfand den Titel »Die elf Scharfrichter« und war Mitbegründer dieses Münchner Kabaretts.

JOHANN, A. E. = Alfred Erich Wollschläger
1901; dtsch. Schriftsteller. Begann als Reisejournalist für die »Vossische Zeitung«. Profunder Kenner der USA und Kanadas. Sein jüngstes Buch: »Hinter amerikanischen Gardinen«.
Sein PS legte er sich zu, weil sein Vater nicht wollte, daß er unter seinem richtigen Namen einen so »windigen« Beruf wie den des Journalisten ausübte.

JOHANSEN, Hanna = Hanna Muschg
1939; dtsch. Schriftstellerin.
Unter ihrem richtigen Namen (sie ist mit dem Schriftsteller Adolf M. verheiratet) schrieb sie seit 1974 Kindergeschichten. Als sie 1978 ihren recht komplizierten Roman »Die stehende Uhr« veröffentlichte, wollte sie keine Erinnerungen an die Kinderbuchautorin und wählte deshalb das PS.

JOHN, Elton = Reginald Kenneth Dwight

1947; engl. Popmusiker und -sänger. »Yellow Brick Road«; »Daniel«; »I'm still standing«; »Sad songs say so much«.

JOHNS, Bibi = Birgit Gun Johnson
1930; schwed. Schlagersängerin. In den 50er Jahren große Erfolge. 1971 begleitete sie Tom Jones auf seiner Tournee durch die USA.

JOLSON, Al = Asa Yoelson (oder: Joseph Rosenblatt)
1888–1950; amerik. Sänger, Theater- und Filmschauspieler, geb. in Rußland. »The Jazzsinger«; »The singing Fool« (»Der singende Narr«; in diesem Film, einem der ersten Tonfilme, spielte er einen Negersänger und machte das Lied »Sunny Boy« berühmt). In dem Film »Rhapsody in blue« hatte er nur einen Auftritt.

JONES, Jennifer = Phyllis Isley-Walker, verh. mit David O. Selznick
1919; amerik. Filmschauspielerin. »Das Lied der Bernadette« (1943 Oscar als beste Darstellerin); »Duell in der Sonne«; »Madame Bovary« u. v. a.
Auf der Klappe zu ihren Probeaufnahmen stand noch ihr richtiger Name. Selznick war von ihrer Begabung überzeugt, gab ihr einen Jahresvertrag und einen neuen Namen (später auch seinen).

JONES, Tom = Thomas Jones Woodward
1940; engl. Schlagersänger, vorher Bergmann, Schlagzeuger in Arbeiterclubs. »It's not unusual«; »What's new Pussycat«; »She's a Lady«; »Delilah« u. v. a.
Sein PS ist nicht von dem Romanhelden und Liebhaber T. J. abgeleitet, sondern aus seinen beiden Vornamen. Aber vielleicht wurde er auf diese getauft, weil Vater oder Mutter an den Romanhelden dachten.

JONTZA, Georg >FORESTIER, George< = Dr. Karl Emerich Krämer
1918; dtsch. Schriftsteller, der 1952 unter diesem PS den Roman »Im Regen, der über Europa fällt« veröffentlichte.
Auch mit diesem PS narrte er die Kritiker, wie bereits mit »Forestier.« Bei beiden PS blieb er wenigstens dem Vornamen treu.

JOURDAN, Louis = Louis Gendre
1919; franz. Filmschauspieler in den USA. »Der Schwan«; »Der Fall Paradine«; »Die Braut war viel zu schön« u. v. a.
Der franz. Schauspieler wählte ein PS, das keine Schwierigkeiten bei der amerik. Aussprache machte und trotzdem einen franz. Touch hatte.

JÜRGENS, Udo = Udo Jürgen Bockelmann
1934; österr. Chanson- und Schlagersänger (oft mit eigenen Kompositionen). »Merci, chéri«; »Aber bitte mit Sahne«; »Griechischer Wein« u. v. a.

Sein erstes PS war »Udo Bolan«, mit dem er nach der Schulzeit mit eigener Band durch Gaststätten tingelte. 1954 erhielt er seinen ersten Schallplattenvertrag und sein jetziges PS.

JUGO, Jenny = Jenny Walter
1905; österr. Filmschauspielerin. »Eine Stadt steht Kopf« (Regie: G. Gründgens); »Pygmalion« (Regie: E. Engel); »Mädchenjahre einer Königin« (Regie: E. Engel).
Ihr PS wurde aus Gründen der Alliteration gewählt.

JUNG-STILLING, Johann Heinrich = J. H. Jung
1740–1817; dtsch. Schriftsteller (Erzählungen und Romane). Schilderte seine Jugendzeit unter dem Titel »Heinrich Stillings Jugend«. Das Buch und »Stilling«-Nachfolgetitel hatten Erfolg, so daß der Autor Jung nur noch mit dem Zunamen Stilling angesprochen wurde. Jung wählte den Namen Stilling, weil er sich als Stiller im Lande fühlte.

JUNGK, Robert >AMBERG, Lorenz< >FORTRIDGE, Allan G.< = Robert Baum
1913; dtsch.-amerik. Schriftsteller, Ökologe. »Die Zukunft hat schon begonnen«; »Heller als tausend Sonnen«. Warner vor dem Mißbrauch der unkontrollierten Benutzung aller wissenschaftlichen Entdeckungen und Möglichkeiten.

K

KADES, Hans = Hans Werlberger
1906–1969; österr. Schriftsteller (Romane). »Vabanque«; »Mit meinen Augen«; »Das Tribunal«; »Auf der Sonnenseite«.

KALANAG = Helmut Schreiber
1893–1963; dtsch. Zauberkünstler.
Mit diesem Kunstwort erfand er ein PS, das ins Ohr ging und haften blieb.

KAMBAN, Gudmundur = Jansson Hallgrimson
1888–1945; isländ. Schriftsteller (Romane). »Die Jungfrau auf Skalholt«; »Ich seh cin großes, schönes Land«.

KAMENEW, Lew Borsowitsch = Lew Borsowitsch Rozenfeld
1883–1936; russ. Revolutionär.
In der bolschewistischen Revolution versuchte jeder, auch im Namen, einen Anklang an die westliche Bourgeoisie zu vermeiden. So kam es zu diesem neuen Namen.

KARINA, Anna = Hanne Karin Beyer
1940; dän. Filmschauspielerin in Frankreich und den USA. »Außer Atem«; »Eine Frau ist eine Frau«; »Justine« u. a.
Wer immer dieses PS erfand, es war ein glücklicher Griff, denn natürlich klingt die Erinnerung an Anna Karenina durch und damit für Filmfans an Greta Garbo, die diese Rolle spielte.

KARLOFF, Boris = William Henry Pratt
1887–1969; engl. Schauspieler, amerik. Horrorfilmstar. »Frankenstein«; »Die Maske des Fu Man Chu«; »Frankensteins Sohn«; »Das Geheimnis der Mumie« u. a.
Ein treffendes PS für einen Horrordarsteller, das obendrein leicht russisch klingt.

KARLSTADT, Lisl = Elisabeth Wellano
1892–1960; dtsch. Kabarettistin, bayrische Volksschauspielerin, Partnerin von Karl Valentin.
Das PS erfand Karl Valentin für seine Partnerin, weil er der Ansicht war, daß sie unter »Wellano« höchstens als Soubrette auftreten könne.

KASPER, Hans = Dietrich Huber
1916; dtsch. Aphoristiker. Schrieb nach dem Krieg pointierte Glossen. Zuerst in der Berliner Tageszeitung »Der Kurier«.
Sein PS ist sein Programm: Hinter der Maske des Spaßmachers will er bittere Wahrheiten sagen.

KAYE, Danny = David Daniel Kaminsky
1913; amerik. Filmschauspieler poln. Abstammung. »Jakobowsky und der Oberst«; »Der Hofnarr«; »Das Doppelleben von Mr. Mitty« u. v. a.

KAZAN, Elia = Elia Kazanjoglous
1909; amerik. Filmregisseur und Schriftsteller. »Gentleman's agreement« (Oscar 1947); »Endstation Sehnsucht«; »Die Faust im Nacken« (Oscar 1954); »Jenseits von Eden« u. v. a.; »Schlußakt« (Roman).
Sein PS ist die erste Silbe seines türk. Familiennamens, den bereits seine Eltern nach ihrer Einwanderung in die USA in dieser Form verkürzten.

KEATON, Buster = Joseph Francis Keaton
1896–1966; amerik. Filmschauspieler, Produzent und Regisseur. Begann als Zirkusartist. In vielen Stummfilmkomödien (»Das Bleichgesicht«; »Sherlock Holmes«; »Der Killer von Alabama« u. a.) war er »der Mann, der niemals lachte«.
Wieso er sich Buster nannte, weiß man nicht genau, es könnte nach einer Comic-strip-Figur Buster Brown sein. »Bust« ist auf deutsch »Büste« oder »Bankrott«, auch »Saufgelage«.

KENNICOTT, Mervyn Brian = Gertrud Hamer, geb. von Sanden
1881–1940; dtsch. Schriftstellerin (Romane). »Das Herz ist wach«; »Die Geschichte der Tilmansöhne« u. a.
Die Liebe dtsch. Leser zu engl. Gesellschaftsromanen hat die dtsch. Schriftstellerin auch bei der Wahl ihres PS beachtet.

KENYATTA, Jomo = Johnstone Kamau
1891–1979; kenianischer Politiker. 1953 als angeblicher Anführer des Mau-Mau-Aufstandes zu 7 Jahren Haft verurteilt. Ab 1963 Regierungschef Kenias.
Sein PS wurde von einem Kukuyu-Wort für »verzierter Gurt« abgeleitet.

KERN, Renate = Renate Poggensee
1945; dtsch. Schlagersängerin. Bekannte Titel: »Die Welt ist so

schön«; »Stop the Beat«; »Laß doch den Sonnenschein«.

KERR, Alfred = Alfred Kempner
1867–1948; dtsch. Theaterkritiker, Reiseschriftsteller.
Sein PS soll er gewählt haben, um jede Verbindung zu seiner Tante Frederike K. zu vermeiden, die durch ihre unfreiwillig komischen Gedichte zum Gespött der Literaturfreunde wurde. Kerr hat jedoch jede Verwandtschaft zu dieser Versschmiedin abgestritten.

KESTNER, René >PHILLIPS, Sydney< >TURNER, Georg< = Hans José Rehfisch
1891–1960; dtsch. Schriftsteller, Richter, Syndikus einer Filmgesellschaft, Theaterdirektor, Dozent und Rechtsanwalt. *»Wer weint um Juckenack?«; »Die Affäre Dreyfus«; »Wasser für Canitoga«.*
Er war während seiner Emigration in vielen Ländern und noch mehr Berufen tätig. Dieser Vielfalt entspricht auch das Arsenal seiner PS, die er oft erfand, damit nicht gleich offenkundig wurde, daß ein neues Stück von ihm war. Insgesamt schrieb er über 25.

KING, Carole = Carole Klein
1942; amerik. Popsängerin. »It's too late«.
Von »Klein« zum »King« – ein großer Schritt. Aber die Initialen blieben.

KINGSLEY, Sidney = Sidney Kieschner
1906; amerik. Bühnenautor und Filmschauspieler. Schrieb u. a. die Stücke »Sackgasse« und »Polizeirevier 21«.

KINSKI, Klaus = Claus Gunther Nakszynski
1926; dtsch. Theater- und Filmschauspieler. Machte internationale Karriere, spielte in der Bundesrepublik in den meisten Edgar-Wallace-Verfilmungen. In letzten Jahren in Filmen von Werner Herzog: »Nosferatu – Phantom der Nacht«; »Woyzeck«; »Fitzcarraldo«.
Seine beiden Töchter Nastassja und Pola – ebenfalls Schauspielerinnen – übernahmen sein PS.

KISHON, Ephraim = Ferenc Hoffmann
1924; israel. Schriftsteller, geb. in Budapest. »Wie unfair, David«; »Der Blaumilchkanal« (auch von ihm verfilmt); »Nicht so laut vor Jericho« u. a.
Sein PS soll von dem Namen eines kleinen Flusses nahe Haifa stammen.

KIVI, Aleksis = Aleksis Stenval
1834–1872; finn. Schriftsteller. Gilt als größter finn. Dichter und hat mit seinem Drama »Lea« das finn. Theater geprägt.

KLABUND = Alfred Henschke
1890–1928; dtsch. Schriftsteller. Vertreter des Impressionismus wie des Expressionismus, beein-

flußt vom deutschen Volkslied und von François Villon. »Brakke« (Roman); »Der Kreidekreis« (Drama).
Sein PS ist die Kombination von *Kla*bautermann und Vaga*bund*. Diese Wortverbindung kommt auch in seinem Gedichtband »Morgenrot! Klabund! Die Tage dämmern« vor.

KNICKERBOCKER, Diedrich >AGAPIDA, Friar Antonio< >CRAYON, Geoffrey< – Washington Irving
1783–1859; amerik. Essayist und Erzähler (Reiseberichte).
Unter diesem PS schrieb er eine humoristische Geschichte New Yorks. Der Ausdruck »Knickerbocker« für knielange Pumphosen ist aus diesem PS abgeleitet, später wurde er zum Spitznamen der aus Holland stammenden New Yorker.

KNOBLOCK, Edward = Edward Knoblauch
1874–1945; amerik. Dramatiker, lebte in England.
Wer hätte nicht Verständnis für dieses geruchlose PS!

KOBA >STALIN, Iossif (Josef) Wissarionowitsch< = Iossif Wissarionowitsch Dschugaschwili
1879–1953; sowjet. Staatsführer.

KOLLO, René = René Kollodziezski
1937; dtsch. Opernsänger. Begann als Schlagersänger und wurde dann ein weltberühmter Tenor.
Benutzt das gleiche PS wie sein Vater Willy und sein Großvater Walter.

KOLLO, Walter = Walter Kollodziezski
1878–1940; dtsch. Operettenkomponist. Zu seinen Operetten verfaßte sein Sohn Willy K. die meisten Libretti, unter anderen »Wie einst im Mai«.

KONSALIK, Heinz Günther >BEKKER, Jens< >DOERNER, Stefan< >NIKOLAI, Boris< >PAHLEN, Henry< = Heinz Günther
1921; dtsch. Schriftsteller. »Der Arzt von Stalingrad«; »Liebesnächte in der Taiga«; »Die heilenden Hände« (sein 100. Roman).
Sein PS ist der Mädchenname seiner Frau, er kommt aus dem Bulgarischen.

KORDA, (Sir) Alexander = Sandro Kellner
1893–1956; engl. Filmproduzent ung. Abstammung.
Sein PS ist aus dem Namen seiner ersten amerik. Frau Maria Corda abgeleitet, mit der er in Hollywood Filme inszenierte, bevor er in London seine eigene Produktion, die »London-Film«, aufbaute, für die alle großen europäischen Regisseure und Schauspieler arbeiteten.
Sogar kein Geringerer als Winston Churchill schrieb für Korda zwei Filmtreatments.

KORTNER, Fritz = Fritz Nathan Kohn
1892–1970; österr. Schauspieler und Regisseur. Begann bei Max Reinhardt. Nach 1945 in Berlin und München, sowohl als Schauspieler (»Tod eines Handlungsreisenden«) wie als Regisseur (»Warten auf Godot«) tätig.

KOSMAS >BRUDER FATALIS< >ROSENFELD< >STILLE, C. A.< = Ignaz Franz Castelli
1781–1862; österr. Schriftsteller. Über 100 Unterhaltungsstücke und Dialektromane.
Um seine überquellende Produktion zu verbergen, legte er sich ständig neue PS zu.

KOSTER, Henry = Hermann Kosterlitz
1905; dtsch. Filmregisseur, in den USA tätig. »Mein Mann Godfrey«; »Das Gewand«; »Mein Freund Harvey«; »Es begann mit Eva« u. a.
Für seine Hollywoodkarriere kappte er das unamerikanische »litz« in seinem Familiennamen.

KOTTA, Leo F. = Otto Flake
1880–1963; dtsch. Schriftsteller (Romane, Essays, Lyrik). *»Es wird Abend«* (Autobiographie).
Schrieb philosophische und kulturkritische Werke zum Teil unter diesem PS.

KOWA, Viktor de = Viktor Paul Karl Kowalczyk
1904–1973; dtsch. Theater- und Filmschauspieler. Zählte in den 30er und 40er Jahren zu den bedeutendsten Persönlichkeiten der Filmkomödie. »Wir machen Musik« u. v. a. Nach dem II. Weltkrieg aber auch in Filmen wie »Zwischen Gestern und Morgen« und »Des Teufels General«.
Sein PS ist aus seinem richtigen Namen abgeleitet und mit einem interessant machenden »de« angereichert.

KRAHL, Hilde = Hildegard Kolacný
1917; österr. Theater- und Filmschauspielerin. »Herz der Welt« (als Bertha v. Sutter); »Großstadtmelodie«; »Der Postmeister«; »Das andere Ich« u. v. a.

KRAUS, Peter = Peter Krausenecker
1939; dtsch. Schlager- und Rocksänger der 50er Jahre.
Übernahm sein PS von seinem Vater, dem Kabarettisten und Schauspieler Fred K.

KRISTAN, Georg R. = Georg und Renate Cordts
Geburtsjahr unbekannt; dtsch. Kriminalschriftsteller-Ehepaar. »Das Jagdhaus in der Eifel«.
Der ehemalige Ministerialdirektor begann nach seiner vorzeitigen Pensionierung mit seiner Frau unter diesem PS Kriminalromane zu schreiben.

KROLOW, Karl = Karol Kröpkke
1915; dtsch. Schriftsteller. Bedeu-

tender Lyriker. 1972 Präsident der Deutschen Akademie für Sprache und Dichtung. Auch als Prosaschreiber erhielt er literarische Anerkennung und Preise.

KUBA = Kurt Barthel
1914–1967; dtsch. Schriftsteller in der DDR und polit. Funktionär.
Sein PS ist aus den ersten beiden Buchstaben seines Vor- und Familiennamens gebildet.

KUPRIANOW, B. V. >FREY, William< >IVANOW, Konstantin Petrowitsch< >LENIN, W. I.< >TULIN, K.< = Wladimir Iljitsch Uljanow
1879–1924; russ. Revolutionsführer, der während seiner Emigration viele PS benutzte; s. *>LENIN, W. I.<*

KURTZ, Melchior >BÜRGER, Berthold< >NEUNER, Robert< = Erich Kästner
1899–1974; Kinderbücher; »Fabian«; »Drei Männer im Schnee«; »Notabene« u. v. a.
Unter diesem PS schrieb K. nach 1945 Glossen in der »Neuen Zeitung«, deren Feuilletonchef er war.

-ky = Dr. Horst Bosetzky
1938; dtsch. Hochschulprofessor und Kriminalschriftsteller. »Einer von uns beiden«; »Ein Toter führt Regie«; »Mitunter mörderisch« u. a.
Mit Rücksicht auf seine Position an der Verwaltungshochschule Berlin wählte er dieses ungewöhnliche PS, das lange Zeit nicht enttarnt werden konnte.

L

LAAGE, Barbara = Claire Colombat
1925; franz. Filmschauspielerin. »Wie es der Teufel will«; »Die ehrbare Dirne«; »Eine Pariserin in Rom« u. a.

LAAR, Clemens = Eberhard Koebsel
1906–1960; dtsch. Schriftsteller (Romane). »Amour Royal«; ». . .reitet für Deutschland«; »Meines Vaters Pferde«.

LABELLE, Patti = Patricia Holt
1944; amerik. Rocksängerin. »Lady Marmalade« mit der Gruppe »The Blue Belles«.
Ihr PS bedeutet auf französisch »die Schöne«.

LAFORET, Georg = Franz Xaver Seitz
1921; dtsch. Filmproduzent.
Benutzt das PS als Drehbuchautor (»Die Lümmel von der ersten Bank« u. a.). Es ist der Mädchenname seiner Mutter Anni Terofal, rückwärts gelesen.

LAGARDE, Paul Anton de = Paul Anton Bötticher
1827–1891; dtsch. Orientalist und Philosoph. Bruder von >*LEUTNANT VERSEWITZ*< und Onkel von >*RINGELNATZ*<
Seinen neuen Namen benutzte er, nachdem ihn seine Großtante Eugenie de Lagarde adoptiert hatte.

LA JANA = Henriette Margarethe Hiebel
1905–1940 (an Lungenentzündung); österr. Tänzerin und Filmschauspielerin. »Truxa«; »Der Stern von Rio«; »Das indische Grabmal« (nach ihrem Tod aufgeführt).
Ihr PS soll »Blumengleiche« bedeuten.

LA MARA = Ida Marie Lipsius
1837–1927; königlich-sächsische Professorin für Musik.

Unter dem PS trat sie als Tänzerin auf.

LA MARR, Barbara = Reatha Watson
1896–1926; amerik. Filmschauspielerin. Einer der großen Vamps der Stummfilmzeit.

LAMARR, Hedy = Hedwig Kiesler
1914; amerik. Filmschauspielerin österr. Herkunft. Nach dem Skandal um den tschech. Film »Ekstase«, in dem sie nackt auftrat, floh sie 1936 in die USA. Dort drehte sie »Algier«; »Ziegfield Girls«; »Samson und Delilah« u. a.
Ihr PS entstand in deutlicher Anlehnung an das PS >*LA MARR, Barbara*<.

LAMOUR, Dorothy = Dorothy Kaumeyer
1914; amerik. Filmschauspielerin. Als ständige Begleiterin von Bob Hope und Bing Crosby in deren Filmen der »On-the-Road«-Serie kam sie zu Popularität. »Die Dschungelprinzessin« u. a.
Da auch in den USA jeder weiß, was Lamour heißt, war dies ein erfolgreiches PS, besonders für jemanden mit einem so seltsam deutsch klingenden Namen.

LANA = Alan Kemp
1938; engl. Transvestit.
Der Herr, der so gern eine Dame sein will, hat dies wenigstens bei seinem Vornamen auf einfache Art geschafft: Er mixte nur die Buchstaben neu.

LANDON, Michael = Eugene Maurice Orowitz
1937; amerik. Film- und Fernsehschauspieler. Bekannt durch die amerik. TV-Serie »Bonanza«.

LAN P'IN, >CHIANG CH'ING< = Li Yun-ho
1914; chin. Filmschauspielerin und Politikerin.
Dieses PS war der Künstlername der späteren Frau von Mao Tse-tung, Bis zu ihrer Heirat war sie Filmschauspielerin, später wurde sie die Propagandistin der Kulturrevolution. Für ihre politische Tätigkeit benutzte sie das zweite PS.

LANZA, Mario = Alfredo Arnold Cocozza
1921–1959; amerik. Opernsänger, geb. in Italien. Durch Musikfilme und Konzerttourneen wurde er weltberühmt.
Sein PS-Vorname stammt aus seiner Lieblingsoper, Puccinis »Tosca«.

L'ARRONGE, Adolf = Adolf Aaron
1838–1908; dtsch. Schriftsteller (Lustspiele, Lokalpossen). »Mein Leopold« u. a.
Sein PS hat er von seinem Vater, dem Schauspieler Eberhard L'A., übernommen. Es ist aus dem Familiennamen entwickelt und mit franz. Touch versehen.

LASSALLE, Ferdinand = Ferdinand Lassal
1825–1864 (in einem Duell);

dtsch. Publizist und Politiker. L. stand Marx nahe, gründete 1863 den »Deutschen Arbeiterverein«, die erste Parteibildung der sozialdemokratischen Bewegung.
Sein PS benutzte er erst ab 1846. Außerdem schrieb er zahlreiche Streitschriften und Abhandlungen unter anderen PS.

LAUREL, Stan = Arthur Stanley Jefferson
1890–1965; amerik. Filmschauspieler engl. Herkunft. Seit 1926 spielte er zusammen mit *Oliver Hardy* in über 200 Slapstick-Filmen. Bei uns hieß das Komikerduo »Dick (Laurel) und Doof (Hardy)«.
Ein seltsames PS, »Laurel« bedeutet im Englischen »Lorbeer«.

LAVI, Daliah = Daliah Lewinbuk
1942; israel. Schlagersängerin und Filmschauspielerin. Zwischen 1959 und 1970 spielte sie in über 20 Hollywood-Produktionen. Gesangshit: »Wer hat mein Lied zerstört?«
Das PS ist – engl. ausgesprochen – die erste Silbe ihres richtigen Namens: Lewi.

LAWRENCE, Steve = Sidney Leibowitz
1935; amerik. Popsänger. »Go away little girl«.

LAXNESS, Halldór Kiljan = H. W. Gujonsson
1902; isländ. Schriftsteller (Nobelpreis 1955). »Salka Valka«;

Mario Lanza spielte in zahlreichen Hollywood-Filmen mit. Hier in »Der große Caruso« aus dem Jahre 1951

»Der Freisasse«; »Islandglocke«; »Atomstation«.
Sein PS ist der Name des Bauernhofs, auf dem er geboren wurde.

LEAR, Evelyn = Evelyn Schulman
1928; amerik. Opernsängerin (Sopran). 1959–1964 an der Deutschen Oper, Berlin.
Ob sie ihr PS vom sagenhaften britischen König herleitet, der sein Reich vorzeitig seinen älteren Töchtern vermachte?

LEBRECHT, Peter >FÄRBER, Gottlieb< = Ludwig Tieck
1773–1853; dtsch. Dichter der Frühromantik, Shakespeare-Übersetzer. *»Der gestiefelte Kater«* (Märchen); *»Vittoria Accorombona«* (Roman).

Kurz vor Vollendung seines 65. Lebensjahres wurde dieses Foto von Le Corbusier aufgenommen

Sein PS verwendete er in dem Titel »Peter Lebrecht, eine Geschichte ohne Abenteuerlichkeiten«. Es ist die Bearbeitung eines franz. Stoffes und in Ichform geschrieben. Insofern ein literarisches PS.

LE CORBUSIER = Charles-Edouard Jeanneret
1887–1965; Schweizer Architekt. War 1920–1960 weltweit die beherrschende Figur der modernen Architektur.
Sein PS benutzte er seit 1920 als Autor, seit 1922 auch im bürgerlichen Leben, seit 1928 signierte er auch seine Bilder so. Sein PS ist vom Namen seiner Urgroßmutter abgeleitet, die Lecorbésier hieß. Es erlaubte eine Anspielung auf seine physiognomische Ähnlichkeit mit einem Raben, franz. = »Corbeau«.

LEE, Bruce = Lee Yuen Kam
1940–1973; chin. Filmschauspieler. Kultfigur des Karate- und Kung-Fu-Kampfes, den er in zahlreichen Hongkong-Actionfilmen vorführte. Begann seine Karriere in den TV-Serien »Batman« und »Green Hornet«.

LEE, Christopher = Christopher Larradini
1922; engl. Filmschauspieler ital. Herkunft. »Graf Dracula«; »Fu Man Chu« (Serienfilme) u. v. a.

LEE, Gypsy Rose = Rose Louise Hovick
1914–1970; amerik. Striptease-Tänzerin. Ihr Leben wurde verfilmt.
Bei diesem PS wurde der eher biedere Vorname Louise in »Gypsy« (»Zigeuner«) geändert.

LEE, William = William S. Burroughs
1914; amerik. Schriftsteller.
Unter diesem PS schrieb er die Romane »Junkie« und »Naked Lunch«. In beiden werden (seine eigenen) Erlebnisse eines Rauschgiftsüchtigen geschildert.

LEGRAND, François = Franz Antel
1913; österr. Filmregisseur. *»Kaiserwalzer«; »Die Wirtin von der Lahn«; »Der Bockerer«* u. v. a.
Benutzt das PS für seine Tätigkeit als Regisseur bei ausländischen

Koproduktionen. Es bedeutet »Franz der Große«.

LEIGH, Janet = Jeanette Helen Morrison
1927; amerik. Filmschauspielerin. »Im Zeichen des Bösen«; »Psycho« u. v. a.

LEIGH, Vivien = Vivian Mary Hartley
1913–1967; engl. Theater- und Filmschauspielerin. Für »Vom Winde verweht« (1939) und »Endstation Sehnsucht« (1951) erhielt sie als beste Darstellerin den Oscar.
Sie heiratete in erster Ehe 1932 Herbert Leigh Holman und nahm seinen Mittelnamen als PS, außerdem änderte sie in ihrem Vornamen das a in ein e.

LELY, Peter = Pieter van der Faes
1618–1680; holl. Porträtmaler, Hofmaler Karls II., der sich in England, wo er zum Sir erhoben wurde, den neuen Namen zulegte.

LENAU, Nikolaus = Nikolaus Franz Niembsch Edler von Strehlenau
1802–1850; österr. Lyriker.
Sein PS ist aus dem letzten Teil von Strehlenau abgeleitet.

LENIN, W. I. >FREY, William< >IVANOW, Konstantin Petrowitsch< >KUPRIANOW, B. V.< >TULIN, K.< = Wladimir Iljitsch Uljanow
1870–1924; russ. Revolutionsführer. L. entwickelte die Grundlagen des bolschewistischen Programms.
Sein PS bedeutet »der von der Lena« (Fluß in Sibirien). Sein älterer Bruder hat es für ihn erfunden, er wurde wegen polit. Tätigkeit hingerichtet, L. 1896–1899 nach Sibirien verbannt. Für seine Untergrundarbeiten und während seines Exils in der Schweiz benutzte L. die unterschiedlichsten PS, sowohl zur Tarnung wie auch als Autorennamen.

LENYA, Lotte = Karoline Blamauer
1900–1981; österr. Schauspielerin und Sängerin. Erste »Seeräuberjenny« in Brechts »Dreigroschenoper«. Interpretin der Songs ihres Mannes Kurt Weill.

L'ETRANGE, Joseph >GAZUL, Clara< >MAGLANOWITSCH, Hyazinth< = Prosper Mérimée
1803–1870; franz. Schriftsteller und Historiker. *»Carmen«.*
Dieses PS steht in unmittelbarem Zusammenhang mit *>GAZUL, Clara<* (s. dort).

LEUTNANT VERSEWITZ = Georg Bötticher
1849–1918; dtsch. Journalist, der Gedichte für die »Fliegenden Blätter« unter diesem PS schrieb. Vater von *>RINGELNATZ, Joachim<*.
Eine pseudonymvernarrte Familie, auch B.s Bruder wurde unter

einem PS berühmt: >LAGARDE, Paul de<. B.s PS ist eine Veralberung der preußischen Adelsgeschlechter derer von Zitzewitz usw.

LEUTNER, E. M. = Ernst Raupach
1784–1852; dtsch. Dramatiker und Historiker. *»Die Hohenstaufen«; »Der Müller und sein Kind«.*
Der auf allen Bühnen vertretene R. benutzte sein PS nur für die ersten seiner 117 Dramen. Wahrscheinlich, weil der Predigersohn und Theologiestudent seine Karriere durch seine dramatischen Versuche nicht gefährden wollte.

LEVIS >LORIS< >MELIKOW< >MORREN, Theophil< = Hugo von Hofmannsthal
1874–1929; österr. Schriftsteller, Dramatiker, Lyriker, Erzähler. *»Rosenkavalier«; »Jedermann«.*
Als 28jähriger durchlebte er eine Krise, in der er glaubte, nicht mehr gültig formulieren zu können – deshalb bediente er sich mehrerer PS. Nur »Loris« verwendete er schon vorher.

LEWALD, Fanny = Fanny Stahr
1811–1889; dtsch. Schriftstellerin (ostpreußische Erzählungen).
Hinter ihrem PS steckt ein Stück Zeitgeschichte: Geboren wurde sie als Tochter des jüdischen Kaufmanns Markus, der später den Namen Lewald annahm. Fanny trat zum evangl. Glauben über, um einen Theologen heiraten zu können, entschied sich dann aber für den Kunstkritiker Adolf Stahr.

LEWIS, Jerry = Joseph Levitch
1926; amerik. Filmkomiker und Regisseur. Zwischen 1949 und 1957 trat er mit Dean Martin in zahlreichen Filmen auf. In eigener Regie entstanden »The Bellboy«, »Wo bitte geht's zur Front?«, »König der Komödie« u. a.

LIEN CHI ALTANGI = Oliver Goldsmith
ca. 1730–1774; irischer Schriftsteller. *»Der Vikar von Wakefield«.*
Seine »Chinese Letters« (Essays), die später in Buchform als »A Citizen of the World« (»Ein Weltbürger«) erschienen, veröffentlichte er unter diesem chin. PS.

LIND, Jenny = Jenny Goldschmidt
1820–1887; schwed. Sängerin (Sopran). Sie wurde »die schwedische Nachtigall« genannt.

LINDBERG, Leopold = Leopold Lemberger
1902–1984; österr. Theater- und Filmregisseur, emigrierte in die Schweiz. »Die mißbrauchten Liebesbriefe«; »Vier in einem Jeep«; »Unser Dorf« u. v. a.

LINDER, Max = Gabriel Leuvielle
1883–1952; franz. Filmkomiker, Stummfilmstar. Drehte seinen ersten Film bereits 1905. Er und

Mary Pickford waren die ersten Filmstars.
Einer der seltenen Fälle, daß ein franz. Schauspieler ein dtsch. PS wählte.

LINGEN, Theo = Franz Theodor Schmitz
1903–1978; dtsch. Theater- und Filmschauspieler, Regisseur. Im Film leider nur auf komische Rollen eingeschränkt. Er war ein bemerkenswerter »Riccaut de la Marinière« in Lessings »Minna von Barnhelm«.
Sein PS wählte er nach der Stadt Lingen, an deren Stadttheater seine Karriere begann. Seine Tochter Ursula, ebenfalls Schauspielerin, übernahm sein PS.

Theo Lingen, Filmkomiker erster Güte, in dem 1953 gedrehten Film »Heute nacht passiert's«

LINKE POOT = Dr. med. Alfred Döblin
1878–1957; dtsch. Schriftsteller, der mit seinem Roman *»Berlin Alexanderplatz«* internationale Anerkennung fand.
Sein PS benutzte er, um scharfe Kritik an den reaktionären Kräften der Weimarer Republik zu üben. »Linke Poot« = »linke Pfote«.

LISI, Virna = Virna Pieralisi
1937; ital. Filmschauspielerin. »Casanova 70«; u. v. a.
Ihr PS ist aus dem Ausklang ihres Familiennamens gebildet.

LITTLE EVA = Eva Narcissus Boyd
1945; amerik. Popsängerin. »The Loco-Motion«.

LITWINOW, Maksim Maksimowitsch = Maksim Maksimowitsch Wallach (auch: Finkelstein)
1876–1951; russ. Revolutionär und Diplomat. Er mußte 1939 zurücktreten, da er gegen einen Pakt mit Nazi-Deutschland war.
Sein PS wählte er, weil in der bolschewistischen Revolution Namen mit westlich-bourgeoisem Klang verpönt waren.

LOBO = Kent Lavoie
1943; amerik. Gitarrist und Sänger. »I'd love you to want me«.

LOCKWOOD, Margaret = Margaret Mary Day
1916; engl. Filmschauspielerin. »Madonna der sieben Monde«; »Die Waise von Lowood« u. a.

Jack London beschrieb in seinen Romanen seine Abenteuer als Seemann, Tramp und Goldsucher

LOLITA = Ditta Tuza Einzinger
1931; österr. Schlagersängerin. Mit Seemannsliedern bekannt geworden.
Ihr PS ist der Name der Titelheldin des Romans von Vladimir Nabokov.

LOM, Herbert = Herbert Charles Angelo Kuchazwitsch Schluderpacheru
1917; engl. Schauspieler russ. Herkunft. »Der letzte Schleier«; »Krieg und Frieden«; »Die Nibelungen« u. v. a.
Bei einem solchen für viele Zungen unaussprechlichen Familiennamen ist ein PS ein absolutes »Muß«.

LOMBARD, Carole = Jane Alice Peters
1908–1942 (bei einem Flugzeugabsturz); amerik. Filmschauspielerin. »Der letzte Ritt nach Cardiff«; »Nur dem Namen nach« (mit Cary Grant); »Sein oder nicht sein« (Lubitsch) u. v. a.

LONDON, Jack = John Griffith
1876–1916; amerik. Schriftsteller (Romane). »Der Seewolf«; »Ruf der Wildnis«; »Wolfsblut« u. a.
Als PS wählte er den Namen seines Stiefvaters John L.

LORAC, E. C. R. = Edith Caroline Rivett
1894–1958; engl. Schriftstellerin (Detektivromane).
Nun ist klar, was sich hinter den 3 Buchstaben des PS verbirgt, die Anfangsbuchstaben ihres richtigen Namens. Und was »Lorac« bedeutet, erfährt, wer den Namen rückwärts liest. Außerdem schrieb sie ca. 20 Krimis unter dem PS Carol Carnack.

LOREN, Sophia = Sofia Scicolone
1934; ital. Filmschauspielerin. »Das Gold von Neapel«; »Liebe, Brot und Phantasie«; »Heirat auf italienisch« u. v. a. Oscar für »Two women«.
Ihr PS ist eine Erfindung des Regisseurs Mario Mattoli, der sie Anfang der 50er Jahre für den Film »Zwei Nächte mit Kleopatra« aus der breiten Anonymität wohlgeformter Komparserie-Mädchen holte.

LORIOT = Vicco von Bülow
1923; dtsch. Karikaturist und Fernsehautor. Zu seinen erfolgreichsten Karikaturbänden gehören »Der gute Ton«, »Für den Fall«, »Loriots großer Ratgeber« und »Loriots heile Welt«. Unter anderem auch Schöpfer des Fernsehhundes »Wum«.
Sein PS ist das franz. Wort für den Vogel Pirol, dessen Männchen einen flötenden Ruf hören lassen, was ihnen die aus dem Klang abgeleitete Bezeichnung »Vogel Bülow« eingebracht hat.

LORIS >LEVIS< >MELIKOW> >MORREN, Theophil< = Hugo von Hofmannsthal
1874–1929; österr. Schriftsteller (Dramen, Lyrik, Romane). *»Rosenkavalier«; »Jedermann«.*
Das PS benutzte er nur für seine ersten Essays, die er als 17jähriger Schüler schrieb.

LORM, Hieronymus = Heinrich Landesmann
1821–1902; österr. Schriftsteller, polit. Journalist. War seit seiner Jugend taub und erblindete später.
Er wählte das PS, um nach seiner Flucht vor der Metternichschen Geheimpolizei seine in Wien zurückgebliebenen Eltern vor Verfolgung zu schützen.

LORRE, Peter = Laszlo Löwenstein
1904–1964; dtsch. Schauspieler, geb. in Ungarn. Ging 1934 nach England, dann in die USA. »M –

1950 begann die Karriere der ital. Filmdiva Sophia Loren. Hier in dem Film »Mortadella« von 1971

eine Stadt sucht einen Mörder«; »Der Mann, der zuviel wußte«; »Arsen und Spitzenhäubchen«.

LOS ANGELES, Victoria de = Victoria Lopez-Cima
1923; span. Opernsängerin.
Ihr PS besagt, daß sie nicht aus L. A. ist, sondern »von den Engeln«.

LOTHAR, Ernst = Ernst Lothar Müller
1890–1974; österr. Regisseur und Schriftsteller. »Macht über alle Menschen« (Roman-Trilogie); »Verwandlung durch Liebe« (Roman); »Der Engel mit der Posaune« (Roman).
Verständlich, daß er sich und seinen Lesern den Dutzendnamen Müller ersparte.

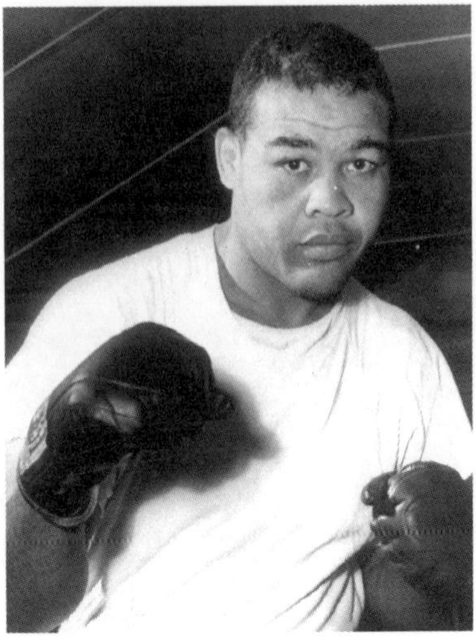

Der »Braune Bomber« Joe Louis boxte in den 30er Jahren auch zweimal gegen Max Schmeling

LOTHAR, Rudolf = Rudolf Spitzer
1865 – nach 1933 (in der Emigration verschollen); dtsch. Schriftsteller und Journalist. Romane: »König Harlekin«; »Kurfürstendamm«; »Die Kunst des Verführens«.

LOUIS, Joe = Joseph Louis Barrow
1914–1981; amerik. Schwergewichtsboxer. Weltmeister im Schwergewicht 1937–1949.

LOW, Bruce = Ernst Bjelke
1913; holl. Schlagersänger. »Leise rauscht es am Missouri«; »Noah« u. v. a. Westernsongs.

LOWITZ, Siegfried = Siegfried Wodolowitz
1914; dtsch. Theater-, Film- und Fernsehschauspieler. In vielen Theater- und Filmrollen, aber erst durch die Fernsehkrimiserie »Der Alte« wurde er als »Kommissar Köster« bundesweit bekannt und berühmt. Goethe-Kenner und Rezitator.
Sein PS bildete er durch Weglassen der Silbe »Wodo« seines richtigen Namens.

LOY, Myrna = Myrna Williams
1905; amerik. Filmschauspielerin. Begann in exotischen Rollen, ihren Durchbruch hatte sie jedoch in komödiantischen Filmen. Sie war die weibliche Hauptdarstellerin in den »Dünner-Mann«-Filmen.
Ihr PS legte sie sich 1932 zu, weil ihr ihr »alter walisischer Name nicht fließend genug« schien.

LUALDI, Antonella = Antonietta de Pascale
1931; ital. Filmschauspielerin. »Der Mantel«; »Rot und Schwarz«; »Bel Ami 2000« u. v. a.

LUCAS VAN LEYDEN = Lucas Hugensz (oder: Lucas Jacobsz)
1494–1533; holl. Maler und Graveur.
Sein PS ist aus seinem (wahrscheinlichen) Geburtsort Leyden (oder: Leiden) gebildet.

LUCIDOR, Lasse = Lars (Lasse) Johansson
1638–1674 (bei einer Schlägerei); schwed. Dichter (Lyrik). »Dichter

des Rausches und der Reue«, die Gefühlsskala des Barocks spiegelte sich in seinen Versen, die er in allen europäischen Sprachen verfaßte.
Sein PS ist das lateinische Wort für »der Erleuchtete«.

LUDWIG, Emil = Emil Ludwig Cohn
1881–1948; dtsch. Schriftsteller. Erlangte durch seine Goethe- und Napoleon-Biographien Weltruhm.
Als ihn 1930 Paul Alfred Otte vom »Berliner Tageblatt« fragte, ob sein Name Emil Ludwig ein PS sei, bekam er die Antwort: »Wo denken Sie hin! Wenn ich mir ein PS zulegen würde, würde ich mich Emil Cohn nennen.«

LUIPART, Marcel = Marcel Fenchel
1912; dtsch.-österr. Ballettänzer, Choreograph.
Nichts gegen Fenchel, aber dies französierende PS klingt besser. Es könnte frei mit »ein Stück von ihm« übersetzt werden.

LUKAS, Paul = Paul Lugacs
1895–1971; amerik. Filmschauspieler ung. Herkunft. »Die drei Musketiere«; »Dinner im Ritz«; »Die Wacht am Rhein« (Oscar 1943 als bester Darsteller) u. v. a. Filme.
Sein PS ist eine ebenso einfache wie einfühlsame Anpassung seines Namens an dtsch. – er begann bei der Ufa – und amerik. Schreibweise.

LULU = Marie McDonald McLaughlin Lawrie
1948; schott. Schlagersängerin. Gewann 1969 das Eurovisionsfestival in Madrid mit »Boom-Bang-A-Bang«.
Ob sie bei der Wahl ihres PS wußte, welch eine »Schlange« Lulu in der Weltliteratur verkörpert? Ein Triebwesen mit der »Kindseinfalt des Lasters«.

LYNX >WEST, Rebecca< = Cecily Isabel Fairfield, verh. Andrews
1892–1983; engl. Schriftstellerin und Schauspielerin, geb. in Irland.
Ihr PS ist der lat. Name für »Fuchs«. Unter diesem PS schrieb die Sozialistin und Frauenrechtlerin Beiträge für Zeitschriften.

M

MACLAINE, Shirley = Shirley Maclean Beaty
1934; amerik. Filmschauspielerin. »Verdammt sind sie alle«; »Das Appartement«; »Das Mädchen Irma La Douce«. Nach vielen Nominierungen erhielt sie als beste Darstellerin in »Zeit der Zärtlichkeit« 1984 endlich den Oscar.
Bei ihrem PS ließ sie ihren Nachnamen weg und nannte sich in etwas geänderter Form nach ihrem Mittelnamen, der der Mädchenname ihrer Mutter ist. Schwester von Warren Beaty.

Shirley MacLaine in ihrer berühmtesten Rolle, in dem 1962 gedrehten Film »Das Mädchen Irma la Douce«

MACLEAN, Alistair = Ian Stuart
1922; schott. Schriftsteller. Seine Romane sind oft als Tatsachenberichte abgefaßt. »Die Männer des Ulysses«; »Die Kanonen von Navarone«; »Dem Sieger eine Handvoll Erde«.

MACLEOD, Fiona = William Sharp
1856–1905; engl. Schriftsteller (Romane). »Das Reich der Träume«; »Wind und Woge«.
W. S. wahrte sein weibliches PS so streng, daß er für »Who's Who« sogar biographische Noti-

zen für diese Autorin verfaßte. Schrieb auch unter seinem richtigen Namen (*»Wives in Exile«, »Silence Farm«*).

MADAME BUCHELA = Margarethe Goussanthier
1899; dtsch. Hellseherin; s. >*BUCHELA*<.

MAFFAY, Peter = Peter Makkey
1949; dtsch. Schlager- und Rocksänger, geb. in Rumänien. »Eiszeit« u. v. a.

MAGLANOWITSCH, Hyazinth >GAZUL, Clara< >L'ETRANGE, Joseph< = Prosper Mérimée
1803–1870; franz. Schriftsteller und Historiker (*»Carmen«*).
Unter diesem PS eines angeblichen illyrischen Volkssängers erschien das Buch »Die Guzla oder Auswahl illyrischer Dichtungen, gesammelt in Dalmatien, Bosnien, Kroatien und der Herzegowina«. Goethe durchschaute das Spiel wegen der Namensähnlichkeit zwischen Guzla und Gazul. Mérimée gab zu, daß er sich dieses Täuschungsmanövers bedient hatte, um sich Geld für eine Reise zu verdienen – nach Dalmatien.

MAICHELBÖCK, Emil K. = Michael Ramstetter
1953; dtsch. Journalist. Unter diesem Pseudonym schreibt der Illustrierten-Redakteur seine Segelsport-Berichte.
Das PS hat nach seiner Aussage keinerlei Bezug zu Personen oder Sachen, sondern ist eine freie Erfindung.

MAKARIOS III. = Michail Christedoulos Mouskos
1913–1977; griech.-orthodoxer Theologe und zypriotischer Politiker. Seit 1950 Erzbischof von Zypern und Ethnarch. 1959–1977 Präsident der Republik Zypern.

MALAPARTE, Curzio = Kurt Suckert
1898–1957; ital. Schriftsteller dtsch. Abstammung. »Die Haut« (Roman); »Kaputt« (Roman) u. a.
Sein PS ist bewußt als Gegenstück zu dem Namen Bonaparte (»gutes Los«) gewählt. »Malaparte« = »schlechtes Los«.

MALDEN, Karl = Mladew Sekulowich
1914; amerik. Theater- und Filmschauspieler jugosl. Abstammung. »Bumerang«; »Die Faust im Nakken«; »Endstation Sehnsucht« (für die beste Nebenrolle erhielt er 1951 den Oscar) u. a.
Weltweit bekannt wurde er durch die Fernsehserie »Die Straßen von San Francisco«.

MALRAUX, André = A. Berger
1901–1976; franz. Schriftsteller und Archäologe, Kultusminister unter de Gaulle. »Die Zeit der Verachtung«; »Der Kampf mit dem Engel«; »Das imaginäre Museum« (Essay).

MANN, Anthony = Emil Bundsmann
1906–1967; amerik. Filmregisseur. »Winchester 73«; »Der Mann von Laramie«; »Die Glenn Miller Story« u. a.
Mit seinem dtsch. Vornamen kappte er auch gleich die erste Silbe seines Familiennamens für sein PS.

MANN, Manfred = Mike Lubowitz
1940; engl. Popmusiker, geb. in Südafrika. »Doh Wah Diddy Diddy«; »Pretty Flamingo«; »Sha La La«; »Ha Ha Said The Clown«; »Mighty Quinn« u. v. a.

MANOLETE = Manuel Laureano Rodriguez Sánchez
1917–1947; span. Stierkämpfer.
Sein PS heißt frei übersetzt »Todeshand«.

MANSFELD, Michael = Eckhard Heinze
1922; dtsch. Schriftsteller. »Sei keinem untertan« (Roman); »Die Ehe des Dr. Dannwitz« (Drehbuch).

MANSFIELD, Jane = Vera Jayne Palmer
1932–1967 (Autounfall); amerik. Filmschauspielerin mit enormen Proportionen. Spielte auch in einem dtsch. Film: »Heimweh nach St. Pauli«.
Sie war als Teenager mit einem Herrn Mansfield verheiratet, den Namen behielt sie, den Mann nicht.

MANSFIELD, Katherine = Kathleen Beauchamp, verh. Murry
1888–1923; engl.-neuseeländische Schriftstellerin. »Seligkeit und andere Erzählungen«; »Ihr erster Ball«; »Das Gartenfest und andere Geschichten«. War mit vielen Literaten befreundet, so daß ihre Briefe und Tagebücher wichtige Aufschlüsse über literarische Strömungen ihrer Zeit geben.
Das PS war wohl nötig, weil die Aussprache ihres richtigen Namens im Englischen ziemlich schwierig ist.

MANSTEIN, Erich von = Erich von Lewinski
1887–1973; dtsch. Offizier, Stabschef im Rußlandfeldzug und gescheiterter Entsatzer von Stalingrad.
Im Grunde kein reines PS, da sein Name E. v. L. den Zusatz hat: »genannt von Manstein«.

MANUELA = Doris Wegener
1943; dtsch. Schlagersängerin mit 5 goldenen Schallplatten.
Ihr PS stammt von dem Titel ihrer ersten Schallplatte, die in den USA produziert wurde.

MAORI = James Inglis
1845–1908; neuseeländischer Journalist und Politiker.
Sein PS war eine Sympathie-Erklärung an die einheimische Bevölkerung seiner Heimat.

MARAIS, Jean = Jean Villain-Marais

1913; franz. Filmschauspieler. »Orphee«; »Die Schöne und das Tier«; »Der Mann mit der Maske« u. v. a.
Interessant, daß J. M. sich bei der Wahl seines PS nicht für »Villain«, sondern für »Marais« entschied, obgleich das im Französischen »Sumpf, Moor« bedeutet.

MARCEAU, Félicién = Louis Carette
1913; belg. Schriftsteller (Romane und Dramen). »Kleine Insel Capri«; »Denise oder Die Qual des Verliebtseins«; »Das Ei« (Theaterstück).

MARCEAU, Marcel = Marcel Mangel
1923; franz. Pantomime, der die Figur des »Bip« erfand.
M. behielt bei seinem PS die Anfangsbuchstaben seines richtigen Namens bei.

MARCH, Fredric = Frederick McIntyre Bickel
1897–1975; amerik. Theater- und Filmschauspieler. »Dr. Jekyll und Mr. Hyde« (Oscar 1931/32); »Die besten Jahre unseres Lebens« (Oscar 1946); »Tod eines Handlungsreisenden« (Oscar-Nominierung 1951) u. a.
Weil der Regisseur John Cromwell meinte, sein richtiger Name klingt wie »Pickel«, nahm er als PS die Abkürzung des Mädchennamens seiner Mutter, sie hieß Marcher.

MARCH, Peggy = Margret Annemarie Batavio
1948; amerik. Schlagersängerin. 1965 Siegerin der Deutschen Schlagerfestspiele. »Mit siebzehn hat man noch Träume«.

MARCIANO, Rocky = Rocco Francis Marchegiano
1923–1969; amerik. Schwergewichtsboxer.
Wie schön, wenn ein Boxer tatsächlich Rocco (»Felsen«) heißt, so brauchte er für sein PS nur den ital. Familiennamen dem amerik. Sprachgebrauch anzupassen.

MARIAN, Ferdinand = Ferdinand Haschkowitz
1902–1946 (Autounfall); österr. Theater- und Filmschauspieler. »La Habanera«; »Jud Süß«; »Romanze in Moll« u. v. a.

MARIUS, Simon = Simon Mayr (auch Mair, Mayer)
1573–1625; dtsch. Astronom.
Sein PS ist eine damals übliche, etwas gewaltsame Latinisierung seines dtsch. Namens.

MARK TWAIN = Samuel Langhorne Clemens
1835–1910; amerik. Schriftsteller. »Abenteuer und Fahrten des Huckleberry Finn«; »Die Abenteuer Tom Sawyers«; »Leben auf dem Mississippi« u. a. Reiseberichte aus der Alten Welt.
Sein PS ist nach dem Ausruf der Lotsen auf dem Mississippi gebildet, diese riefen die Fadentiefe des Flusses mit »Mark one, mark

twain« (»twain« statt »two«) dem Kapitän zu. Deshalb ist dies PS auch nicht unter T, sondern unter M einzuordnen.

MARKOWA, Alicia = Lilian Alice Marks
1910; engl. Ballettänzerin.
Einmal mehr ein russ. klingendes PS für eine Ballettänzerin – es paßt einfach besser.

MARLITT, Eugenie = Eugenie John
1825–1887; dtsch. Schriftstellerin (Romane). »Das Geheimnis der alten Mamsell«; »Reichsgräfin Gisela«; »Goldelse« (dieser Roman sowie ihr Erstling »Zwölf Apostel« erschienen in der »Gartenlaube«, allerdings nur mit E. Marlitt, um das Geschlecht der Autorin zu verbergen).

MARSHALL, Tony = Herbert Anton Hilger
1949; dtsch. Schlager- und Stimmungssänger. »Schöne Maid ...« u. v. a.
Ein PS, das aus dem angloamerik. Trend im Schlagergeschäft entstand.

MARTIN, Dean = Dino Crocetti
1917; amerik. Filmschauspieler und Sänger. Trat zusammen mit >*LEWIS, Jerry*< in vielen Filmkomödien auf, aber auch in »Die jungen Löwen«, »Vier für Texas«, »Der längste Tag« u. a.
Er nannte sich zuerst Dino Martini, aber 1939 amerikanisierte er seinen Namen.

MARTINO, Al = Alfred Cini
1927; amerik. Sänger ital. Herkunft. »Spanish Eyes«; »Somewhere my love«.

MARX, Chico = Leonhard Marx
1886–1961; amerik. Filmkomiker. Unter dem Gruppennamen »The Marx Brothers« bekannt, die aus dem festen Kern der Gruppe (Chico, >*Groucho*< und >*Harpo)*< bestanden, wobei bis 1936 auch noch >*Zeppo*< und bis 1922 >*Gummo*< bei der Gruppe waren. Sie zeichneten sich durch groteske Slapstick-Komödien aus. »Eine Nacht in Casablanca«; »Eine Nacht in der Oper«; »Ein Tag beim Pferderennen« u. a.
»Chico«, weil er den Ruf hatte, »after the chicks«, hinter den Hühnchen (Mädchen) herzusein.

MARX, Groucho = Julius Henry Marx
1890–1977; amerik. Filmkomiker der »Marx Brothers«.
Da er die Verantwortung für das Geld hatte und die anderen ihm nicht sehr viel Vertrauen entgegenbrachten, mußte er immer ein grimmiges Gesicht zeigen, daher »Groucho« (»grouchy« = »quengelig«).

MARX, Gummo = Milton Marx
1893–1977; amerik. Filmkomiker der »Marx Brothers«.
Sein Vornamen-PS verdankt er seinem Erscheinungsbild in den Filmen der komischen Brüder: Er trug über seinen kaputten Lederschuhen immer Gummischuhe.

Die legendenumwobene, faszinierend-betörende Mata Hari, eine der tragischen Gestalten des I. Weltkriegs

MARX, Harpo = Adolph Arthur Marx
1888–1964; amerik. Filmkomiker der »Marx Brothers«.
Sein Vornamen-PS bezieht sich darauf, daß er in jedem der Filme der »Marx Brothers« mindestens einmal ein Harfensolo spielte.

MARX, Zeppo = Herbert Marx
1901–1979; amerik. Filmkomiker der »Marx Brothers«.
Angeblich soll sein Vornamen-PS entstanden sein, weil sein Geburtsjahr zufällig auch jenes war, in dem mit dem Bau des ersten Zeppelins begonnen wurde.

MASSARY, Fritzi = Friederike Massaryk (auch Masareck)
1882–1969; österr. Operettensängerin. Verh. mit Max Pallenberg. In den 20er Jahren die gefeierte Diva des Berliner Boulevardtheater-Publikums.

MATA HARI = Margaretha Geertruida MacLeod, geb. Zelle
1876–1917; niederländ. Tänzerin. Spezialität: exotische Tempeltänze. Sie wurde im I. Weltkrieg der Spionage für das Deutsche Reich beschuldigt und standrechtlich erschossen.
Ihr PS ist vom malaysischen Wort für »Sonne« abgeleitet und paßte natürlich vorzüglich zu ihren »Tempeltänzen«.

MATTHAU, Walter = Walter Matuschanskavasky
1920; amerik. Theater- und Filmschauspieler. »Der Glückspilz« (1966 Oscar für die beste Nebenrolle); »Sunshine Boys«; »Die Kaktusblüte«; »Extrablatt« u. a.
Sein PS ist eine geglückte Amerikanisierung seines slawischen Namens. Bei diesem Zungenbrecher geradezu notwendig.

MAUROIS, André = Emile Salomon Wilhelm Herzog
1885–1967; franz. Schriftsteller (Romane, Biographien). »Benjamin Disraeli, Lord Beaconfield«; »Olympio, Victor Hugo«; »Das Schweigen des Obersten Bramble« u. a.
Sein PS hat zwei Ursprünge: »André« war der Name seines Vetters, der im I. Weltkrieg fiel. »Maurois« hieß ein Ort, in dem H. während des I. Weltkriegs als Soldat einquartiert war.

MAY, Joe = Joseph Mandel
1880–1954; österr. Filmregisseur von Stummfilm-Abenteuerserien. »Die Herrin der Welt« (8 Teile); »Das indische Grabmal« (2 Teile); Serienfilme mit dem Detektiv Percy Stuart. Nach seiner Emigration inszenierte er in Hollywood nur noch B-Filme.
Seine Frau übernahm sein PS. Sie war der Stummfilmstar Mia May.

MAYNE, Ferdy = Ferdinand Mayer-Boerckel
1920; engl. Theater- und Filmschauspieler dtsch. Herkunft. »Tanz der Vampire« u. a.

MC BAIN, Ed = Salvatore A. Lombino
1926; amerik. Schriftsteller. Schrieb unter diesem PS 60 Kriminalromane sowie die Serie um das »87. Polizeirevier«.
Weitere PS: Richard Marsten (5 Krimis), Hunt Collins (1 Krimi), Curt Cannon (1 Krimi).

MCPATTERSON, Fred >DARLTON, Clark< = Walter Ernsting
1920; dtsch. Science-fiction-Schriftsteller.
Ähnlich wie bei den Kriminal-Autoren gelten auch bei Science-fiction-Romanen engl. Namen als eine Art Gütesiegel.

MEINRAD, Josef = Josef Moucka
1913; österr. Theater- und Filmschauspieler. Mitglied des Wiener Burgtheaters, Träger des Iffland-Ringes, den er 1959 von Werner Krauß übernahm. Filme: »Das Siegel Gottes«; »Der Verschwender«; »Der Kardinal« u. a.

MEIR, Golda = Goldie Myerson, geb. Mabowitsch
1898–1978; israel. Politikerin, geb. in Rußland. 1969–1974 Ministerpräsidentin. Nach dem 4. israel.-arab. Krieg führten innerpolitische Auseinandersetzungen zu ihrem Rücktritt.
Ihr PS legte sie sich auf Drängen David Ben Gurions zu, der Wert darauf legte, daß sie ihren Namen »entrussifizierte«.

MELANCHTHON, Philipp = Philipp Schwarzerd(t)
1497–1560; dtsch. Humanist und reformatorischer Theologe. Prof. für griech. Sprache.
Aus dem Griechischen stammt auch sein PS, das die einfache Übersetzung seines richtigen Namens ins Griechische ist: »melas« = schwarz, »chton« = Erde.

MELBA, Nellie = Helen Porter Armstrong, geb. Mitchell
1861–1931; austral. Opernsängerin schott. Herkunft.
Wie die gefeierte Koloratursopranistin zu ihrem PS kam, ist unbekannt, fest steht jedoch, daß die Süßspeise »Pfirsich Melba« nach ihr benannt wurde.

MELCHIOR, Lauritz = Lebrecht Hommel
1890–1973; dän. Opernsänger (Tenor). Bedeutendster Wagner-Sänger seiner Zeit.

Er wählte den Namen, den der Legende nach einer der Heiligen Drei Könige führte. Aus dem Hebräischen übertragen, bedeutet er »König des Lichts«.

MELIKOW >LEVIS< >LORIS< >MORREN, Theophil< = Hugo von Hofmannsthal
1874–1929; österr. Schriftsteller. *»Rosenkavalier«*; *»Jedermann«*.
Erklärung für das PS: s. >*LEVIS*<.

MELMOTH, Sebastian = Oscar Wilde
1854–1900; irischer Schriftsteller. Nach seiner Gefängnishaft ging W. nach Frankreich und nahm dort das PS an. Es ist der Titel eines Buches, das W. bei seinem Onkel gesehen hatte und das »Melmoth der Wanderer« hieß.

MELVILLE, Jean-Pierre = Jean-Pierre Grumbach
1917–1973; franz. Filmregisseur. »Das Schweigen des Meeres«; »Les enfants terribles«; »Der Samurai« u. a.
PS aus Begeisterung für den amerik. Autor Herman Melville.

MERCATOR, Gerhardus = Gerhard Kremer
1512–1594; holl. Kartograph und Geograph. Veröffentlichte die berühmte Weltkarte, für die er die nach ihm benannte Mercator-Projektion verwendete. Er benutzte als erster den Ausdruck »Atlas« für seine Sammelwerke.
Sein PS ist die lateinische Übersetzung seines Namens: Kremer = Krämer = Kaufmann = »mercator«.

MEREDITH, Anne >GILBERT, Anthony< = Lucy Beatrice Malleson
1899–1973; engl. Schriftstellerin.
Unter diesem PS schrieb die bekannte Krimi-Autorin sentimentale Geschichten. Ein erstaunliches PS, schließlich gab es im 19. Jhdt. den engl. Dichter George M., der in England ähnliches Ansehen genießt wie bei uns Jean Paul.

MERZ, Carl = Carl Czell
1906–1979 (Freitod); österr. Schriftsteller, Schauspieler, Kabarettist. »Traumwagen aus zweiter Hand«; »Jenseits von Gut und Krankenkasse«; »Der Herr Karl« (zusammen mit Helmut Qualtinger).

METASTASIO, Pietro = Pitro Antonio Domenico Bonaventura Trapassi
1698–1782; ital. Dramatiker. 60 Operntexte.
Sein PS kommt von dem griech. Wort »metástasis«, das »Umstellung«, »Wanderung« bedeutet.

MEYERBEER, Giacomo = Jakob Liebmann Meyer-Beer
1791–1864; dtsch. Opernkomponist. »Die Afrikanerin« u. a.
Sein PS ist im Vornamen eine Verbeugung vor Rossini, für den er arbeitete, während im Hauptnamen sein richtiger Name zusammengezogen ist.

MEYRINK, Gustav = Gustav Meyer
1868–1932; dtsch. Schriftsteller (Romane, Lyrik). »Der Golem« (Roman). Unehelicher Sohn eines württembergischen Ministers und einer bayrischen Hofschauspielerin. Inhaber eines Bankgeschäftes.
Wahrscheinlich um seine Bankkunden nicht zu verunsichern und weil der Name Meyer als Autor nicht sehr einprägsam war, wählte er für seine literarischen Arbeiten dieses PS.

MICHAËLIS, Karin = Katharina Stangeland, geb. Bech
1872–1950; dän. Schriftstellerin (Erzählungen). »Mette Trap«; »Bibi«-Kinderbuchserie.

MICHELANGELO = Michelangniolo di Ludovico di Lionardo di Buonarroti Simoni
1475–1564; ital. Maler, Bildhauer, Baumeister. Entwarf die Kuppel der Peterskirche, schuf die Davidstatue und die Fresken in der Sixtinischen Kapelle u. v. a.

MIKKELSEN, Hans = Ludvig Holberg
1684–1754; dän. Dichter und Historiker. »Die Hochzeitsstube« und weitere 20 Theaterstücke.
Der Prof. für Metaphysik und »Vater des dän. Theaters« verfaßte unter dem PS satirische Gedichte gegen Untugenden seiner Zeit, die sich in nichts von denen unserer unterschieden: Intoleranz, Bestechlichkeit, Aberglauben.

Ob Songs oder Chansons – sie weiß immer ihr Publikum zu begeistern: Die Brecht-Interpretin Milva

MILLAND, Ray = Reginald Truscott-Jones
1905; amerik. Filmschauspieler. »Das verlorene Wochenende« (Oscar 1945 als bester Darsteller); »Der Mann mit den Röntgenaugen« u. a.
Sein PS ist die Erinnerung an seine walisische Heimat: »mill-land« = Land der Mühlen.

MILVA = Maria Ilva Biolcati
1939; ital. Sängerin. Sie begann mit 16 Jahren in billigen Tanzlokalen zu singen, spezialisierte sich später auf Chansons und Spirituals sowie Lieder von Brecht. Deshalb und wegen ihrer roten Haare bekam sie den Spitznamen »die rote Milva«.
Ihr PS ist aus den beiden Vornamen zusammengezogen.

Sogar als 76jährige ging sie noch einmal auf Tournee: Die Mistinguette 1951 bei einem Auftritt in Düsseldorf

MINDSZENTY, Jozsef = Joseph Pehm
1892–1975; ung. Geistlicher. Seit 1945 Erzbischof von Esztergon und Primas von Ungarn. 1949 als Gegner des Kommunismus wegen Hochverrats zu lebenslänglicher Haft verurteilt, nach seiner Befreiung während des ung. Volksaufstandes (1956) lebte er im Asyl. 1974 wurde er vom Vatikan als Erzbischof und Primas von Ungarn abgesetzt.
Sein PS legte er sich in den 30er Jahren aus Protest gegen den Pro-Hitler-Kurs Ungarns zu. Es ist aus dem Namen seines Geburtsortes Schimindszenty gebildet.

MISES, Dr. = Gustav Theodor Fechner
1801–1887; dtsch. Naturforscher, Psychologe und Philosoph. Begründer der Psychophysik.
Neben seinen wissenschaftlichen Arbeiten veröffentlichte der Gelehrte auch humoristische Verse und ein Rätselbuch, für diese literarischen Produktionen benutzte er das akademische PS.

MISTINGUETT = Jeanne-Marie Bourgeois
1875–1956; franz. Chansonniere und Tänzerin. Füllte »Moulin Rouge« ebenso wie die »Follies Bérgéres«. Auch Filme, darunter 1909 ein handkolorierter über sie selbst.
Verständlich, daß eine Sängerin frivoler Chansons nicht »Bürgerlich« heißen durfte. Ihr PS, unter dem sie weltberühmt wurde, ist eine Zusammenziehung ihres ersten PS, mit dem sie in ihren Anfängen in Varietés auftrat: Miss Tinguett.

MISTRAL, Gabriela = Lucila Godoy de Alcayaga
1889–1957; chilenische Dichterin (hauptsächlich Lyrik). 1945 Nobelpreis für Literatur. »Spürst du meine Zärtlichkeit?«; »Tala« u. a.

MITCHELL, Guy = Al Cernick
1927; amerik. Popsänger. »Singing the Blues«.

MOCKY, Jean-Pierre = Jean Mokiejewski
1929; franz. Filmregisseur. »Die Brut der Gewalt«; »Der Albatros« u. a.

Sein PS ist aus den ersten zwei Silben seines Familiennamens gebildet.

MÖBIUS, Martin = Otto Julius Bierbaum
1865–1910; dtsch. Schriftsteller (Romane und Lyrik). *»Stilpe«* (Roman); *»Prinz Kuckuck«* (Roman); *»Neue Früchte vom Bierbaum«* (Lyrik).
Unter dem PS veröffentlichte er sarkastische »Steckbriefe hinter dreißig Autoren, literarischen Übeltätern gemeingefährlicher Natur«.

MOLIÈRE = Jean Baptiste Poquelin
1622–1673; franz. Komödiendichter und Schauspieler. »Der Geizige«; »Der eingebildete Kranke«; »Tartuffe« u. a.
Sein PS verwendete er ab 1643. Bis heute konnte der Hintersinn von M. nicht entschlüsselt werden.

MOLITOR, Jan = Josef Müller-Marein
1907; dtsch. Schriftsteller und Publizist. *»Der Entenprozeß«* (Roman); *»Die Bürger und ihr General«* (Roman); *»Deutschland im Jahre I.«* (Bestandsaufnahme).
Sein PS ist das lateinische Wort für »Veranstalter«. Er benutzte es für TV-Kritiken und Glossen in der Wochenzeitschrift »Die Zeit«.

MOLNAR, Vera = Vera Kmet
1923; österr. Filmschauspielerin.

Sie ist längst schon zur Kultfigur geworden: Marilyn Monroe – hier in »Das verflixte siebente Jahr« von 1955

»Gabriela«; »Der bunte Traum«; »Die dritte von rechts«.
Der Regisseur Geza v. Cziffra gab ihr diesen Künstlernamen, der seit dem Schriftsteller Franz Molnar unter Schauspielern beliebt ist. In den 20er Jahren gab es bereits eine Soubrette mit gleichem PS!

MOLOTOW, Wjatscheslaw Michailowitsch = W. M. Skrjabin
1890; sowj. Politiker. Einer der engsten Mitarbeiter Stalins. 1957 aller Führungsämter enthoben. 1984 wieder in die KPdSU aufgenommen.
Sein PS ist ein typischer symbolischer Bolschewiken-Name. Er bedeutet »Hammer«.

MONROE, Marilyn = Norma Jean Baker (oder: Mortenson)

Beherrschendes Thema der Bücher Alberto Moravias ist der Zerfall der bürgerlichen Gesellschaft

1926–1962; amerik. Schauspielerin, Sex-Idol der 50er Jahre. »Blondinen bevorzugt«; »Das verflixte siebente Jahr«; »Manche mögen's heiß« u. a.
Ihr PS erhielt sie von einem Talentsucher der 20th Century Fox, der ihr auch eine erste Rolle verschaffte, in der sie ein Wort zu sprechen hatte: »Hello«; in ihrem zweiten Film »Asphaltdschungel« durfte sie wenigstens im Hintergrund zur Musicbox tanzen.

MONTAND, Ives = Ivo Livi
1921; franz. Filmschauspieler und Chansonnier, geb. in Italien. Zu Beginn seiner Karriere trat er in Pariser Varietés auf und wurde von Edith Piaf gefördert. Filme: »Lohn der Angst«; »Z«; »Der Krieg ist aus« u. a.
Sein PS stammt von dem Ruf seiner Mutter, mit dem sie ihn zum Essen von der Straße rief: »Ivo, monta!« (»Ivo, komm rauf!«)

MONTEZ, Lola = Maria Dolores Eliza Rosanna Gilbert
1818–1861; Tänzerin. Tochter eines schott. Offiziers und einer Kreolin. Geliebte Ludwigs I. von Bayern.
Ihr PS heißt auf französisch »Steig auf!«

MOOR, Ernestine = Erna Morkepütz-Roos
1924; dtsch. Schriftstellerin (Romane). »Das Papierschiff« u. a.
Für die Änderung des Familiennamens hat man Verständnis, warum im PS aber aus »Erna« das altmodische »Ernestine« werden mußte, bleibt ein Geheimnis der Autorin.

MORAVIA, Alberto = Alberto Pinkerle (auch: Picherle)
1907; ital. Schriftsteller. Seine Romane beschreiben die Monotonie einer brüchigen bürgerlichen Welt. Der bekannteste: »La noia« (»Die Nacht«).
Daß der aus einer mährischen Familie stammende, deutschsprechende Schriftsteller sich ein PS zulegte, ist verständlich, besonders für deutschsprachige Leser. Sein PS kommt von »Morava« (tschech. Name des Flusses March in Mähren).

MORÉAS, Jean = Joannis Papadiamantópoulos

1856–1910; franz. Schriftsteller griech. Herkunft (Romane, Dramen, Lyrik). »Iphigenie auf Aulis« (Drama); Gedichtbände.
Sein PS ist das griech. Wort für »Maulbeerbaum«, das als Synonym für den Peloponnes gebraucht wurde, als dort Maulbeerbäume für die byzantinische Seidenindustrie angepflanzt worden waren.

MORENO, Rita = Rosita Dolores Alverio
1931; amerik. Filmschauspielerin und Tänzerin aus Puerto Rico. »Singing in the rain«; »Der König und ich«.

MORGAN, Michèle = Simone Roussel
1920; franz. Filmschauspielerin. »Hafen im Nebel«; »Der Tag beginnt« (beide mit Jean Gabin); »Menschen im Hotel« u. a.

MORLOCK, Martin = Dr. Günther Goercke
1918–1983; dtsch. Schriftsteller, Kabarettist, Satiriker und Fernsehkritiker.

MORNARD-VANDENDRESCHD, Jacques >JACSON, Frank< = Ramón des Rio Mercader
1914–1978; span. kommunistischer Geheimagent.
Der spätere Mörder Trotzkis (1940) arbeitete unter diesem Namen als Geheimagent in Frankreich und Belgien. Einen Mann dieses Namens gab es wirklich.

Sein Kennzeichen war das Nuscheln: Hans Moser. Hier der österr. Komiker in »Jetzt schlägt's 13« von 1950

MORREN, Theophil >LEVIS< >LORIS< >MELIKOW< = Hugo von Hofmannsthal
1874–1929; österr. Schriftsteller. *»Rosenkavalier«*; *»Jedermann«*.
PS-Erklärung: s. >*LEVIS*<.

MOSER, Hans = Johann Julier
1880–1964; österr. Theater- und Filmschauspieler. War zunächst als Komiker bei Max Reinhardt in Berlin tätig. Er war das nuschelnde Original (»mosern«) in vielen Filmen. »Das Ekel«; »Opernball«; »Hallo, Dienstmann«; »Herrn Josefs letzte Liebe« u. v. a.
Sein PS wählte er nach seinem Schauspiellehrer, dem Burgschauspieler Joseph M., mit dem er weitläufig verwandt war.

MOSTAR, Gerhart Herrmann = Gerhard Herrmann
1901–1973; dtsch. Schriftsteller. »Und schenke uns allen ein fröhliches Herz«; »Weltgeschichte höchst privat«; »Liebe, Klatsch und Weltgeschichte«; »Im Namen des Gesetzes«.
Sein PS nach der jugosl. Stadt Mostar stammt aus der Zeit seiner Wanderjahre quer durch den Balkan.

MÜNCHHAUSEN, Karl Friedrich Hieronymus Freiherr von = Rudolf Erich Raspe
1720–1797; dtsch. Altertums- und Naturforscher.
Unter dem Namen des als großer Geschichtenerzähler bekannten Freiherrn hat der nach England geflüchtete Kasseler Prof. R. erste Lügengeschichten in engl. Sprache veröffentlicht, die dann Gottfried August Bürger in Deutsch übersetzte. So wurde ein echter Name zum literarischen PS.

MUHAMMED, Ali = Cassius Marcellus Clay
1942; amerik. Boxweltmeister im Schwergewicht. Spitzname: »Großmaul«. Nach seiner Kriegsdienstverweigerung (1967) wurde ihm der Titel aberkannt. 1979 gab er den Titel kampflos ab. Politisch engagiert er sich in der Black-Muslim-Bewegung.
Sein PS legte er sich zu, als er zum Islam übertrat.

MULTATULI = Eduard Douwes Dekker
1820–1887; holl. Schriftsteller (Romane). »Max Havelaar oder Die Kaffeeversteigerungen der niederländischen Handelsgesellschaft«; »Die Abenteuer des kleinen Walther« u. a.
Lebte lange als Staatsbeamter in Niederländisch-Indien (Batavia) und übte in seinen Romanen Kritik an der Kolonialverwaltung. Sein PS ist ein Wort aus der Eingeborenensprache.

MUNI, Paul = Meshulom Muni Weisenfreund
1895–1967; amerik. Filmschauspieler poln. Herkunft. »Sieben Gesichter«; »Ich bin ein entflohener Kettensträfling« (Oscar-Nominierung 1932); »Black Fury« u. a. Er erhielt als bester Darsteller für die Titelrolle in »Das Leben von Louis Pasteur« 1936 den Oscar.
Sein PS ist aus seinem poln.-jüd. Namen abgeleitet.

MUNK, Christian >FOERSTER, Eberhard< = Günther Weisenborn
1902–1969; dtsch. Schriftsteller, Dramaturg. *»U-Boot S 4«; »Die spanische Hochzeit«; »Das Mädchen von Fanö«* (Drehbuch); *»Die Dreigroschenoper«* (Drehbuch).
Als er Schreibverbot bei den Nationalsozialisten hatte, veröffentlichte er kleinere Arbeiten unter diesem PS, das er auch zur persönlichen Tarnung benutzte.

MUNK, Georg = Paula Buber, geb. Winkler
1877–1958; dtsch. Schriftstellerin

(Romane und Erzählungen). »Am lebendigen Wasser«; »Die Gäste«; »Geister und Menschen«.
Hinter diesem männlichen PS versteckte sich die Ehefrau des jüd. Religionsphilosophen Martin Buber.

MUNK, Kaj = Harald Leininger (Adoptivname), Harald Petersen (Geburtsname)
1898–1944 (von Gestapo erschossen); dän. Schriftsteller, Pfarrer. Half vielen deutschen Emigranten, u. a. Bert Brecht.

MUNKEPUNKE = Alfred Richard Meyer
1882–1956; dtsch. Schriftsteller und Verleger.
Dieses PS ist eine eigene Wortschöpfung, in der »munkeln« ebenso hineinspielt wie »Punkt«. Der Verleger veröffentlichte darunter seine literarischen Arbeiten (meist Feuilletons).

MURNAU, Friedrich Wilhelm = F. W. Plumpe
1888–1931 (Autounfall); dtsch. Stummfilmregisseur. »Nosferatu«; »Der letzte Mann«; »Faust«; »Sunrise« (»Sonnenaufgang«).
Verständlich, daß ein so empfindsamer Künstler sich einen anderen Namen zulegte. Gefragt, ob sein PS der Name seines Geburtsorts sei, antwortete er: »Dann müßte ich Friedrich Wilhelm Bielefeld heißen.«

MURON, Johannes = Gustav Keckeis
1884–1967; Schweizer Schriftsteller (Romane und Erzählungen). »Von jungen Menschen«; »Fedor«; »Die fremde Zeit«. Hrsg. des Großen Herder und Schweizer Lexikon.

MYNONA = Salomo Friedländer
1871–1946; dtsch. Schriftsteller seriöser, philosophischer Werke. Für seine Grotesken benutzte er das PS, das rückwärts gelesen nichts anderes als »Anonym« bedeutet.

MYSTIFIZINSKY >ALLEGORIOWITSCH< >SCHARTENMEIER, Philipp Ulrich< = Friedrich Theodor Vischer
1807–1887; dtsch. Schriftsteller, Ästhetiker, liberaler Politiker. Bekanntestes Werk: *»Auch einer«*.
Dieses PS benutzte er für sein satirisches Buch »Faust III«, in dem er die philologischen Deuteleien bei Goethes »Faust« lächerlich machte.

N

NADAR, Gaspar Félix = Gaspar Félix Tournachon
1820–1910; franz. Photograph und Illustrator. Suchte die Photographie zu einer Kunstgattung zu erheben.

NASH, N. Richard = Nathan Richard Nusbaum
1916; amerik. Dramatiker. »Der Regenmacher« u. a. Sein wirklicher Name war den Amerikanern denn doch zu deutsch.

NASIER, Alcofribas = François Rabelais
1495–1553; franz. Satiriker.
Unter diesem PS (ein Anagramm seines Namens) veröffentlichte R. sein erstes Buch über die Abenteuer des Riesen Garagantua. 5 Bücher von Garagantua und Pantagruel folgten unter seinem Namen.

NEBEL, Caspar >HAGEL, Jan< = Peter Orthofer
1940; dtsch. Schriftsteller, lebt in Österreich (Fernsehen, Rundfunk, Kabarett).
Die Vorliebe des Autors für PS aus dem Wetterbericht ist unverkennbar.

NEERA = Anna Radius Zaccari
1846–1918; ital. Schriftstellerin und Lyrikerin. »Einsame Seele«; »Das schweigende Haus«.

NEFF, Hildegard = Hildegard Knef
1925; dtsch. Filmschauspielerin und Chansonsängerin. *»Die Mörder sind unter uns«; »Die Sünderin«; »Die Dreigroschenoper«, »Schnee am Kilimandscharo.«*
Als sie nach Hollywood engagiert wurde, änderte sie ihren Namen in dieses PS, um ihn für amerikanische Zungen mundgerechter zu machen.

NEGRI, Pola = Barbara Apolonia Chalupec
1897; poln. Filmschauspielerin.

Diese Bildnisbüste aus Marmor zeigt den römischen Kaiser Nero, der im Jahre 68 n. Chr. Selbstmord beging

Wurde von Lubitsch für den deutschen Film entdeckt. Spielte meist Vamp-Rollen. Ging nach Hollywood.
Ihr PS verdankt sie ebenfalls Lubitsch, der erklärte: »'ne Polin is' sie, schwarzhaarig is' sie, also heeßt sie Pola Negri.«

NENA = Gabriele Kerner
1960; dtsch. Pop- und Schlagersängerin der »Neuen Deutschen Welle«.
Hits: »99 Luftballons«; »Nur geträumt . . .«

NERINA, Nadia = Nadine Judd
1927; südafrikanische Ballettänzerin.
Wie so oft bei Ballettänzerinnen ist auch ihr PS eine Vortäuschung russ. Herkunft.

NERO, Claudius Drusus Germanicus Caesar = Lucius Domitius Ahenobarbus
37–68 (Selbstmord); römischer Kaiser (seit 54). Unter seiner Regierung erste systematische Christenverfolgung wegen des ihnen zur Last gelegten Brands von Rom. Jedoch kam schon damals der Verdacht auf, Nero selbst sei für den Brand verantwortlich gewesen.
Sein PS wird oft fälschlich als »schwarz« gedeutet, es heißt jedoch »stark, kriegerisch«.

NERO, Franco = Franco Sparanero
1942; ital. Filmschauspieler. »Django«; »Camelot« und viele »Spaghetti-Western«.
Das PS klingt erfunden, dabei ist es aus seinem richtigen Namen abgeleitet.

NERUDA, Pablo = Neftali Ricardo do Reyes-Basoalto
1904–1973; chilenischer Lyriker. Gilt als der bedeutendste Lyriker Lateinamerikas des 20. Jhdt.s. »Aufenthalt auf Erden«; »Elementare Oden«; »Glanz und Tod des Joaquin Murieta« u. a. 1971 erhielt er den Nobelpreis für Literatur.
Sein PS wählte er aus Verehrung zu dem tschech. Lyriker Jan N.

NERVAL, Gérard de = Gérard de Labrunie
1808–1855 (Selbstmord); franz. Schriftsteller (Romantiker). »Töchter der Flamme« (Erzäh-

lung); »Aurelia oder Der Traum und das Leben« (Roman). Übersetzer des »Faust« von Goethe.

NEUMANN, Isidor = Isidor Edler von Heilwart
1837–1906; österr. Dermatologe. Eines der wenigen PS unter Medizinern. Warum er sich verbürgerlichte, ist nicht mehr festzustellen.

NEUNER, Robert >BÜRGER, Berthold< >KURTZ, Melchior< = Erich Kästner
1899–1974; *»Fabian«, »Drei Männer im Schnee«, »Notabene«* (Kinderbücher).
Unter diesem PS schrieb K. viele seiner Kabarett-Texte.

NILSSON = Hary Edward Nelson, III.
1941; amerik. Popmusiker. »Without you«.
Sein PS ist eine Abwandlung seines Familiennamens.

NIKOLAI, Boris >BEKKER, Jens< >DOERNER, Stefan< >KONSALIK, Heinz Günther< >PAHLEN, Henry< = Heinz Günther
1921; dtsch. Schriftsteller; s. *>BEKKER, Jens<*.

NKRUMAH, Kwame = Francis Nwia-Kofi
1909–1972; ghanaischer Politiker. Er gilt als geistiger Vater des Panafrikanismus. Von 1960 bis 1972 Staatspräsident der Republik Ghana.

Emil Nolde, Mitglied der Künstlervereinigung »Die Brücke«, gilt als Wegweiser des dtsch. Expressionismus

NOËL-NOËL = Lucien Noël
1897 (n. a. A. 1898); franz. Filmkomiker. »Der Nachtigallenkäfig«.
Er verdoppelte für sein PS seinen Familiennamen, der »Weihnachten« bedeutet.

NOIR, Jean = Jean Cassou
1897; franz. Schriftsteller und Literaturkritiker.
Gehörte zur Résistance; während dieser Zeit schrieb er Gedichte, die heute noch Bestand haben; er veröffentlichte sie unter seinem Résistance-Decknamen, der dtsch. »schwarz« bedeutet.

NOLDE, Emil = Emil Hansen
1867–1956; dtsch. Maler und Graphiker. Hauptvertreter der deutschen expressionistischen

Kunst. Während des NS-Regimes wurden seine Bilder als »entartet« bezeichnet, er erhielt Malverbot. Er malte trotzdem und schuf ca. 1300 Aquarelle, die sog. »ungemalten Bilder«.
Sein PS ist der Name seines Geburtsortes in Südtondern.

NOON, Jeremiah = John Calvin
1829–1871; engl. Boxer.
Warum sich ein Boxer »Jeremias Mittag« nennt, wird wohl für immer sein Geheimnis bleiben.

NORDAU, Max Simon = Max Simon Südfeld
1849–1923; ung. Schriftsteller und Arzt. Einer der Gründer des Zionismus.
Für sein PS wählte er die Himmelsrichtung, die der in seinem Familiennamen entgegengesetzt ist.

NORDEN, Charles = Lawrence Durrell
1912; engl. Schriftsteller (Romane, Dramen). *»Alexandria Quartett«* (Romantetralogie).
Für einige seiner Reiseberichte benutzte er das PS.

NOSTRADAMUS = Michel de Notre-Dame
1503–1566; franz. Astrologe und Leibarzt König Karls IX. Seine Prophezeihungen vom Untergang des Papsttums brachten ihm einen Platz auf dem Index der verbotenen Bücher.

NOVALIS = Freiherr Friedrich von Hardenberg
1772–1801; dtsch. Dichter der Frühromantik. Die »blaue Blume«, die zu suchen sein Romanheld Heinrich v. Offterdingen auszieht, wurde Symbol für die dtsch. Romantik. »Hymnen an die Nacht«.
Sein PS kommt aus dem Lateinischen und heißt »Brachfeld, Akker«.

NOVARRO, Ramon = José Ramón Gil Samaniegos
1899–1968 (ermordet); amerik. Filmschauspieler mexik. Herkunft. Begann als Tänzer. »Ben Hur«; »Alt-Heidelberg«; »Mata Hari« (mit Greta Garbo). Er war der Prototyp des glutäugigen »Latin Lover«, ohne den Hollywood seitdem nicht mehr auskommt.

O

OBERON, Merle = Estelle Merle O'Brien-Thompson
1911–1979; engl. Filmschauspielerin, geb. in Indien. »Hexentanz«; »Das Privatleben Heinrichs VIII.«; »Der Löwe hat Flügel« u. v. a.
Ihr PS wurde ihr von Alexander Korda verliehen, der sie entdeckte und heiratete. O. ist der Gemahl der Feenkönigin Titania (in der Sage und in Shakespeares »Sommernachtstraum«).

O'CASEY, Sean = John Casey
1880–1964; irischer Dramatiker. »Der Rebell, der keiner war«; »Juno und der Pfau«; »Trommeln unter dem Fenster« u. a.
Durch sein PS wollte er seine irische Herkunft betonen.

O'CONNOR, Frank = Michael O'Donnovan
1903–1966; irischer Schriftsteller (Romane). »Die Reise nach Dublin«; 120 Kurzgeschichten.

ODE, Erik = Erich Odemar
1910–1983; dtsch. Theater- und Filmschauspieler. Wurde in seinem letzten Lebensabschnitt als »Kommissar« in der gleichnamigen Fernsehserie bekannt.
Sein PS wählte er, um sich von seinem Vater Fritz Odemar, der ebenfalls Schauspieler war, zu unterscheiden.

OFARIM, Esther = Esther Zaied
1941; israel. Sängerin. Anfangs zusammen mit ihrem Ehemann Abi Ofarim auf Tourneen durch die USA und Europa. Nach der Scheidung tritt sie als Chansonniere und Interpretin anspruchsvoller Lieder unter ihrem PS auf.

OFFENBACH, Jacques = Jakob Eberst
1819–1880; franz. Komponist (Opern). »Orpheus in der Unterwelt«; »Die schöne Helena«; »Hoffmanns Erzählungen« u. a.

Dieses PS hatte schon sein Vater angenommen. Es ist der Name seiner Geburtsstadt. Jacques ist in Köln geboren.

OGILVY, Gavin = James Matthew Barrie
1860–1937; schott.-engl. Romanautor und Dramatiker. Weltruhm erreichte er mit seinem Märchenstück *»Peter Pan, der Junge, der nicht groß werden will«*, das er 1904 unter seinem richtigen Namen herausbrachte.
Seine Mutter hieß Margaret Ogilvy, über die er eine Biographie verfaßte. Eine Zeitlang nannte er sich nach ihr und veröffentlichte literarische Arbeiten unter ihrem Namen.

O'HARA, Mary = Mary Alsop Sture-Vasa
1885–1980; amerik. Schriftstellerin, Kinder- und Tiererzählungen. »Mein Freund Flicka«; »Sturmwind, Flickas Sohn«; »Grünes Gras der Weide«.
Ihr PS soll von der Hauptfigur aus »Vom Winde verweht«, Scarlett O'Hara, hergeleitet sein.

O'HARA, Maureen = Maureen Fitzsimmons
1920; irische Filmschauspielerin in den USA. »Der Glöckner von Notre-Dame«; »So grün war mein Tal«; »Der schwarze Schwan«
Ihr PS wurde nach der Heldin des Romans »Vom Winde verweht«, Scarlett O'Hara, gebildet, da sie ihr vom Typ – rote Haare, grüne Augen – ähnelte.

OKEN, Lorenz = Lorenz Ockenfuß
1779–1851; dtsch. Naturforscher und Philosoph. »Lehrbuch der Naturphilosophie«; »Allgemeine Naturgeschichte für alle Stände«.

OLIVER = William Oliver Swofford
1945; amerik. Popmusiker. Sein Hit: »Jean«. Ein-Wort-PS waren eine Zeitlang unter Popmusikern Mode.

OLIVER, George = Oliver Onions
1873–1961; engl. Schriftsteller. *»Der neue Mond«; »Das gemalte Gesicht«; »Offenes Geheimnis«.*
Ein ungewöhnlicher Fall! O. schrieb seine Bücher unter seinem richtigen Namen und wählte erst Anfang der 50er Jahre sein PS. Bis dahin hatte es ihn offenbar nicht gestört, daß er »Oliver Zwiebeln« hieß.

ONDRA, Anny = Anna Sophie Ondraková
1903; dtsch. Filmschauspielerin, geb in Polen. Verh. mit Max Schmeling. »Blackmail« (Hitchcock); »Der Gasmann« (mit Rühmann); »Schön muß man sein« (letzter Film, 1951).
Ihr PS sind die ersten fünf Buchstaben ihres Familiennamens.

OPHÜLS, Max = Maximilian Oppenheimer
1902–1957; dtsch. Theater- und Filmregisseur. Mußte emigrieren. Arbeitete in Frankreich und den

USA. »Liebelei«; »Briefe einer Unbekannten«; »Der Reigen«; »Lola Montez«.
Sein Sohn Marcel Ophüls, ebenfalls Filmregisseur, hat das PS übernommen.

ORWELL, George = Eric Arthur Blair
1903–1950; engl. Schriftsteller (Romane, Essays). »Die Farm der Tiere«; »1984« (Romane).
Wählte sein PS erst mit 30 Jahren, um dadurch mit seiner vertändelten Jugend zu brechen. Bereits seine erste Veröffentlichung, eine Essaysammlung, erschien unter »G. O.«. Dieses PS hatte bereits im 19. Jhdt. der schott. Dichter Walter Chalmers Smith benutzt.

George Orwells viel gelesener Roman »1984« sollte ursprünglich »Der letzte Mensch von Europa« heißen

OSCEOLA >ANDRÉZEL, Pierre< >BLIXEN, Tania< >DINESEN, Isac< = Baronesse Karen Christence Blixen-Finecke
1885–1962; dän. Schriftstellerin (Romane), lebte seit 1913 in Kenia.
Das seltsamste ihrer vielen PS, Osceola, war der Name eines Indianerhäuptlings, Anführer des Aufstands 1835 in Florida. Er starb 1838 in Gefangenschaft.

OSSIAN = James Maxpherson
1736–1796; schott. Schriftsteller (Lyriker). Ganz Europa war von diesem »nordischen Homer« und seinen Versen begeistert. In Deutschland war Herder von dieser »Urdichtung« überwältigt, von dem auch Goethes Werther schwärmt.
Das PS ist der Name eines altkeltischen Volksdichters aus dem 3. Jhdt. n. Chr., Sohn König Fingals von Morven. Ihm dichtete er die Verse an.

OSSIANDER, Andreas = Andreas Hosemann
1498–1552; dtsch. Theologe. Nahm auf seiten Luthers an den meisten Religionsgesprächen teil und erarbeitete die Kirchenordnung von Brandenburg. Schrieb ein Buch über den Weltuntergang.

OSTERWALD, Hazy = Rolf E. Osterwalder
1922; Schweizer Multiinstrumentalist und Bandleader. 1949 Gründung des H.-O.-Sextetts, mit dem er 1970 auf Welttournee ging.

In seinem PS steckt eine Anspielung auf den »Oster(wald)-Hazy«.

OSWALD, Richard = Richard Ornstein
1880–1963; österr. Filmregisseur und Produzent. Produzierte und inszenierte ca. 150 Filme. »Das Tagebuch einer Verlorenen«; »Der Reigen« (Stummfilme); »Alraune« (Tonfilm); »Der Hauptmann von Köpenick« (Tonfilm mit Max Adalbert).
PS nach dem zweiten Familiennamen seiner Frau, der Schauspielerin Käte Waldeck-Oswald.

OSWALDA, Ossi = Oswalda Stäglich
1898–1947; dtsch. Filmschauspielerin (Stummfilmzeit). »Die Austernprinzessin«; »Prinz Sami«; »Die Puppe«.
Sie begann als Komparsin, ließ sich gern von modernen Produzenten entdecken und machte eine Traumkarriere.
Bei ihrem PS wurde der Vorname zum Hauptnamen gemacht.

OWLGLASS, Dr. >RATATÖSKR< = Dr. Hans Erich Blaich
1873–1945; dtsch. Arzt, der unter dem PS über 1400 bissige Gedichte im »Simplicissimus« veröffentlichte.
Das PS ist das engl. Wort für »Eulenspiegel«.

P

PAGE, Patti = Clara Ann Fowler
1927; amerik. Popsängerin. »Allegheny Moon«.

PAHLEN, Henry >BEKKER, Jens< >DOERNER, Stefan< >KONSALIK, Heinz Günther< >NIKOLAI, Boris< = Heinz Günther
1921; dtsch Schriftsteller; s. *>BEKKER, Jens<*.

PALANCE, Jack = Vladimir (oder: Walter) Palanuik
1919; amerik. Filmschauspieler russ. Herkunft. Zahlreiche »Schurkenrollen« in Filmen wie »Unter Geheimbefehl«, »Hollywood-Story«; »Ardennen 1944«.

PALLADIO, Andrea = Andrea di Pietro-Monaro
1508–1580; ital. Architekt, dessen Lehrbücher die exakteste Darstellung der antiken Baukunst enthalten.
Sein PS ist von »palladium« (griech.: »palladion«) abgeleitet. Darunter verstand die Antike ein Kultbild von Pallas. Athene, dessen Besitz Schutz verlieh und den Bestand einer Stadt garantierte.

PALMER, Lilli = Lillie Marie Peiser
1914–1986; dtsch. Theater- und Filmschauspielerin. »Das Himmelbett«; »Teufel in Seide«; »Lotte in Weimar« u. a. 1974 Autobiographie: »Dicke Lilli, gutes Kind«.

PANTER, Peter >HAUSER, Kaspar< >TIGER, Theobald< >WROBEL, Ignaz< = Kurt Tucholsky
1890–1935 (Freitod); dtsch. Schriftsteller und Journalist.
Eines seiner 4 PS. Zusammen mit Walter Hasenclever schrieb er unter diesem PS das Theaterstück »Christoph Kolumbus oder Die Entdeckung Amerikas«.

PAOLA = Paola del Medico
1950; Schweizer Schlagersängerin ital. Herkunft. Moderiert zusammen mit ihrem Ehemann Kurt Felix die Fernsehshow »Verstehen Sie Spaß?«
Für ihr PS genügte ihr der Vorname, zumal der Familienname sehr medizinisch klingt.

PAPENTRIGK, Benno = Anton Kippenberg
1874–1950; dtsch. Verlagsleiter (Insel-Verlag). Besaß die größte private Goethe-Sammlung. Außerdem Verfasser von guten Schüttelreimen.
Sie veröffentlichte er unter dem PS, das eine durch »Schütteln« erreichte neue Zusammensetzung der Buchstaben seines richtigen Namens war.

PARACELSUS, Philippus Aureolus Theophrastus = Theophrastus Bombastus von Hohenheim
1493–1541; Schweizer Arzt, Naturforscher und Philosoph.
Sein PS legte er sich zu, weil er sich für besser und klüger hielt als der römische antike Physiker Celsus. Deshalb »para« (»darüber hinaus«) Celsus.

PARETTI, Sandra = Irmgard Schneeberger
1935; dtsch. Schriftstellerin und Journalistin. »Rose und Schwert«; »Purpur und Diamant«; »Paradiesmann«.
Ihr PS geht auf ein Gemälde aus dem 18. Jhdt. zurück, das zwei Frauen einer Familiennebenlinie zeigt, eine der beiden hieß Sandra Paretti.

PARKER, Dorothy = Dorothy Rothschild
1893–1967; amerik. Schriftstellerin und Journalistin (Kurzgeschichten und Gedichte).

PARLEY, Peter = Samuel Griswold Goodrich
1793–1860; amerik. Buchhändler und Autor von Kindermärchen.
Das PS wurde ihm vom Verlag »geliehen«, d. h., nach seinem Tode blieb es beim Verlag, so daß weitere Autoren bis 1956 unter diesem PS Kinderbücher schreiben konnten.

PARLO, Dita = Gerthe Kornstadt
1906–1972; dtsch. Filmschauspielerin. »Die Dame mit der Maske«; »Ungarische Rhapsodie«; »Heimkehr« u. a.
Eine hübsche Idee, an der Schwelle zum Tonfilm einen Filmstar »Parlo« (»Ich spreche«) zu nennen.

PARMAIN, Martine = Martine Hemmerdinger
1942; franz. Ballettänzerin.
Ein PS, für das man bei einer Ballettänzerin mit derart holperndem Familiennamen Verständnis hat.

PARSONS, Louella O. = Louella Oettinger
1880–1972; amerik. Filmschauspielerin und Klatschkolumnistin.
Bereits als Filmkritikerin schrieb

sie unter diesem PS, das übrigens der Plural von »Geistlicher« ist.

PASCAL, Jean-Claude = Chevalier de Villemont
1927; franz. Filmschauspieler und Sänger. »Das große Spiel«; »Mohn ist auch eine Blume«; »Unbezähmbare Angélique« u. a.
Es war der Wohlklang, nicht der Respekt vor dem gleichnamigen franz. Philosophen, der zur Wahl dieses PS führte.

PASCIN, Jules = Julius Pinkas
1885–1930 (Freitod); franz. Maler, geb. in Bulgarien. Mitarbeiter des »Simplicissimus«. Seine Bilder verherrlichten den weiblichen Akt.
Ein PS, das durch die Vertauschung von Buchstaben seines Familiennamens entstand.

PATRICK, John = John Patrick Goggan
1905; amerik. Schriftsteller (Dramen). »Das kleine Teehaus« (Pulitzerpreis); »Eine etwas sonderbare Dame«; »Das heiße Herz« u. a.

PAULUS = Saulus
ca. 10 n. Chr.–ca. 65 n. Chr.; römischer Bürger jüd. Herkunft. Erst Christenverfolger, dann christlicher Heidenapostel. Die einzigen Zeugnisse sind seine Briefe an die frühchristlichen Gemeinden.
Die Legende will, daß er seinen Namen Saulus in Paulus änderte, nachdem ihm Jesus erschienen war (Damaskus-Erlebnis). Richtig ist, daß er immer neben seinem hebräischen Namen Saulus auch den römischen Namen Paulus führte.

PELÉ = Edson Arantes do Nascimento
1940; brasil. Fußballspieler.
Über sein PS sagte er: »Es bedeutet in keiner Sprache irgend etwas, aber es ist in jeder Sprache leicht auszusprechen.«

PELLEGRIN = Friedrich Baron de la Motte Fouqué
1777–1843; dtsch. Schriftsteller der Romantik (*»Undine«*), der den mittelalterlichen Ritterroman wiederbelebte.
Seine frühen Gedichte erschienen unter diesem PS, das »Pilger« heißt.

PERGOLESI, Giovanni Battista = Giovanni Battista Draghi
1710–1736; ital. Komponist (zahlreiche Opern und geistliche Musik).

PERIER, François = François Gabriel Pilu
1919; franz. Theater- und Filmschauspieler. »Hotel du Nord«; »Schweigen ist Gold«; »Orphee« u. a.

PERUGINO, Pietro = Pietro di Christoforo Vanucci
1446–1524; ital. Maler (viele Fresken in Kirchen).
Sein PS erhielt er, weil er lange Zeit in Perugia arbeitete.

Edith Piaf war nicht nur »Der Spatz von Paris«, sondern sie wurde auch »Tragödin des Chansons« genannt

PESELLINO = Francesco di Stefano
1422–1457; ital. Maler.
Sein PS bedeutet »kleine Erbse«. Er wurde so genannt, weil sein Großvater, der auch sein Lehrer war, »Pesello« (»Erbse«) gerufen wurde.

PHILALETES = König Johann von Sachsen
1854–1873.
Unter diesem PS widmete sich Johann von Sachsen der Dante-Forschung und übersetzte die »Göttliche Komödie«. Das PS ist griech. und bedeutet »Wahrheitsfreund«.

PHILIPE, Gérard = Gérard Philip
1922–1959; franz. Theater- und Filmschauspieler. »Fanfan, der Husar«; »Das große Manöver«; »Teufel im Leib«.
Das bescheidene PS eines großen Schauspielers.

PHILIPP, Gunther = Dr. med. Günther Placheta
1918; österr. Theater- und Filmschauspieler, Kabarettist, Nervenarzt. Partner von Peter Alexander in vielen Filmen.

PHILLIPS, Sydney >KESTNER, René< >TURNER, Georg< = Hans José Rehfisch
1891–1960; s. > *Kestner, René*<.

PIAF, Edith = Edith Giovanna Gassion
1915–1963; franz. Chansonsängerin. Begann als Straßensängerin und wurde später auch außerhalb Frankreichs als »Spatz von Paris« gefeiert.
Ihr PS bedeutet im Pariser Jargon »Spatz« und wurde ihr von einem Nachtclubbesitzer verliehen.

PICKFORD, Mary = Gladys Mary Smith
1893–1979; amerik. Filmschauspielerin und Produzentin. »Der kleine Lord«; »Der Geigenmacher von Cremona«; »Coquette« (Oscar 1928/29 als beste Darstellerin).
Ihr Agent David Belasco tauschte bereits 1907 ihren Allerweltsnamen gegen das PS.

PILNJAK, Boris = B. Andrejewitsch Wogau
1894–1937 (in politischer Haft);

russ. Schriftsteller (Romane, Erzählungen). »Maschinen und Wölfe«; »Die Wolga fällt ins Kaspische Meer«.
Der Sohn eines Wolgadeutschen und einer Russin wählte einen russ. Namen als PS aus nationalen Gründen. Von der Partei verstoßen, erst 1957 rehabilitiert.

PINDAR, Paul = John Yonge Akerman
1806–1873; engl. Altertumsforscher.
Ein zunftgemäßes PS. Pindar war ein griech. Lyriker um 500 v. Chr.

PIRAT, Fritz = Geza v. Cziffra
1900; dtsch. Schriftsteller und Filmregisseur ung. Herkunft.
Unter diesem PS schrieb er Beiträge für die »Weltbühne«.

PLAUEN, O. E. = Erich Ohser
1903–1944 (Selbstmord wegen politischer Verfolgung); dtsch. Zeichner und Illustrator. Erfinder von »Vater und Sohn«.
Wählte das PS nach dem Ort Plauen (Vogtland), in dem er seine Jugend verbrachte.

PLIVIER, Theodor = Theodor Plievier
1892–1955; dtsch. Schriftsteller (Romane). »Der Kaiser ging, die Generäle blieben«; »Stalingrad«; »Moskau«.
Schrieb anfangs unter seinem richtigen Namen, erst nach 1945 ließ er das e weg. Die Gründe dafür sind nicht zu ermitteln.

POE, Edgar Allan = Edgar Poe
1809–1849; amerik. Schriftsteller. Seine Lyrik beeinflußte Mallarmé, seine Abenteuerromane Jack London, seine Kriminalgeschichten ganze Generationen von Krimi-Autoren.
Nur wenige wissen, daß A. kein zweiter Vorname ist, sondern der Familienname eines Mannes, der ihn anfangs protegierte. Da es zu Poes Technik gehörte, Romane als Tatsachenberichte auszugeben und in Ichform zu erzählen, sind, literarisch gesehen, folgende Namen außerdem PS von ihm: Gordon Pym, Julius Rodman.

POLDER, Markus >RITTER, Felix< = James Krüss
1926; dtsch. Schriftsteller. Seine Kinder- und Jugendbücher – mehr als 20 – schrieb er unter seinem richtigen Namen. *»Mein Urgroßvater und ich«; »3* x *3 an einem Tag«.*
Seine PS benutzte er für Hörspiele, Gedichte und Schlagertexte.

POLIZIANO, Angelo = Angelo Ambrogini
1454–1494; ital. Dichter und Philologe. Schrieb mit »La fabula d'Orfeo« das erste weltliche ital. Drama.
Sein PS ist aus seinem Geburtsort Montepulciano bei Siena abgeleitet.

POLLAIUOLO, Antonio = Antonio Benci
1433–1498; ital. Goldschmied, Gießer, Maler und Stecher.

Sein PS geht auf seinen Vater zurück, der mit Hühnern (ital.: »pollo«) handelte und deshalb »Pollainolo« gerufen wurde.

PONKIE = Ilse Kümpfel-Schliekmann
1926; dtsch. Journalistin und Schriftstellerin.
Für ihre Kritiken und Glossen über Film und Fernsehen in der Münchner »Abendzeitung« benutzt sie dieses PS. Es ist ihr Spitzname aus der Studentenzeit.

PONTE, Lorenzo da = Emmanuele Conegliano
1749–1838; ital. Schriftsteller (Operntexte). »Figaros Hochzeit«; »Don Giovanni«; »Cosi fan tutte«.

POP, Edina = Marika Kesmarky
1945; ung. Schlagersängerin, lebt seit 1969 in der Bundesrepublik. Mitglied der Gruppe »Dschingis Khan«.
Ein PS nach der Musikart, die gerade »in« war. Nicht zu verwechseln mit der Sopranistin (kein PS).

PORTE-CRAYON = David Hunter Strother
1816–1888; amerik. Illustrator.
Sein Beruf bestimmte sein PS, das zwei franz. Wörter vereint und sinngemäß »Bleistiftträger« heißt.

POWER, Cecil = Allen Charles Grant Blairfindie
1848–1899; anglokanad. Schriftsteller.
Als B. neben wissenschaftlichen Arbeiten mit dem Schreiben von Romanen begann, unter denen »The Woman Who Did« polemisch für die freie Ehe eintritt, wählte er das PS, das auf deutsch »Kraft, Stärke« bedeutet.

PRAETORIUS, Michael = Michael Schultheiß
1571–1621; dtsch. Komponist. Schrieb Tausende evangl. Kirchenlieder und Orgelkompositionen. Sein Nachschlagewerk über die Musik seiner Zeit beschreibt die einzelnen Instrumente so genau, daß sie heute noch anhand dieses Textes nachgebaut werden können.
Sein PS ist das lateinische Wort für »Schultheiß«. Name und PS bedeuten »Justizbeamter mit besonderer richterlicher Befugnis«.

PRAUNHEIM, Rosa von = Holger Mischwitzky
1942; dtsch. satirischer Filmemacher. »Berliner Bettwurst«; »Unsere Leichen leben noch«.
Er möchte seine homoerotische Natur durch sein PS ausdrücken, möglicherweise auch seine Enttäuschung, daß er weder als Frau noch adlig geboren ist.

PRESLE, Micheline = Micheline Chassagne
1922; franz. Filmschauspielerin. »Teufel im Leib«; »Das Spiel ist aus« u. a.

PREVOST, Abbé = Antoine François Prevost

1697–1763; franz. Schriftsteller (Romane). »Manon Lescaut« u. a.
Sein PS bedeutet zwar »Abt, Geistlicher«, doch P. war keiner, sondern Offizier, der ein abenteuerliches Leben führte.

PRÉVOST, Marcel = Eugène Marcel
1862–1941; franz. Schriftsteller. In seinen Romanen werden besonders weibliche Verhaltensweisen geschildert. Schuf den Begriff »Les demi-vierges« (Romantitel), zu deutsch: »Die Halbjungfrauen«.

PROF. TIEFBOHRER >JODOK< = Hans Theodor Karl Wilhelm Freiherr von Gumppenberg
1866–1938; dtsch. Schriftsteller (Dramen, Essays). *»Der fünfte Prophet«; »König Heinrich I.«; »Schauen und Sinnen«.*
Unter diesem PS schrieb er satirische Beiträge über übertriebene Deutungen literarischer Werke: »Teutsches Dichterross in allen Gangarten zugeritten«, in dem er Heine, Holz, Rilke, George u. a. parodierte.

PRUNIER, Joseph = Guy de Maupassant
1850–1893; franz. Schriftsteller (Erzählungen).
Für einige seiner Kurzgeschichten hat sich M. dieses PS bedient, das auf deutsch »Pflaumenbaum« heißt.

PUTTI, Lya de = Amalie Janke
1901–1931; dtsch. Stummfilmstar und Tänzerin aus Ungarn. »Varieté«; »Das indische Grabmal«; »Eifersucht« u. a.
Was immer das PS bedeuten mag, auf jeden Fall klingt es verführerisch, und darauf kommt es bei einem Vamp doch an.

Q

QUEEN, Ellery = gemeinsames PS der Vettern Frederic Dannay und Manfred B. Lee
1905–1982 (F. D.), 1905–1971 (M. B. L.); amerik. Kriminalschriftsteller. »Das Geheimnis des Lippenstiftes«; »Warum so tot?«; »Mord im Paradies« u. v. a.
Auch der Held ihrer Romane heißt Ellery Queen, weil die Autoren glaubten, daß sich dadurch ihr PS besser einprägt. Sie behielten recht.
Außerdem schrieben die beiden Autoren 4 Krimis unter dem gemeinsamen PS >*ROSS, Barnaby*<; s. dort.

QUERCU, Dr. Matthias = gemeinsames PS von Dr. Hans Eich und Günther Matthias
beide 1903; dtsch. Schriftsteller.
Unter diesem PS schrieben beide das Buch »Lug, Trug und Versteckspiel in der Weltliteratur«.
Das PS wurde aus dem lateinischen Wort »quercus« für »Eiche« und dem Familiennamen des einen Autors gebildet.

QUINN, Freddy = Franz Eugen Helmuth Manfred Nidl-Petz
1931; österr. Schlagersänger und Schauspieler. Goldene Schallplatten, Goldene Löwen, Goldene Ottos, Bambis, »Midem«-Trophäen. »Freddy und das Lied der Südsee«; »Freddy – Tiere – Sensationen«; »Heimweh nach St. Pauli« (Theater und Film) u. a.
Auf Fern- und Heimweh »spezialisiert«.

QUIXOTA, Donna Arine >BEADLE, Tom< >BOND, William< >DEFOE, Daniel< >TRINKOLO, Boatswain< = Daniel Foe
ca. 1660–1731; engl. Schriftsteller. *»Robinson Crusoe«.*
Dieses PS ist die weibliche Form von Don Quijote, damit zeichnete er seine Spottschrift auf die Überheblichkeit der engl. Adligen.

R

RACHMANOWA, Alja = Gelina von Hoyer
1898; russ. Schriftstellerin österr. Herkunft. Lebt seit 1945 in der Schweiz in der Emigration. »Studenten, Liebe, Tscheka und Tod« (Roman); »Ehen im roten Sturm« (Roman); »Das Leben eines großen Sünders« (Dostojewski-Roman).
Ihr PS soll sie aus Verehrung zu dem Komponisten Rachmaninow gewählt haben.

RACKER, Mathias >ROGGERSDORF, Wilhelm< = Wilhelm Utermann
1912; dtsch. Schriftsteller (Romane). »Der Badenweiler Marsch«.

RADEK, Karl = Karl Sobelsohn
1885 – ca. 1939 (in Sibirien); russ. Politiker. Er war mit Lenin während des I. Weltkriegs in der Schweiz und begleitete ihn 1917 auf der Fahrt nach Rußland. Unter Stalin nach Sibirien verbannt.

RAFT, George = George Ranft
1895–1980; amerik. Filmschauspieler. Spezialität: elegante Gangster. »Der gläserne Schlüssel«; »Scareface«; »Manche mögen's heiß« u. a.
Ein einfaches PS. Es kostet nur einen Buchstaben des richtigen Namens (»raft« = »Floß«).

RAHL, Mady = Edith Gertrud Meta Raschke
1915; dtsch. Filmschauspielerin. »Der blaue Strohhut«; »Haie und kleine Fische«; »Nacht fiel über Gotenhafen« u. a.

RAIMAR, Freimund = Friedrich Rückert
1788–1866; dtsch. Dichter, hervorragender Übersetzer. *(»Liebesfrühling«; »Weisheit des Brahmanen«).*
Sein PS behält die Anfangsbuchstaben seines Namens bei, die Namen sind symbolisch: Frei von Zwängen (Freimund) will er seine

Reime (Raimar) machen. Rückert benutzte das PS nur für die Sammlung »Deutsche Gedichte«.

RAIMU = Jules-Auguste-César Muraire
1883–1946; franz. Theater- und Filmschauspieler. »Reise in die Vergangenheit«; »Marius«; »Die Frau des Fleischers« u. a.
Sein Ein-Wort-PS bildete er durch Umstellen zweier Silben seines Nachnamens.

RAIMUND, Ferdinand = Ferdinand Raimann
1790–1836; österr. Bühnenautor und Schauspieler. »Der Bauer als Millionär«; »Der Alpenkönig und der Menschenfeind«; »Der Verschwender« u. a.

RAKY, Laya = Brunhilde Maria Alma Herta Jörns
1927; dtsch. Schönheitstänzerin und Filmschauspielerin. »Die dritte von rechts«; »Am Anfang war es Sünde«; »Hafenmelodie«.

RAMPA, Lobsang >Dr. KUAN-SUE< = Cyris Henry Hoskins
?–1981; engl. Schriftsteller.
War Klempner, gründete unter dem PS Dr. Kuan-Sue eine kultische Sekte und schrieb unter dem PS Rampa »Das dritte Auge« (ein tibetanischer Lama erzählt sein Leben). Das Buch wurde – auch in Deutschland – ein Bestseller. Der Autor sprach kein Wort Tibetanisch. Auch sein Englisch war fehlerhaft, was man ihm als »Tibetaner« verzieh. Auch nach Enttarnung des PS blieb das Buch erfolgreich. Jetzt heißt es im Untertitel »Roman aus Tibet«.

RAMUS, Petrus = Pierre de la Ramée
1515–1572; franz. Philosoph und Humanist. Schrieb das erste philosophische Buch in franz. Sprache. Sein PS ist die Latinisierung seines franz. Namens, der in beiden Sprachen »Laubwerk« bedeutet.

RAPHAEL (Raffael) = Raffaello Santi (Sanzio)
ca. 1483–1520; ital. Maler und Baumeister. Wurde 1515 von Papst Leo X. zum Baumeister der Peterskirche ernannt.

RASPUTIN, Grigori Jefimowitsch = Grigori Jefimowitsch Nowych
ca. 1864–1916 (von Monarchisten ermordet); russ. Mönch und Wunderheiler. Lebte seit 1907 am Zarenhof, wo der »heilige Teufel« Einfluß auf Nikolaus II. und die russ. Politik gewann, weil er die Hämophilie des Thronfolgers zu heilen verstand.
Sein PS kommt von »rasputny«, was »ausschweifend«, »unmoralisch« bedeutet.

RATATÖSKR >Dr. OWLGLASS< = Dr. Hans Erich Blaich
1873–1945; dtsch. Arzt, der für seine literarischen Arbeiten (meist satirische Gedichte) dieses PS benutzte. Es ist in der germanischen Sage der Name eines Eichhörn-

chens, das den Kontakt zu den Oberen und den Unteren aufrecht hält.

RAY, Man = Emmanuel Rudnitsky
1890–1976; amerik. Photograph und Maler des Surrealismus. Erfinder des Selbstauslösers. Lebte lange in Paris.
Er änderte seinen jüd.-russ. Namen, als er an die Kunstakademie in Manhattan ging, um dort nicht dem Spott seiner Kommilitonen ausgesetzt zu sein. Sein richtiger Name wurde erst nach seinem Tod durch die russische Emigrations-Zeitung enthüllt.

RAY, Nicholas = Raymond Nicholas Kienzle
1911–1979; amerik. Filmregisseur. »Johnny Guitar«; »Denn sie wissen nicht, was sie tun«; »König der Könige« u. a.

RAYMOND, Fred = Raimund Friedrich Vesely
1900–1954; österr. Operetten- und Filmmusikkomponist. »Maske in Blau«; »Saison in Salzburg«; »Die Perle von Tokay«.
Sein PS ist die modische Französierung seines Vornamens, während aus Friedrich das Fred seines PS abgeleitet wurde.

REBROFF, Iwan = Hans-Rolf Rippert
1931; dtsch. Sänger (Baßbariton). Sein Stimmumfang reicht über viereinhalb Oktaven.
Selbstverständlich muß sich der

Einer derjenigen, die aufgrund ihrer Biographie die Legenden um ihre Person geradezu herausfordern: Rasputin

Sänger von russ. Liedern ein russ. PS zulegen.

REESE, Della = Dellareese Taliaferro, geb. Early
1932; amerik. Popsängerin. »Don't you know«.
So wird aus der Aufteilung eines Vornamens ein hübsches PS.

REGER, Erik = Hermann Dannenberger
1893–1954; dtsch. Schriftsteller (Romane) und Journalist. »Union der festen Hand« (Kleistpreis).
Sein PS erfand er, als er nach dem I. Weltkrieg in der Presseabteilung bei Krupp arbeitete und ihm jede nebenberufliche schriftstellerische Tätigkeit untersagt war. Da er doch schrieb, bildete er durch Umstellung der letzten Buchsta-

ben seines Nachnamens sein PS. Den Vornamen wählte er wegen des Zusammenklangs.

REGIOMONTANUS = Johann Müller
1436–1476; dtsch. Astronom und Mathematiker.
Sein PS ist die latinisierte Form seines Geburtsortes Königsberg. Es war jedoch nicht die Stadt in Ostpreußen, sondern ein Ort in Bayern.

REINHARDT, Max = Max Goldmann
1873–1943; österr. Theaterregisseur. Begann als Schauspieler, gründete 1920 mit Hofmannsthals »Jedermann« die Salzburger Festspiele. Emigrierte 1938 in die USA, versuchte in Hollywood Fuß zu fassen.
Seine beiden Söhne Wolfgang und Gottfried übernahmen sein PS.

REINL, Harald = Dr. jur. Karl Reiner
1908; österr. Filmregisseur. Arnold Fanck setzte den versierten Alpinisten (akademischer Ski-Weltmeister) in seinen ersten Tonfilmen ein und weckte seine Begeisterung für das Medium. Er inszenierte viele Edgar-Wallace- und Karl-May-Filme, aber auch den 1971 für den Oscar nominierten Dokumentarfilm »Erinnerungen an die Zukunft«.

REINMAR, Hans = Hans Wochinz
1895–1961; österr. Opernsänger. Er wählte für sein PS den Namen eines österr. Minnesängers.

RELHAM, Hedwig = Hedwig Courths-Mahler
1867–1950; dtsch. Schriftstellerin (Romane).
Nur ihren ersten von 200 Romanen mit dem Titel »Die Verlassene« veröffentlichte sie unter diesem PS, das ihr Mädchenname, rückwärts geschrieben, ist. Nachdem sie den Maler Friedrich Courths geheiratet hatte, nahm sie den Doppelnamen an.

REMARQUE, Erich Maria = Erich Paul Remark
1898–1970; dtsch.-amerik. Schriftsteller (Romane). Schrieb nach dem I. Weltkrieg den Bestseller »Im Westen nichts Neues«, in dem er die Sinnlosigkeit des Krieges entlarvt. Die Nazis verbrannten seine Bücher, ihm selbst wurde die deutsche Staatsangehörigkeit entzogen. 1939 wanderte er in die USA aus, lebte dann in der Schweiz. »Arc de Triomphe«; »Zeit zu leben; Zeit zu sterben«; »Die Nacht von Lissabon« u. a. Romane.
Die oft zu lesende Behauptung, R. hätte eigentlich Kramer geheißen und sein PS sei eine Umkehrung dieses Namens, ist falsch.

REMBERG, Erika = Erika Crobath
1932; dtsch. Filmschauspielerin. »Schloß Hubertus«; »Die unentschuldigte Stunde«; »Der Page vom Palast-Hotel«.

RENN, Ludwig = Arnold Friedrich Vieth von Golssenau
1889–1979; dtsch. Schriftsteller (Romane). »Krieg«; »Nachkrieg«; »Adel im Untergang«; »Auf den Trümmern des Kaiserreichs« u. a.
Der Prinzenerzieher und Offizier aus sächsischem Uradel veröffentlichte 1928 seinen Antikriegsroman »Krieg« und trat der KPD bei. Für diese Wandlung war selbstverständlich auch eine Änderung seines Namens notwendig. Wieso er gerade dieses PS wählte, war nicht zu ermitteln.

RETCLIFFE, Sir John = Hermann Goedsche
1811–1878; dtsch. Schriftsteller (Romane). »Sewastopol«; »Pueblo oder die Franzosen in Mexiko«; »Biarritz«.
Mit diesem engl. PS wollte der Abenteuerschriftsteller an Walter Scott anschließen. Es gelang ihm nicht.

REUTER, Paul Julius Freiherr v. = Israel Beer Josaphat
1816–1899; engl. Unternehmer dtsch. Herkunft. Er gründete 1850 eine Nachrichtenagentur in Aachen, 1851 eine in London, die er bis 1878 leitete und aus der die Agentur Reuter, Ltd., hervorging.
Erst 1844 legte sich I. B. J. diesen dtsch. wie engl. gut auszusprechenden Namen zu. Der Adelstitel wurde ihm 1871 verliehen.

REY, Fernando = Fernando Casado Arambillet
1917; span. Filmschauspieler. »Viridania«; »Der diskrete Charme der Bourgeoisie«; »French Connection« u. a.
Sein PS ist kurz und groß. »Rey« heißt im Spanischen »König«.

Julius Reuter, der 1850 sein Nachrichtenbüro in Aachen mit Brieftauben eröffnete

REYMONT, Wladyslaw Stanislaw = W. St. Rejment
1867–1925; poln. Schriftsteller (Romane; Nobelpreis 1924). »Lodz«; »Die Bauern«.
Sein PS entstand durch den Austausch zweicr Buchstabens in seinem Familiennamen.

RICCI, Ruggiero = Woodrow Wilson (später: Roger) Rich
1918; amerik. Konzertgeiger.
Das ist eine geschickte Italienisierung eines braven amerik. Namens.

RICE, Elmer = Elmer Lion Reizenstein
1892–1967; amerik. Schriftsteller (Dramen, Romane; 1929 Pulitzerpreis). »Die Rechenmaschine«; »Straßenszene«; »Die Beklagte« u. a.
Eine geschickte Amerikanisierung des dtsch. Wortes »Reizenstein« zum PS Rice (gesprochen »Reiß«).

RICHARD, Cliff = Harry Roger Webb
1940; engl. Popmusiker und -sänger, geb. in Indien. Teenager-Idol der 60er Jahre. »Sing a song of Freedom« u. v. a.
Sein PS erfand für ihn sein erster Manager Johnny Foster. Er benutzte es zum erstenmal bei einem Auftritt 1958.

RIDEAMUS = Fritz Oliven
1874–1956; dtsch. Jurist, Schriftsteller. Schrieb Libretti für Operetten, unter anderen für »Der Vetter aus Dingsda«.
Sein lateinisches PS bedeutet »Laßt uns lachen«. Er benutzte es für heitere Betrachtungen in Zeitschriften.

RIESENHARF, Sy Freudhold = Heinrich (eigtl.: Harry) Heine
1797–1856; dtsch. Schriftsteller.
Benutzte dieses PS für wenige seiner Jugendwerke, weil die Veröffentlichung von Lyrik seinem kaufmännischen Beruf hätte schaden können. Das PS ist ein Anagramm aus »Harry Heine, Düsseldorf«.

RIGISEPP = Josef Maria Camenzind
1904–1984; Schweizer kath. Volksschriftsteller. »Mein Dorf am See«; »Majestäten und Vaganten« u. a.
Da hat nun einer einen Namen, wie er nicht klangvoller zu erfinden ist, und gibt ihn auf, wegen eines PS! Ob Hermann Hesse die Familie C. kannte, als er seinen »Peter Camenzind« im Kopf hatte?

RINGELNATZ, Joachim = Hans Bötticher
1883–1934; dtsch. Schriftsteller (Lyrik) und Seemann. War seit 1909 als »Hausdichter« des Münchner Künstlerlokals »Simpl« tätig. Gedichtsammlungen: »Kuttel Daddeldu«; »Kinder-Verwirr-Buch«; »Flugzeuggedanken«.
Sein PS soll er einer Bezeichnung entlehnt haben, die für Seepferdchen verwendet wird. Diesen Tieren fühlte er sich verbunden.

RITTER, Felix >POLDER, Markus< = James Krüss
1926; dtsch. Schriftsteller; s. >*Polder, Markus*<.

RIVERS, Johnny = John Ramistella
1942; amerik. Popmusiker. »Poor side of Town«.

ROBBINS, Jerome = Jerome Rabinowitz
1918; amerik. Theater- und Filmregisseur, Choreograph. Zusammen mit Robert Wise erhielt er

1961 den Regie-Oscar für »West Side Story«.

ROBERTS, Chris = Christian Klusacek
1944; dtsch. Schlagersänger. »Ein Mädchen nach Maß«; »Du kannst nicht immer siebzehn sein«.

ROBERTS, Ralph Arthur = Robert Arthur Schönherr
1884–1940; dtsch. Theater- und Filmschauspieler, Liedertexter. »Der verkannte Lebemann«; »Der Maulkorb«; »Meine Tochter tut das nicht«. Der Text »Auf der Reeperbahn nachts um halb eins« stammt von ihm.

ROBINSON, Edward G. = Emanuel Goldenberg
1893–1973; amerik. Theater- und Filmschauspieler. »Das Syndikat«; »Der kleine Cäsar« (Al Capones Leben); »Dr. Ehrlich« u. a.
Über ein PS für ihn wurde lange nachgedacht. Da hörte er in einer engl. Boulevard-Komödie den Satz: »Madame, ein Herr möchte Sie sprechen, ein Mr. Robinson.« Das gefiel ihm, und Edward war gerade König von England. Etwas von Goldenberg sollte aber erhalten bleiben, daher das G.

ROBINSON, Sugar Ray = Walker Smith
1920; amerik. sechsmaliger Boxweltmeister.

RODA RODA, Alexander >AABA AABA< = Sandor Friedrich Rosenfeld
1872–1945; österr. Schriftsteller (heitere Erzählungen). Ältester Mitarbeiter beim »Simplicissimus«. Emigrierte in die USA.
Er legte Wert darauf, daß sein PS ohne Bindestrich geschrieben wurde.

RODENBACH, Zoë van >ARAND, Charlotte< = Leopold Ritter von Sacher-Masoch
1836–1895; österr. Schriftsteller (Romane). *»Venus im Pelz«.*
Von seinem richtigen Namen wurde der Begriff »Masochismus« abgeleitet.

RODGERS, Jimmy = James Snow
1933; amerik. Folksänger. »Honeycomb«.

ROGERS, Ginger = Virginia Katharine McMath
1911; amerik. Theater- und Filmschauspielerin, Tänzerin. Oft Partnerin von Fred Astaire. Als beste Darstellerin in dem Film »Kitty Foyle« erhielt sie 1940 den Oscar.
»Ginger« war der Kosenane in ihrer Kindheit, den Nachnamen ihres PS hat sie von ihrem Stiefvater John R. übernommen.

ROGGERSDORF, Wilhelm >RACKER, Mathias< = Wilhelm »Utz« Utermann
1912; dtsch. Schriftsteller. Bearbeiter der Werke Erich von Dänikens über prähistorische Besuche außerirdischer Intelligenzen.
Sein PS ist aus seinem Wohnort

R. bei München gebildet. Unter seinem richtigen Namen schrieb er das Theaterstück »Kollege kommt gleich« sowie zahlreiche Drehbücher.

ROHMER, Eric = Jean Maurice Scherer
1920; franz. Filmregisseur. »Meine Nacht bei Maude«; »Liebe am Nachmittag«; »Die Marquise von O ...« nach Heinrich von Kleists Novelle u. a.

ROHMER, Sax = Arthur Sarsfield Ward
1886–1959; engl. Schriftsteller. Verfasser der Fu-Man-Chu-Gruselgeschichten.
Sein PS ist ein sehr seltenes Synonym für »freelancer« = »Freischaffender«.

ROMAINS, Jules = Louis Farigoule
1885–1972; franz. Schriftsteller und Physiker. »Die guten Willens sind« (Roman); Gedichte; Theaterstücke.
Seltsames PS, es heißt auf deutsch »Julius Römer«.

ROONEY, Micky = Joe Yule
1920; amerik. Filmschauspieler. Begann als Kinderstar mit der 12jährigen Judy Garland in »Love finds Andy Hardy«. »Sommernachtstraum«; »Oh Wildnis«; »Boys Town« u. a.
Sein PS geht wahrscheinlich auf das Lied »Little Annie Rooney« zurück – auf die kleine Gestalt des Schauspielers bezogen.

ROOS, Mary = Marianne Rosemarie Schwab
1949; dtsch. Schlagersängerin. Nicht nur die Songs »Aufrecht gehn« oder »Ich bin stark ...« brachten ihr große Erfolge ein.

ROSAY, Françoise = Françoise Bandy de Nalèche
1891–1974; franz. Theater- und Filmschauspielerin. »Das große Spiel«; »Fahrendes Volk«; »Der längste Tag« u. a.

ROSE, Felicitas = Rosefelicitas Schliewen, verh. Moersberger
1862–1938; dtsch. Schriftstellerin (Romane). »Die vom Sunderhof«; »Wien Sleef«.
Ihr PS ist nur aus ihrem Vornamen entwickelt, den sie in zwei Namen aufteilte.

ROSENFELD >BRUDER FATALIS< >KOSMAS< >STILLE, C. A.< = Ignaz Franz Castelli
1781–1862; österr. Schriftsteller. Über 100 Unterhaltungsstücke; Dialektromane.
Um seine überquellende Produktion zu verbergen, legte er sich ständig neue PS zu. Die hier genannten sind nur eine Auswahl.

ROSENPLÜT, Hans = Hans Sneperer
ca. 1400–ca. 1470; dtsch. Büchsenmacher und Meistersinger aus Nürnberg. Verfasser derber Fastnachtsspiele (vor Hans Sachs); 18 lyrische »Weingrüße« oder »Weinsegen«.

ROSNY, Joseph Henri = gemeinsames PS der Brüder J. H. und S. J. F. Boex
1856–1940 (J. H.), 1859–1948 (S. J. F.); franz. Romanschriftsteller. Sozialkritische, anarchistische und prähistorische Romane.

ROSS, Barnaby >QUEEN, Ellery< = gemeinsames PS der Vettern Frederic Dannay und Manfred B. Lee
1905–1982 (F. D.), 1905–1971 (M. B. L.); amerik. Kriminalschriftsteller. »Die Tragödie von X«; »Die Tragödie von Y«; »Die Tragödie von Z«; »Drury Lane's letzter Fall«. Held dieser Krimis ist der pensionierte Schauspieler Drury Lane.

ROSSI-DRAGO, Eleonora = Palmina Omiccioli
1925; ital. Fimschauspielerin. »Die Affäre Maurizius«; »Onkel Toms Hütte«; »Die Bibel«; »Das Bildnis des Dorian Gray« u. a.
PS nach ihrer span. Mutter.

ROTHKO, Mark = Marcus Rothkowitsch
1903–1970 (Freitod); amerik. Maler russ. Herkunft. Berühmt durch seine großformatigen Bilder.
Sein PS ist die Verkürzung seines Vor- und Familiennamens.

ROWLEY, Thomas = Thomas Chatterton
1752–1770; engl. Schriftsteller. Er erfand einen Mönch des 15. Jahrhunderts mit dem Namen Th. R. und gab ihn als Verfasser seiner eigenen Gedichte aus. Jahrelang gelang es ihm, die Literaturkritiker zu täuschen. Als sein »Betrug« bekannt wurde, vergiftete sich der aus armen Verhältnissen stammende Chatterton, gerade 18 Jahre alt.

RUE, Danny la = Daniel Patrick Carroll
1928; irischer Varietékünstler und Transvestit.
Bei seinem PS konnte er wenigstens mit dem Vornamen machen, was er so gern mit seinem Körper getan hätte: Aus dem männlichen Daniel wurde eine weibliche Danny, noch dazu eine von der Straße.

RYS, Jan = Marcel Nerlich
1931; österr. Schriftsteller (Romane und Hörspiele). »Pfade im Dickicht« (Roman); »Tote dürfen nicht sterben« (Hörspiel); »Verhöre« (Hörspiel).

S

SABUROWA, Irina = I. Baronin Rosenberg
1907; russ. Schriftstellerin. »Die Stadt der verlorenen Schiffe«.
Eine Russin, die Unterhaltungsromane schreibt, sollte auch einen russ. Namen haben – so kam es zu diesem PS.

SAGAN, Françoise = Françoise Quoirez
1935; franz. Schriftstellerin. »Bonjour tristesse«; »Lieben Sie Brahms?«; »Ein bißchen Sonne im kalten Wasser«.
Ihr PS wählte sie nach dem Namen der Prinzessin aus Prousts Roman »Auf der Suche nach der verlorenen Zeit«, deren Geisteshaltung sie sich verbunden fühlte.

SAINT-HÉLIER, Monique = Betty Briod, geb. Eymann
1895–1955; Schweizer Schriftstellerin (Romane). »Der Käfig der Träume«; »Der Eisvogel«; »Quick«.

SAINT-JOHN PERSE = Marie-René-Auguste-Alexis Léger
1887–1975; franz. Schriftsteller (Lyrik und Erzählungen), geb. in Guadeloupe. »Anabasis«; »Exil«; »See-Marken« u. a. Erzählungen. 1960 Nobelpreis für Literatur. Viele internationale Auszeichnungen.

SALTEN, Felix = Siegmund Salzmann
1869–1945 (n. a. A. 1947); dtsch. Schriftsteller ung. Herkunft. »Bambi«; »Der Hund von Florenz«; »Djibi, das Kätzchen«.

SAMTSOWA, Galina = Galina Ursulyak
1937; russ. Ballettänzerin, nach Kanada ausgewandert.
Ob sich ein dtsch. Freund der Tänzerin mit dem PS einen Scherz erlaubt hat? Dann hieße sie »Samtsofa«.

SAND, George = Amandine Lu-

Bildnis von Georges Sand, deren Reisebeschreibungen von Mallorca auch heute noch gelesen werden

cile Aurore Dupin, verh. Dudevant
1804–1876; franz. Schriftstellerin (Romane und Erzählungen). »Indiana«; »Franz de Champi«; »Die kleine Fadette«.
Ihr PS wählte die hosentragende zigarrenrauchende Autorin aus Dankbarkeit gegenüber Jules Sandeau (1811–1883), mit dem sie gemeinsam die Romane »Prima Donna« und »Rose et Blanche« schrieb. Sein PS war >*SAND, Jules*<.

SAND, Jules = Léonard Sylvain Jules Sandeau
1811–1883; franz. Schriftsteller (Romane, Dramen). Schrieb anfangs zwei Romane mit >*Sand, George*<, die ihr PS nach seinem bildete. Allein schrieb sie »Madame de Sommerville«; »Marianna«.

SANDEL, Cora = Sara Fabricius
1880–1974; norweg. Schriftstellerin (Romane). »Alberte-Trilogie«; »Kein Weg zu Dondi«.

SANKT ALBIN = Bettina (Elisabeth) von Arnim
1785–1859; dtsch. Schriftstellerin der Romantik (Romane und Lyrik). Ehefrau von Achim von Arnim, Schwester von Clemens von Brentano, heute noch bekannt durch ihr Buch »Goethes Briefwechsel mit einem Kinde«.
Das PS benutzte sie für ihre sozialkritischen Arbeiten.

SANSOVINO, Jacopo = Jacopo Tatti
1486–1570; ital. Bildhauer und Architekt.
Prägte mit seinen Bauten das architektonische Bild von Venedig.
Sein PS ist der Beiname seines Lehrers Contucci.

SANTARENO, Bernardo = Antonio Martinho do Rosario
1925–1980; portug. Schriftsteller und Arzt. Schrieb Theaterstücke mit aktuellen polit. Themen.
Sein PS ist nach seiner Geburtsstadt Santarém gebildet und bedeutet »der aus Santarém«.

SANTAYANA, George = Jorge Ruiz de Sanatayana y Borrais
1863–1952; amerik. Schriftsteller und Philosoph, geb. in Spanien. »Der letzte Puritaner« (Roman);

»Der Egoismus in der deutschen Philosophie« (Essay); »Lucifer« (Versdrama).

SARTO, Andrea del = Andrea Domenico d'Agnolo di Francesco
1486–1531; ital. Maler.
Sein PS hat er von seinem Vater übernommen, der nach seinem Beruf benannt wurde (»sarto« = »Schneider«).

SCARPI, N. O. = Fritz Bondy
1888–1980; Schweizer Schriftsteller und Übersetzer österr. Herkunft. »Handbuch des Lächelns«; »Reiseführer in den Himmel«.

SCHAFFY, Mirza = Friedrich Bodenstedt
1819–1892; dtsch. Schriftsteller.
Der bedeutende Übersetzer und Kenner des Orients ließ aus Verehrung zu seinem Lehrer eigene Gedichte unter dessen Namen erscheinen. Der Titel: »Lieder des Mirza Schaffy«.

SCHARTENMEIER, Philipp Ulrich >ALLEGORIOWITSCH< >MYSTIFIZINSKY< = Friedrich Theodor Vischer
1807–1887; dtsch. Schriftsteller, Ästhetiker, liberaler Politiker.
Eines von mehreren PS V.s, dessen bekanntester Roman »Auch einer« war. In ihm formulierte er als erster »die Tücke des Objekts«.

SCHERER, Joseph = Wolfgang Weyrauch
1904–1980; dtsch. Schriftsteller, vorher Schauspieler. *»Die Davidsbündler«; »Mein Schiff, das heißt Taifun«; »Das erste Haus hieß Frieden«.*
Als er noch Verlagslektor war, benutzte er dies PS für seine literarischen Arbeiten.

SCHIKANEDER, Emanuel = Johann Joseph Schikeneder
1751–1812; dtsch. Dramatiker, Schauspieler, Regisseur, Sänger und Musiker. Sein einziges überliefertes Werk ist das Libretto zu Mozarts Oper »Die Zauberflöte«. Die dezente Korrektur an seinem Familiennamen beweist ein feines Gefühl für Wohlklang. Drei e waren wirklich zuviel.

SCHLEMIHL, Peter = Ludwig Thoma
1867–1926; dtsch. Schriftsteller (Romane und Dramen). *»Lausbubengeschichten«; »Altaich«; »Erster Klasse«.*
Das PS benutzte er für seine Artikel, die er sowohl im »Simplicissimus« wie in der »Jugend« und im »März« veröffentlichte. Schlemihl ist der Titelheld eines Märchens von Adelbert v. Chamisso. Er verkaufte seinen Schatten dem Teufel.

SCHMIDTBONN, Wilhelm = Wilhelm Schmidt
1876–1952; dtsch. Schriftsteller.
Vor allem durch seine Märchen und Heimaterzählungen bekannt. »Der dreieckige Marktplatz«; »An einem Strom geboren«; »Albertuslegende«.

Sein PS entstand, indem er seinem sehr verbreiteten Namen den Namen seiner Geburtsstadt hinzufügte.

SCHNEIDER, Romy = Rosemarie Magdalena Albach
1938–1982; österr. Filmschauspielerin. »Wenn der weiße Flieder wieder blüht«; »Sissi«-Filme; »Das Mädchen und der Kommissar« u. a.
Ihr PS ist der Name ihrer Mutter, der Schauspielerin Magda Sch., die von Wolf Albach-Retty geschieden ist.

SCHOLEM, Alejchem = Schalom Rabbinowicz
1859–1916; jüd. Schriftsteller, geb. in Rußland, der nach den Pogromen von 1905 Rußland verließ, in die Schweiz und später in die USA ging. Seine Figuren sind Typen, wie sie in seiner östlichen Heimat existieren. Sein Humor ist Galgenhumor.
Sein PS bedeutet »Friede sei mit euch«.

SCHOLTIS, August = Alexander Bogen
1901–1969; dtsch. Schriftsteller (Romane, Dramen). »Die Zauberkrücke« (Roman); »Die Katze im schlesischen Schrank« (Roman) u. a.

SCHUMANN, Edzar = Edith Mikeleitis
1905–1964; dtsch. Schriftstellerin (Romane). *»Die Königin«; »Die Sterne des Kopernikus«.*
Ihre Hauptwerke veröffentlichte sie unter ihrem richtigen Namen.

SCHWARZ, Berthold = Konstantin Aacklitzen
um 1380–um 1450; vermutlich dtsch. Bernhardiner-Mönch. Wegen seiner alchimistischen Künste zwischen 1420 bis 1450 als »Bartoldus niger« (Berthold der Schwarze) bekannt. Ob er das Schießpulver (Schwarzpulver) erfunden hat, ist nicht verbürgt, ebenso ist die genaue Schreibweise seines bürgerlichen Namens nicht mehr zu verifizieren.

SCOTT, Gabriel = Holst Jensen
1874–1958; norweg. Schriftsteller (Romane). »Das eiserne Geschlecht«; »Die Quelle des Glücks ...«; »Er kam vom Meer ...«; »Und Gott ...?«

SCOTT, Gordon = Gordon M. Werschkul
1927; amerik. Filmschauspieler und Regisseur. »Anatomie eines Mordes«; »The Hustler« (lehnte die Oscar-Nominierung für seine Leistung in diesem Film ab); »Die Hindenburg« u. a.

SCOTT, Jack = Jack Scafone
1938; kanad. Rocksänger. »Burning Bridges«.

SCOTT, Randolph = Randolph Crane
1903; amerik. Filmschauspieler. Spezialität: Western. »Lone Cowboy«; »Seven men for now«; »Sacramento« u. a.

SEALSFIELD, Charles = Karl Anton Postl
1793–1864; tschech.-amerikanischer Schriftsteller. »Das Kajütenbuch«; »Der Legitime und die Republikaner«; »Der Virey und die Aristokraten«.
Das PS des entflohenen Klosterbruders ist eines der wenigen, das erst nach dem Tode enttarnt werden konnte.

SEARCH, Edward = Abraham Tucker
1705–1774; engl. Philosoph.
Der Mann bewies philosophisches Gespür bei der Wahl seines PS! »Search« heißt auf deutsch »suchen«, »prüfen«. Also genau das, was man von einem Philosophen erwartet.

SEDGES, John = Pearl S(ydenstricker) Buck
1892–1973; amerik. Schriftstellerin. 1932 Pulitzerpreis für »Die gute Erde«, 1938 Nobelpreis.
Seit 1951 schrieb sie unter dem PS mehrere Romane. Sie tat dies, um zu prüfen, ob ihre Bücher auch Leser fänden, wenn nicht ihr (inzwischen berühmter) Name als Autorin dabei steht. Sie fanden Leser.

SEGHERS, Anna = Netty Radvanyi, geb. Reiling
1900–1983; dtsch. Schriftstellerin (Romane). »Der Aufstand der Fischer von St. Barbara« (Kleistpreis); »Das siebte Kreuz«; »Transit«; »Die Kraft der Schwachen«.

Die DDR-Nationalpreisträgerin Anna Seghers griff in ihren Romanen immer wieder Emigrantenschicksale auf

SEHMSTORFF, Michael Reghulin von = Hans Jakob Christoffel von Grimmelshausen
1622–1676; dtsch. Schriftsteller. *»Simplicius Simplicissimus«; s. >HIRSCHFELT, Samuel Greifensohn von<.*

SENNETT, Mack = Michael Sinnott
1880–1960; amerik. Stummfilmproduzent und Regisseur. Spezialität: Slapstick-Filme. Entwickelte damit die erste filmeigene Kunstform.
Sein PS stammt noch aus der Zeit, da er glaubte, ein guter Opernsänger werden zu können.

SERAFIMOWITSCH, Alexander = A. S. Popow
1863–1949; russ. Schriftsteller

(Romane). »Stadt in der Steppe«; »Der eiserne Strom«; »Galina«.
Er verzichtete in seinem PS auf »Popow«, da der bedeutende russ. Physiker (geb. 1859) so hieß.

SÉVÉRINE = Josiane Grizeau
1949; franz. Schlagersängerin. Gewann beim Grand Prix Eurovision de la chanson in Dublin mit dem Lied »Un banc, un arbre, une rue« den ersten Preis für Monaco.
Ihr PS ist aufschlußreich, es heißt auf deutsch »Die Strenge«. Im Mittelalter nannten sich gern Bußprediger so.

SEYMOUR, Lynn = Lynn Berta Springbett
1939; kanad. Tänzerin und Choreographin.
Aus deutscher Sicht ist es gut zu verstehen, daß die Ballettdirektorin der Bayerischen Staatsoper in München (1978–1980) sich ein PS zulegte.

SHANE, Ricky = George Albert Tabett
1945; libanesischer Schlagersänger, geb. in Kairo. »In Chicago«; »Mamy Blue«.

SHANNON, Del = Charles Westover
1939; amerik. Popsänger. »Runaway«.

SHARIF, Omar = Michael Chalhoub
1932; ägypt. Filmschauspieler. »Lawrence von Arabien«; »Doktor Schiwago«; »Funny Girl« u. a.
Sein Vorname M. gefiel ihm nicht (»So kann jeder heißen«), er wählte den orientalischen Namen Omar, und eigtl. wollte er sich »Sherif« (arab. Adelstitel) nennen. Um Verwechslungen mit den US-Sheriffs zu vermeiden, nannte er sich dann »Sharif«.

SHARKEY, Jack = Joseph Paul Zukauskas
1902; amerik. Schwergewichtsboxer.
Seltsames PS! »Shark« kann »Haifisch«, aber auch »Schwindler« heißen!

SHARP, Dee Dee = Diana La-Rue
1945; amerik. Popsängerin. »Mashed Potato Time«.

SHAW, Artie = Arthur Arshawsky
1910; amerik. Jazzklarinettist und Bandleader.
Sein PS ist aus der zweiten Silbe seines richtigen Namens gebildet.

SHAW, Sandy = Sandra Goodrich
1947; engl. Schlagersängerin. Gewann mit dem Lied »Puppet on the string« 1967 den Grand Prix Eurovision de la chanson in Wien. Viele Hits in verschiedenen Sprachen.

SHUTE, Neville = Neville Shute Norway
1899–1960; engl. Schriftsteller

(Flugingenieur), lebte in Australien. »Einsamer Weg«; »Diamanten im Meer«; »Die Rose und der Regenbogen«; »Eine Stadt wie Alice« u. a. Romane über Flugtechnik und Atomkrieg.

SIGNEUR MESSMAHL = Hans Jakob Christoffel von Grimmelshausen
1622–1676; dtsch. Schriftsteller. *»Simplicius Simplicissimus«; s. >HIRSCHFELT, Samuel Greifensohn von<.*

SIGNORET, Simone = Simone Henriette Charlotte Kaminker
1921–1985; franz. Theater- und Filmschauspielerin. »Goldhelm«; »Der Reigen«; »Der Weg nach oben« (als beste Darstellerin erhielt sie 1959 den Oscar) u. a.
Das PS ist der Name ihrer franz. Großmutter. Ihr Vater war Pole.

SILONE, Ignazio = Secondino Tranquilli
1900–1978; ital. Schriftsteller, der als Kommunist ins Exil (Schweiz) mußte, dort mit der Partei brach und literarisch mit ihr abrechnete. Seine Werke erschienen zuerst in deutscher Sprache. »Brot und Wein« (Roman); »Die Kunst der Diktatur« (Essay).

SIM, Georges = Georges Simenon
1903; belg.-franz. Schriftsteller. Schuf die Figur des Detektivs »Maigret«. Viele seiner Bücher aus dieser Serie wurden verfilmt. Bevor der erste »Maigret«-Roman erschien (1929), schrieb er Hunderte von Erzählungen unter den verschiedensten PS. Am häufigsten Georges Sim (einige andere: Christian Brulles, Jean du Perry, Jacques Rome).

SINCLAIR, Emil = Hermann Hesse
1877–1962; dtsch. Schriftsteller. Nobelpreis 1946, Friedenspreis des deutschen Buchhandels 1955. *»Der Steppenwolf«; »Das Glasperlenspiel«; »Narziß und Goldmund«.*
Den Roman »Demian, Geschichte einer Jugend« schrieb H. in Ichform unter dem Namen der Hauptperson E. S. Insofern handelt es sich um ein literarisches PS.

SINTJOHN, John = John Galsworthy
1867–1933; engl. Schriftsteller und Dramatiker. Nobelpreis 1932. *»Die Forsyte Saga«.*
Als G. noch Rechtsanwalt mit eigener Kanzlei war, schrieb er einige literarische Arbeiten unter diesem PS.

SIRIN = Vladimir Vladimirovic Nabokov
1899–1977; amerik. Schriftsteller russ. Abstammung. *»Lolita«.*
Bis 1940 schrieb N. in russ. Sprache. Um in dieser Zeit nicht mit seinem politisch stark engagierten Vater verwechselt zu werden, bediente er sich dieses PS. Sirin heißt ein legendärer Paradiesvogel der russ. Folklore.

SIRK, Douglas = Hans Detlef Sierck
1900; amerik. Filmregisseur dän. Herkunft. »Zu neuen Ufern«; »Duell in den Wolken«; »Zeit zu leben und Zeit zu sterben« u. a.

SLING = Paul Schlesinger
1878–1928; dtsch. Publizist, Journalist und Gerichtsberichterstatter. »Richter und Gerichtete«. Er ist der Bruder des Dirigenten *>WALTER, Bruno<*.
Sein PS ist eine gekonnte Zusammenziehung von 5 Buchstaben seines Familiennamens.

SODOMA = Giovanni Antonio Bazzi
1477–1549; ital. Maler. Talentierter Freskenmaler und Rivale *>Raphaels (Raffaels)<*.
Ein doppelt aufschlußreiches PS, mit dem B. seine Bilder signierte! Es dokumentiert unverhohlen seine abartigen sexuellen Neigungen.

SOKOLOWA, Lydia = Hilda Munnings
1896–1974; engl. Ballettänzerin.
Ein weiteres russ. PS für eine Tänzerin.

SOLOGUB, Fjodor = F. Kusmitsch Teternikow
1863–1927; russ. Schriftsteller (Romane). »Der kleine Dämon«; »Süßer als Gift«.
Das PS ist aufschlußreich, weil es vor ihm einen russ. Schriftsteller mit dem richtigen Namen S., allerdings mit zwei l, gegeben hat. Er lebte 1813–1882 und war von Adel.

SOMERS, Jane = Doris May Lessing
1919; engl. Schriftstellerin (eine der anerkanntesten unserer Zeit). *»Das goldene Notizbuch«.*
Sie benutzte das PS für einzelne Erzählungen zu Beginn ihrer literarischen Karriere.

SOMMER, Elke = Elke Schletz
1940; dtsch. Filmschauspielerin. »Am Tag, als der Regen kam«; »Das Totenschiff«; »Einer von uns beiden« u. a.

SONNLEITNER, A. Th. = Alvis Tluchor
1869–1939; österr. Schriftsteller (Jugendromane, Märchen und Gedichte). Hauptwerk: »Die Höhlenkinder« (Roman).
Verstand sein PS als Programm: »der, der zum Licht führt«.

SOREL, Jean = Jeande Rochbrune
1934; franz. Filmschauspieler. »Julia, du bist zauberhaft«; »Belle de jour – Schöne des Tages« u. a.
Für die Herkunft dieses PS gibt es gleich drei Möglichkeiten: 1. Agnes S. hieß die Geliebte Karls VII. 2. Charles S. hieß ein franz. Schriftsteller um 1640. 3. Georges S. hieß ein franz. Sozialist um 1900. Auf alle Fälle klingt das PS besser als sein richtiger Name, der auf deutsch etwa »Braunfels« bedeutet.

SORMA, Agnes = Martha Karoline Zaremba
1865–1927; dtsch. Theaterschauspielerin. »Meine schönste Nora«, hat Ibsen von ihr gesagt, und die Duse hat diese Rolle nie mehr gespielt, nachdem sie die Sorma als Nora gesehen hatte.
Bei diesem PS ist interessant, daß es in der deutschen Sprache kein Wort gibt, das mit den 4 Buchstaben »Sorm« beginnt.

SPALATIN, Georg = Georg Burkhardt
1484–1545; dtsch. Humanist. Wirkte als Mittelsmann zwischen Luther und Friedrich III.
Sein PS ist die Latinisierung seines Geburtsortes Spalt.

SPENCER, Bud = Dr. Carlo Pedersoli
1935; ital. Filmschauspieler. Meist in Rollen mit >*HILL, Terence*<, als schlagkräftiger, bärtiger Raufbold mit goldenem Herzen. »Zwei Himmelhunde auf dem Weg zur Hölle« u. a.
Eines der amerikanischen PS, wie sie zur Zeit der »Spaghetti-Western« und Actionfilme in Mode kamen.

SPILLANE, Mickey = Frank Morrison
1918; amerik. Krimi-Autor und Schauspieler. »Ich, der Richter«; »Blut in der Sonne« u. a. Krimis.

SPINALBA, C. >HUFNAGL, Max< = Karl Spindler
1796–1855; dtsch. Schriftsteller. Hrsg. des erfolgreichen Almanachs »Vergißmeinnicht«.
Zog als Schauspieler mit dem »Grünen Wagen« durch die Lande. Aus finanzieller Not schrieb er unter diesen beiden PS historische Romane.

SPINOZA, Benedictus = Baruch Bento Despinoza
1632–1677; holl. Philosoph jüd. Herkunft. Seine berühmte »Ethik, nach geometrischer Methode dargelegt« (entstanden ab 1662) wurde erst nach seinem Tode veröffentlicht.

SPRINGFIELD, Dusty = Mary Isobel Catherina Bernadette O'Brien
1940; engl. Schlagersängerin. »I close my eyes and count to ten«.
Ihr PS hat sie der Gruppe »The Springfield« entnommen. »Dusty« ist ein Spitzname.

STACK, Robert = Robert Modini
1919; amerik. Filmschauspieler. »The High and the Mighty«; »Written on the Wind« (zum Oscar nominiert) u. a. Durch die TV-Serie »Die Unbestechlichen« wurde er weltweit bekannt.

STALIN, Iossif (Josef) Wissarionowitsch >KOBA< = Iossif Wissarionowitsch Dschugaschwili
1879–1953; sowj. Politiker. Erst nach Lenins Tod (1924) konnte er seine Stellung als Generalsekretär des ZK ausbauen und war seit 1927 Diktator mit Terror und

»Säuberungen« als »Wahrzeichen« seiner Herrschaft.
Sein PS bedeutet soviel wie »Stahl«.

STANISLAWSKY, Konstantin = Konstantin Sergeewitsch Alekseyew
1865–1938; russ. Theaterschauspieler und -produzent. Begründete den modern-realistischen Inszenierungsstil: die Bühnenöffnung als vierte Wand. In »Das Geheimnis des schauspielerischen Erfolges« hat er seine Theorie zusammengefaßt.

STANLEY, Sir Henry Morton = John Rowlands
1841–1904; engl. Journalist und Afrikaforscher. Er fand den in Afrika verschollenen Forscher David Livingstone, erforschte das Kongobecken sowie andere afrikanische Gebiete.
Er wuchs im Armenhaus auf, war Schiffsjunge, nahm den Namen Stanley als Journalist an. Der Adelstitel »Sir« wurde ihm verliehen.

STANWYCK, Barbara = Ruby Stevens
1907; amerik. Filmschauspielerin. »Baby Face«; »Annie Oakley«; »Frühstück für zwei«; auch in mehreren TV-Serien und -Filmen z. B. »Dornenvögel«. 1981 erhielt sie einen Ehren-Oscar.

STARDUST, Ziggy >BOWIE, David< = David Robert Hayward-Jones
1946; engl. Popsänger und Filmschauspieler.
Welch ein PS! Es bedeutet »Sternenstaub«.

STARR, Edwin = Charles Hatcher
1942; amerik. Popsänger. »War«.

STARR, Ringo = Richard Starkey
1940; engl. Schlagzeuger bei den legendären »Beatles«. Nach der Auflösung der Gruppe versuchte er eine Solokarriere als Sänger und Schauspieler.
Seine Mutter nannte ihn Ringo, weil er als Kind gerne Ringe trug, den Nachnamen hat er nur verkürzt und verstärkt.

STEINBERG, Saul = Saul Jacobson
1914; amerik. Karikaturist und Illustrator, geb. in Rumänien.

STEINWAY, Henry Engelhard = Heinrich Engelhard Steinweg
1797–1871; dtsch. Pianofabrikant. Gründete 1835 die dtsch. Klavierfabrik »Grotrian-Steinweg« und 1853 die amerik. »Steinway & Sons«, die vor allem nach der Erfindung des kreuzsaitigen Flügels weltweites Ansehen fand.
Einfache Anglisierung eines Namens, der zu einem weltweit bekannten PS und Markennamen geworden ist.

STENDHAL = Marie Henry Beyle
1783–1842; franz. Schriftsteller.

»Rot und schwarz« (Roman); »Die Kartause von Parma« (Roman); »Über die Liebe« (Essay) und Biographien.
Soll sein PS nach der Geburtsstadt des dtsch. Archäologen J. J. Winckelmann, den er bewunderte, gewählt haben.

STEVENS, Cat = Steven Demetri Georgiou
1948; engl. Popmusiker griech.-schwed. Herkunft. »Morning has broken«.

STILLE, C. A. >BRUDER FATALIS< >KOSMAS< >ROSENFELD< = Ignaz Franz Castelli
1781–1862; österr. Schriftsteller. Über 200 Unterhaltungsstücke; Dialektromane.
Um seine überquellende Produktion zu verbergen, legte er sich ständig neue PS zu.

STING = Gordon Mathew Sumner
1952; engl. Popsänger (ehemal. Lehrer) der Gruppe »The Police«. »Moon over Bourbon Street«; »The Dream of the blue turtles«; »If you love somebody set them free«.
Sein PS bedeutet »Stich«, »stechender Schmerz«.

STIRLING, Arthur = Upton Beall Sinclair
1878–1968; amerik. sozial engagierter Schriftsteller (Romane). *»So macht man Dollars«; »Singende Galgenvögel«.*

Die lyrische Sopranistin Teresa Stratas wurde in der Bundesrepublik auch durch Fernseh-Auftritte bekannt

S. mußte sich schon früh sein Geld mit Dreigroschenromanen verdienen, die er unter diesem PS schrieb.

STIRNER, Max = Johann Kaspar Schmidt
1806–1856; dtsch. Philosoph. Predigte extremen Individualismus. »Der Einzige und sein Eigentum«.
Sein PS ist bewußt von »Stirn« abgeleitet und soll die Denkfähigkeit betonen.

STOPPARD, Tom >BOOT, William< = Tom Straussler
1937; engl. Dramatiker und Theaterkritiker. »Rosenkranz und Güldenstern«; »Wahre Kommissare«.
PS nach seinem Stiefvater Major Kenneth Stoppard.

STRATAS, Teresa = Anastasia Strataki
1938; kanad. Opernsängerin. Kind griech. Einwanderer. Sie wurde durch ihre klassischen Musikrollen ein internationaler Star und begeisterte Millionen in dem Film »La Traviata«.

STREFF, Ernst = Ernst Elias Niebergall
1815–1843; dtsch. Schriftsteller (Dramen, Erzählungen). *»Des Burschen Heimkehr«* (Erzählung); *»Datterich«* (Drama).
Um seine Tätigkeit als Lehrer nicht durch seine literarischen Produktionen zu belasten, schrieb er anfangs unter diesem PS.

STREUVELS, Stijn = Frank Lateur
1871–1969; flämischer Schriftsteller (Romane). »Knecht Jan«; »Liebesspiel in Flandern«; »Des Lebens Blütezeit«.
Da das Hauptthema seines literarischen Schaffens der Kampf der flämischen Bauern ist, legte er seinen franz. Namen zugunsten eines flämischen PS ab.

STUART, Cäsar = Cäsar Flaischlen
1864–1920; dtsch. Schriftsteller. *»Graf Lothar«* (Drama); *»Von Alltag und Sonne«* (Lyrik); *»Jost Seyfried«* (Roman).
Er benutzte das PS während seiner Zeit als Redakteur bei der Zeitschrift »Pan«. Gelegentlich zeichnete er seine Artikel auch mit »C. F. Stuart«.

STURGES, Preston = Edmund Preston Biden
1898–1959; amerik. Filmregisseur und Drehbuchautor. »Der große McGinty« (1940 Oscar für Drehbuch); »Sullivans Reisen«; »Hail the Conquering Hero« u. a.

STYNE, Jule = Jule Stein
1905; engl. Theaterintendant und Musical-Komponist dtsch. Abstammung.
Eine ausgefallene Änderung eines dtsch. Familiennamens zu einem PS. Die Schreibweise änderte sich zwar, die Aussprache jedoch blieb die gleiche.

SUE, Eugené = Marie-Joseph Sue
1804–1857; franz. Schriftsteller (Romane). »Die Geheimnisse von Paris«; »Der ewige Jude« u. v. a.

SULSFORT, German Schleifheim von = Hans Jakob Christoffel von Grimmelshausen
1622–1676; dtsch. Schriftsteller. *»Simplicius Simplicissimus«;* s. *>HIRSCHFELT, Samuel Greifensohn von<.*

SUPPÉ, Franz von = Francesco Ezechiele Ermenegildo Suppé Demelli
1819–1891; österr. Komponist. Orchester-, Kammer- und Kirchenmusik. Berühmt wurde er mit seinen Operetten »Die schöne Galathee« und »Boccaccio«.
Seinen ital. Namen (er ist in Split geboren) paßte er geschickt dem dtsch. Sprachgefühl an.

SVENSSON, Jón = Jón Stefán Sveinsson (gen. Nonni)
1857–1944; isländ. Schriftsteller (kath. Jugendbücher). »Nonni«; »Zwischen Eis und Feuer«; »Die Stadt am Meer«; »Wie Nonni das Glück fand«.
Sein PS macht seinen Familiennamen für Ausländer leichter aussprechbar.

SVEVO, Italo = Ettore Schmitz
1861–1928; ital. Schriftsteller (Romane). »Ein Mann wird älter«; »Ein gelungener Scherz«; »Kurze sentimentale Reise«.
Sein PS heißt »ital. Schwabe« und bringt seine Gefühle als »Bastard« zum Ausdruck: Er schrieb ital., hatte die österr. Staatsangehörigkeit und war dtsch. Abstammung.

SWANSON, Gloria = Josephine Swenson
1897–1983; amerik. Filmschauspielerin. »Indiskret« (1930); »Sunset Boulevard«; »Airport«.
Kompliment für das sichere Gespür, dem eigenen Namen durch einen anderen Vornamen und den Tausch eines Buchstabens sowohl Melodie als auch Größe zu geben.

SWEDENBORG, Emanuel = Emanuel Svedberg
1688–1772; schwed. Wissenschaftler, Philosoph, Theosoph. »Regnum animale«; »Arcana coelestia«.

SYLVIA = Sylvia Vandepool
1936; amerik. Popsängerin. »Pillow Talk«.

T

TAGORE, Rabindranath = R. Thakur
1861–1941; ind. Dichter und Philosoph. »Das Heim und die Welt«; »Die Religion des Menschen«; »Die Gabe des Liebenden« u. a. Betrachtungen.
»Tagore« ist die engl. Schreibweise von »Thakur«.

TALVIO, Maila = Maila Mikkola-Winter
1871–1952; finn. Schriftstellerin (Romane). »Die Kraniche«; »Der Verlobungsring«; »Die Glocke«; »Tochter der Ostsee«.

TANDEM, Carl Felix = Carl Spitteler
1845–1924; Schweizer Schriftsteller und Journalist. Nobelpreis 1919. *»Olympischer Frühling«; »Imago«.*
Ob er bei seinem PS an das lateinische »tandem« (»endlich«) dachte oder an das Doppelfahrrad gleichen Namens? Er benutzte es während seiner Zeit als Feuilleton-Redakteur bei der »Neuen Zürcher Zeitung«.

Rabindranath Tagore erhielt für seine Lyrikdichtung, für seine Romane und Dramen 1913 den Nobelpreis

TATI, Jacques = Jacques Tatischeff

Jacques Tati, der Meister der Pantomimenkomik, als Dorfbriefträger in »Tatis Schützenfest« von 1947

1908–1982; franz. Filmregisseur, Drehbuchautor und Schauspieler. »Die Ferien des Monsieur Hulot«; »Mein Onkel«; »Playtime«; »Traffic«.
Das PS sind die ersten vier Buchstaben seines russ. Familiennamens, zu dessen Darstellungsstil es gehörte, nie ein Wort zu sprechen.

TAYLOR, Robert = Spangler Arlington Brough
1911–1969; amerik. Filmschauspieler. »Die Kameliendame«; »Broadway-Melodie«; »Waterloo Bridge«. Der MGM-Chef Louis B. Mayer machte ihn 1934 zu »Mr. Schneider«.

TCHERINA, Ludmilla = Monique Tchemerzina
1924; franz. Tänzerin russ. Abstammung.
Ihr PS gibt dem Familiennamen internationalen Touch

TERRY-THOMAS = Thomas Terry Hoar-Stevens
1911; engl. Theater- und Filmkomiker. »Bruchpiloten«; »Die tollkühnen Männer in ihren fliegenden Kisten«; »Die wundervolle Welt der Gebrüder Grimm« u. a.
Wie einfach! Für sein PS verband er seine beiden Vornamen durch einen Bindestrich, der in der engl. Sprache ungewöhnlich ist, und ließ alle anderen Namen einfach weg.

TERZ, Abraham = Andrej Sinjawski
1925; russ. Exilschriftsteller. »Der Prozeß beginnt«; »Gedanken hinter Gittern«; »Glatteis«.
Als Systemkritiker mußte er seine Werke zuerst in Paris veröffentlichen, wohin er nach längerer Zwangsarbeit emigrieren durfte.

TETMAJER, Kasimir = Kasimierz Przerwa
1865–1940; poln. Schriftsteller (Romane, Erzählungen). »Der hochwürdige Herr Kanonikus«; »Der Todesengel«; »Tatra-Legenden«.

THÉVENIN, Denis = Georges Duhamel
1884–1966; franz. Schriftsteller und Arzt. Mitglied der Académie française 1935. *»Zivilisation«* (Prix Goucourt); *»Die Chronik der Fa-*

milie Pasquier«; »Schrei aus dem Abgrund«.
Bis 1914 war D. praktischer Arzt und veröffentlichte seine literarischen Arbeiten unter diesem PS.

THOMAS A KEMPIS = Thomas Hemerken
1379/80–1471; dtsch. Mystiker, dessen Werk »De imitatione Christi« (Nachfolge Christi) 5000mal aufgelegt wurde. Es ist nach der Bibel das verbreitetste Buch der Weltliteratur.
Sein PS ist aus seinem Geburtsort Kempen abgeleitet.

THOMPSON, Carlos = Juan Carlos Mundanschaffter
1916; argent. Schauspieler und Schriftsteller. Romane: »Flammende Sinne«; »Zwischen Zeit und Ewigkeit«.
Oh ja, mit diesem Familiennamen macht man weder als Schauspieler noch als Schriftsteller Karriere.

THORWALD, Jürgen = Heinz Bongartz
1916; dtsch. Schriftsteller (Sachbücher und Romane). »Das Jahrhundert der Detektive«; »Das Jahrhundert der Chirurgen« u. a.

TIBBER, Robert = Rosemary Friedman
1929; engl. Schriftstellerin (Romane). »Nur kein Arzt«; »Kleiner Kummer, großer Kummer«; »Der kleine Sündenfall«.

TIGER, Dick = Dick Itehu
1929–1971; nigerianischer Boxer.

Zeitgenössischer Stich von Thomas a Kempis, dessen »Nachfolge Christi« aus vier Büchern bestand

Wer weiß, vielleicht heißt »Tiger« auf nigerianisch »Itehu«?

TIGER, Theobald >HAUSER, Kaspar< >PANTER, Peter< >WROBEL, Ignaz< = Kurt Tucholsky
1890–1935 (Freitod); dtsch. Schriftsteller und Journalist.
Eines seiner 4 PS. Er benutzte es für seine politisch engagierten Artikel.

TILDEN, Jane = Marianne Tuch
1910; österr./dtsch. Film- und Theaterschauspielerin (in Aussig geb.). Burgtheater-Mitglied; Serie »Forellenhof« und zahlreiche Filme.

TING, Ling (Ding) = Chiang Wei-Wen (oder: Ping-Chic)

Selbstbildnis von Tizian, der als der Begründer der Malerei der Hochrenaissance gilt

1907; die bekannteste kommunistische Schriftstellerin Chinas.
Sicher gab es tausend gute Gründe für ihr PS. Aber um auch nur einen davon zu verstehen, müßte man Chinesisch können.

TINTORETTO = Jacopo Robusti
1518–1594; ital. Maler religiöser Motive und Porträts. Sein PS bedeutet »Kleiner Färber«.

TIRSO DE MOLINA = Gabriel Téllez
1571–1648; span. Dramatiker. Unter seinen 300 Stücken ragen »Don Gil von den grünen Hosen« und »Don Juan von Sevilla« heraus.
Sein PS bedeutet »Tirso von der Mühle«.

TITO, Josip = Josip Broz
1892–1980; jugosl. Marschall und Politiker. Organisator des Partisanenkampfes gegen die deutsch-ital. Besatzung. 1945 Ministerpräsident, 1953 Staatspräsident (seit 1963) auf Lebenszeit. Abkehr vom Stalinismus (Titoismus), Wortführer der »Blockfreien«.
»Ti to« heißt im Serbokroatischen soviel wie »Du tust das«, und genau das hat er während des Partisanenkampfes seinen Leuten gegenüber oft gebraucht. Er selbst sagte jedoch, sein PS sei der Vornamen eines Schriftstellers, dessen Bücher er während dieser Zeit gelesen hat.

TIZIAN = Tiziano Vecellio
ca. 1477–1576; ital. Maler. »Himmel und irdische Liebe«; »Himmelfahrt Mariens«; »Danae« u. v. a. Gemälde

TODD, Michael = Avrom Hirsch Goldbogen (oder: Goldenborgen)
1907–1958; amerik. Theater-, Revue- und Filmproduzent. Erfinder des Todd-A-O-Verfahrens (70-mm-Kopien). Mehrere erfolgreiche Broadway-Revuen. »In 80 Tagen um die Welt« (Oscar 1956 als Produzent).

TOPOL = Chaim Topol
1935; israel. Theater- und Filmschauspieler. »Fiddler on the roof« (»Anatevka«). Sowohl in London auf der Bühne wie im Film spielte er den Milchmann Tevje und wurde für den Oscar nominiert.

TORBERG, Friedrich = Friedrich Kantor-Berg
1908–1979; österr. Schriftsteller und Übersetzer (Romane, Lyrik). Romane: »Der Schüler Gerber«; »Hier bin ich, mein Vater«; »Süßkind von Trimberg«. Übersetzer für Ephraim Kishon.
Sein PS bildete er aus der letzten Silbe seines ersten und der ersten Silbe seines letzten Familiennamens.

TOTO = Antonio de Curtis Gagliardi Ducas Comnuno di Bisanzio
1897–1967; ital. Filmkomiker und Zirkusclown. Spielte in mehr als 115 Filmen. »Das Gold von Neapel«; »Der Mantel« (nach Gogol) u. a.
Sein PS stammt aus seinen Anfangsjahren beim Varieté.

TRAVEN, B. = ein bis heute nicht mit Sicherheit enttarntes PS
1890–1969; Schriftsteller, wahrscheinlich dtsch. Abstammung. »Das Totenschiff«; »Der Schatz der Sierra Madre«; »Rebellion der Gehenkten« u. a.
Von vielen Theorien gilt diese zur Zeit als die wahrscheinlichste: T. hieß Richard Maurhut, nannte sich als anarchistisch-pazifistischer Schriftsteller zwischen 1917 und 1921 in Deutschland Ret Marut, floh nach Südamerika, wurde in Mexiko unter dem Namen Hal Grover eingebürgert. Dagegen steht die Aussage seiner mexik. Witwe: T. sei Skandinavier und habe Traven Torsvan geheißen.

TRINKOLO, Boatswain >BEADLE, Tom< >BOND, William< >DEFOE, Daniel< >QUIXOTA, Donna Arine< = Daniel Foe
ca. 1660–1731; engl. Schriftsteller. *»Robinson Crusoe«*.
Der Vorname des PS bedeutet »Bootsmann«. Er benutzte das PS für einen Vorschlag zur Altersversorgung von Seeleuten. Einen anderen Artikel in gleicher Sache zeichnete er mit »Jeremiah Dry-Boots« (»Matrosenstiefel«).

TROLL, Thaddäus = Dr. Hans Bayer
1914–1980; dtsch. Schriftsteller. Heitere Erzählungen, Romane, Feuilletons, Essays und Theaterkritiken. »Deutschland deine Schwaben«; »Der himmlische Computer« u. a.
Ein Troll ist in der nordischen Mythologie ein Unhold! Der Vorname ist wegen des Rhythmus gewählt.

TROTZENDORF, Valentin = Valentin Friedland
1490–1556; dtsch. Pädagoge, der das deutsche Schulwesen erneuerte und an seiner Schule die Schülerselbstverwaltung nach antikem Vorbild einführte.
Sein PS ist nach seinem Geburtsort Troitschendorf bei Görlitz entstanden.

TROTZKI, Leo (Lew) = Leib Dawidowitsch Bronstein
1879–1940; russ. Revolutionär und Politiker. Schuf 1918 die Rote

Twiggy, spindeldürres Schönheitsideal der 60er Jahre, ist heute etwas runder und als Sängerin gefragt

Armee und damit die Voraussetzungen für den Sieg der Bolschewiken im Bürgerkrieg 1918–1922. Nach dem Tod Lenins erbitterter Feind Stalins, wurde 1925–1927 aus allen politischen Ämtern entfernt.
In seinem Exil in Mexiko ermordet, vermutlich von einem GPU-Agenten.
Die Herkunft seines PS ist bisher ungeklärt. Nach einer Theorie soll es vom deutschen »Trotz« kommen.

TROYAT, Henry = Léon (Leo, Lew) Tarassow
1911; franz. Schriftsteller russ. Herkunft (Romane). »Die Giftspinne«; »Solange die Welt besteht«; »Onkel Sams Hütte«.

TULIN, K. >FREY, William< >IVANOW, Konstantin Petrowitsch< >KUPRIANOW, B. V.< >Lenin, W. I.< = Wladimir Iljitsch Uljanow
1870–1924; russ. Revolutionsführer; s. >*LENIN*<.

TURNER, Georg >KESTNER, René< >PHILLIPS, Sydney< = Hans José Rehfisch
1891–1960; dtsch. Schriftsteller, Richter, Syndikus einer Filmgesellschaft, Theaterdirektor, Dozent und Rechtsanwalt. Seine bekanntesten Dramen: *»Wer weint um Juckenack?«; »Die Affäre Dreyfus«; »Wasser für Canitoga«.* Er war während seiner Emigration in vielen Ländern und noch mehr Berufen tätig. Dieser Vielfalt entspricht auch das Arsenal seiner PS, die er oft erfand, damit nicht gleich offenkundig wurde, daß er schon wieder ein Stück geschrieben hatte.

TURNER, Sammy = Samuel Black
1932; amerik. Popsänger.

TURNER, Tina = Annie Mae Bullock
1938; amerik. Rocksängerin. »Love Explosion«; »What's love got to do with it«.

TWIGGY = Lesley Hornby
1950; engl. Mannequin, Filmschauspielerin und Sängerin.
Da sie die typische schlanke Mannequinfigur hat, wurde sie »Twig-

gy« (»twig« = »Zweig«) genannt. Ein üblicher Spitzname für sehr schlanke Personen. Sie jedoch wurde zu *der* Twiggy.

TWITTY, Conway = Harold Jenkins
1933; amerik. Folksänger. »It's only make believe«.

U

UCCELLO, Paolo = Paolo di Dono
1397–1475; ital. Maler, Goldschmied und Mosaikgestalter. Mitbegründer des Renaissancestils.
Sein PS bedeutet »Vogel«.

ÜBERZWERCH, Wendelin = Kurt Fuß
1893–1962; dtsch. Schriftsteller (Romane, Lyrik). »Aus dem Ärmel geschüttelt« (Gedichte); »Das Viergestirn« (Roman).
Sein PS bedeutet etwa »überquer«, »unangenehm«, »nicht passend«.

UTRILLO, Maurice = Maurice Valadon
1883–1955; franz. Maler.
Wie kam der franz. Maler zu einem so unfranz. Nachnamen? Er war der Sohn von Suzanne Valadon und dem Maler Boissy. Im Alter von 8 Jahren adoptierte ihn der span. Kunstkritiker Miguel Utrillo.

V

VADIM, Roger = Roger Vadim Plemiannikow
1928; franz. Filmregisseur. Mitbegründer der »Neuen Welle«. Entdecker von Brigitte Bardot. »Und immer lockt das Weib«; »Gefährliche Liebschaften«; »Der Reigen« u. a.

VALENS, Ritchie = Richard Valenzuela
1941–1959; amerik. Popgitarrist. »Donna«.

VALENTIN, Barbara = Uschi Ledersteger
1940; österr. Filmschauspielerin. Begann ihre Karriere als blondes Busenstarlet. »In Frankfurt sind die Nächte heiß«; »Angst essen Seele auf«; »Looping« u. a.

VALENTIN, Karl = Valentin Ludwig Fey
1882–1948; dtsch. Volksschauspieler und Schriftsteller. Trat mit seiner langjährigen Partnerin >*KARLSTADT, Lisl*<, in der Kleintheater- und Kabarettszene in München auf. Seine selbstgeschriebenen Szenen, die voll Ironie und scharfer Zeitkritik sind, beeinflußten unter anderen Bertolt Brecht, der für ihn den Begriff des »Linksdenkers« fand.

VALENTINO, Rudolph = Rodolpho Alfonzo Raffaelo Pierre Filibert Guglielmi di Valentina d'Antonguolla
1895–1926; amerik. Filmschauspieler, geb. in Italien. Frauen-Idol der 20er Jahre, hatte in Hollywood den Spitznamen »die rosarote Puderquaste«! Filme: »Die vier apokalyptischen Reiter«; »Der Scheich«; »Der Sohn des Scheichs«; »Die Kameliendame« u. a.
Sein PS ist die dezimierte Form seines langen Familiennamens.

VALLI, Alida = Alida Maria Altenburger

Kaum ein Kriminalfilm ohne ihn, ohne Lino Ventura. Hier als Killer in »Im Dreieck verreckt« von 1967

1921; ital. Filmschauspielerin. »Der dritte Mann«; »Manon Lescaut«; »Der Fall Paradine« u. a. Filme.

VALLI, Frankie = Frank Castelluccio
1937; amerik. Rockmusiker. »Grease«.

VAN DER MEERSCH, Maxence = Joseph Cardijn
1907–1951; franz. Schriftsteller flämischer Herkunft. »Das Haus in den Dünen«; »Leib und Seele«; »Das reine Herz«.
Letztendlich wählte er ein PS, um seine flämische Herkunft betonen zu können.

VEE, Bobby = Robert Thomas Velline
1943; amerik. Popsänger. »Take good care of my baby«.

VEIDT, Conrad = Conrad Weidt
1893–1943; dtsch. Theater- und Filmschauspieler. »Das Kabinett des Dr. Caligari«; »Der Kongreß tanzt«; »Casablanca« u. a.
Das PS internationalisierte seinen Namen.

VENEZIS, Elias = Elias Mellos
1904–1973; griech. Schriftsteller (Romane). »Friede in attischer Bucht«; »Äolische Erde«; »Die Boten der Versöhnung«.

VENTURA, Lino = Angelo Borrini
1919; ital. Filmschauspieler. Spezialisiert auf franz. Gangster- und Kriminalfilme. »Taxi nach Tobruk«; Dreigroschenoper«; »Das Verhör« u. v. a.
Erstaunlich, daß dieses PS gewählt wurde, denn es gab ja bereits Ray Ventura als weltberühmten Bandleader.

VERCORS = Jean Bruller
1902; franz. Schriftsteller der Résistance. »Das Schweigen des Meeres« (anonym veröffentlicht); »Die Waffen der Macht«.
Sein PS ist der Name eines verkarsteten Kalkgebirges in den franz. Voralpen zwischen Grenoble und dem Drôme-Tal.

VERNEUIL, Henri = Achold Malakian
1920; franz. Filmregisseur türk.

Abstammung. »Staatsfeind Nr. 1«; »Der Clan der Sizilianer« u. a., darunter mehrere Filme mit Belmondo.

VERNON, Konstanze = Konstanze Herzfeld
1939; dtsch. Ballettänzerin. Primaballerina an der Bayerischen Staatsoper.
Ein gut gewähltes PS, das franz. mit ital. Klang vereint.

VERONESE, Paolo = Paolo Cogliari (oder: Caliari)
1528–1588; ital. Maler. Mußte sich wegen angeblicher Profanierung biblischer Themen vor der Inquisition verantworten.
Sein PS ist aus seinem Geburtsort Verona gebildet.

VERROCCHIO, Andrea del = Andrea di Michele-Cioni
1435–1488; ital. Bildhauer, Maler und Bronzegießer. Er schuf das erste für die Aufstellung im Freien geschaffene Denkmal, das Reiterstandbild des Batholomeo Colleoni.
Sein PS ist der Name des Goldschmieds Guiliano del V., dessen Schüler er war.

VERSOIS, Odile = Militza de Poliakoff-Baidarow
1930–1980; franz. Filmschauspielerin russ. Abstammung. »Herrscher ohne Krone«. Schwester von >*VLADY, Marina*<.

VICOMTE DE LAUNAY = Delphine Gay
1804–1855; franz. Schriftstellerin.
Um sich zu tarnen, schrieb sie sowohl Gedichte als auch Romane mit politischer Tendenz unter diesem männlichen PS.

VIEIRA, Luandino = José Vieira Matevs da Grasa
1936; portug. Schriftsteller.
Für seinen Erzählungenband »Luanda« erhielt V. 1965 einen Literaturpreis des Freien Schriftstellerverbandes; nach der Verleihung stellte sich heraus, daß sich hinter dem PS der zu 14 Jahren Haft verurteilte weiße Angolaner da Grasa verbarg.

VIESÉR, Dolores = Wilhelmine Aichbichler, geb. Wieser
1904; österr. Schriftstellerin (Romane). »Das Singerlein«; »Licht im Fenster«; »Aelia«.
So wird aus einem ländlich-braven »Wieser« ein südländisch klingendes »Viesér«. Diese heißblütige Dolores benutzt ihr PS ausgerechnet für Heimatromane aus Kärnten.

VIGO, Jean = Jean Almereyda
1905–1934; franz. Filmregisseur. »Zéro de conduite« (»Betragen ungenügend«); »L'Atalante«.
Als Sohn eines franz. Anarchisten wurde er unter diesem PS in ein Internat geschickt. Er ist heute eine Kultfigur des neuen franz. Films.

VILLA, Pancho = Doroteo Arango

Er benutzte mehr als 150 Decknamen: Voltaire (anonymer Stahlstich nach einem zeitgen. Kupferstich)

1878–1923; mexik. Revolutionär und Guerillaführer.

VILLON, François = Francois de Montcorbier (oder: des Loges)
1431 (?)–1463; franz. Dichter, Liedermacher. 6 Balladen; »Das kleine Testament«; »Das große Testament«.
Sein PS ist nach dem Namen seines Wohltäters Kaplan Guillaume de Villon geprägt, der ihn erzog und an der Sorbonne studieren ließ. Danach führte er ein Vagabundenleben.

VITTI, Monica = Maria Luisa Cesiarelli
1932; ital. Filmschauspielerin. »L'Aventura«; »Die Nacht«; »Die rote Wüste« u. a.

VLADY, Marina = Marina de Poliakoff-Baidarow
1938; franz. Filmschauspielerin russ. Abstammung. »Tage der Liebe«; »Die Wölfe«; »Die blonde Hexe« u. a. Schwester von >*VERSOIS, Odile*<.

VÖLZ, Wolfgang = Aaron Treppengeländer
1930; dtsch. Theater- und Filmschauspieler. »Banktresor 713«; »Unser Wunderland bei Nacht«.

VOLTAIRE >DR. OBERN< >DREAMER, John< = François Marie Arouet
1694–1778; franz. Philosoph und Schriftsteller.
Sein PS benutzte er erstmals 1718 für sein Drama »Oedipe«. Damals nannte er sich Arouet de V., später nur noch Voltaire. Das PS soll ein Anagramm aus »Arovet l. i.« (»le jeune« = »der Junge«) sein. V. hat sich nicht dazu geäußert. Aus Angst vor Polizei und Zensur bediente er sich, wie viele Schriftsteller seiner Zeit, ständig wechselnder PS.

W

WAESCHA-KWONNESIN = Grey Owl
1888–1938; kanad. Schriftsteller indianischer Abstammung. Romane: »Männer der Grenze«; »Kleiner Bruder«; »Das einsame Blockhaus«.
Sein PS ist die Übersetzung seines engl. Namens G. O. (»Graue Eule«) in eine nordamerikanische Indianersprache.

WAGSTAFF = William Makepeace Thackeray
1811–1863; engl. Schriftsteller. *»Henry Esmond«* (Roman).
Dieses PS gefiel T. offenbar so gut, daß er es über Jahre hinweg mit den verschiedensten Vornamen benutzte. Es ist ohne Sinn und nur des Wohlklangs wegen gebildet. Da er das väterliche Vermögen rasch verspielt hatte, mußte er Geld mit dem Schreiben von Glossen für die Zeitschrift »Punch« verdienen, dazu bediente er sich vieler PS.

WALBROOK, Anton = Adolf Wohlbrück
1900–1968; österr. Filmschauspieler. »Maskerade«; »Der Student von Prag«; »Der Reigen« u. a.
Als W. 1937 nach England ging, paßte er seinen dtsch. Namen der engl. Sprechweise an; und daß er in jener Zeit gern auf seinen Vornamen Adolf verzichtete, kann man verstehen.
»Anton« ist ein weiterer Vorname von ihm. So blieben seine Initialen gleich.

WALDAU, Gustav = Gustav Theodor Clemens Robert Freiherr von Rummel
1871–1958; dtsch. Theater- und Filmschauspieler. »Eine kleine Nachtmusik«; »Karneval der Liebe«; »Der schweigende Engel« u. a.
Vom Berufsoffizier über den Journalismus zu Bühne und Film – eine solche Karriere verlangte ein bürgerliches PS.

WALDEN, Herwarth = Georg Lewin
1878–1941; dtsch. Schriftsteller und Journalist. Redakteur mehrerer literarischer Zeitschriften, besonders »Der Sturm«, der sich für den Expressionismus einsetzte. Annäherung an den Kommunismus, Emigration in die UdSSR, dort 1941 verhaftet, im Gefängnis gestorben.
Sein PS stammt von seiner zweiten Frau Nell Walden, die ihn bei seinem Kampf für die moderne Kunst unterstützte.

WALDEN, Mat(t)hias = Eugen Wilhelm Otto Freiherr von Sass
1927–1984; dtsch. Publizist. 1950 von der DDR nach Berlin gekommen. Stellvertretender Chefredakteur beim Sender Freies Berlin, seit 1981 neben Axel Springer Mithrsg. der Zeitung »Die Welt«. Sein PS-Vorname wird unterschiedlich geschrieben.

WALLBURG, Otto = Otto Emil Wasserzieher
1890–1934 (KZ Auschwitz); dtsch. Theater- und Filmschauspieler. »Der Kongreß tanzt«; »Bomben auf Monte Carlo«; »Weekend im Paradies« u. a. Sein PS enthielt seine Initialen.

WALTER, Bruno = Bruno Walter Schlesinger
1876–1962; dtsch. Dirigent. Bruder von >*SLING*<.
Als er nach den USA emigrieren mußte, ließ er seinen Familiennamen in der alten Heimat zurück und nahm ihn nach seiner Rückkehr 1947 nicht wieder auf.

WALTON, Joseph >FORZANO, Andrea< >HANBURY, Victor< = Joseph Losey
1909; amerik. Filmregisseur. »The intimate Stranger« (»Der bekannte Fremde«).
Da er zur Zeit der Kommunistenverfolgung in den USA auf die »schwarze Liste« kam, drehte er Gebrauchsfilme in Italien und England unter drei verschiedenen PS.

WANGER, Walter = Walter Feuchtwanger
1894–1968; amerik. Filmproduzent. »Königin Christine«; »Schanghai«; »Stagecoach« u. a.
Sein PS kostete ihn die erste Silbe seines dtsch. Namens und die Namensgleichheit mit einem großen Schriftsteller.

WARHOL, Andy = Andrew Warhola
1927; amerik. Künstler und Filmemacher. Gilt als Initiator und führender Vertreter der »Pop-art«. In seiner New Yorker »Fabrik« entstanden zudem ca. 80 sog. »Untergrundfilme«, z. B. »Schlaf«, »Flesh« und »Trash«.
Sein PS ist die Anpassung seines tschech. Namens an amerik. Sprechweise.

WARNER, Harry Morris und Jack L. = Harry Morris Eichelbaum und sein Bruder Jack L. Eichelbaum

1881–1958 (Harry), 1892–1978 (Jack); amerik. Filmproduzenten. Beide Brüder änderten ihren Namen in gleicher Weise und gründeten gemeinsam die Warner-Brothers-Filmgesellschaft, die eine der drei größten Hollywoods wurde.

WARWICK, Dionne = Marie Dionne Warrick
1941; amerik. Popsängerin.

WASHBOARD, Sam = Robert Brown
1910; amerik. Waschbrett-Instrumentalist und Bluessänger.
Sein PS ermöglicht es, bei Programmankündigungen zu schreiben: »Am Washboard: Washboard.«

WAST, Hugo = Gustavo Martinez Zuviria
1883–1962; argent. Schriftsteller (Romane). »Lucia Miranda«; »Der Weg der Lamas«. Einer der meistgelesenen Autoren Südamerikas.

WAYNE, John = Marion Michael Morrison
1907–1979; amerik. Filmschauspieler. War Footballspieler, Requisiteur und wurde einer der erfolgreichsten Westerndarsteller des amerik. Films. Unter anderen: »Red River«; »Rio Bravo«; »True Grit« (»Der Marshall«; Oscar 1969 als bester Darsteller).
Sein PS erhielt er von dem Regisseur Raoul Walsh und dem Produzenten Sheehan.

Andy Warhol, der jeden porträtiert (für 10 000 $), besichtigt hier eine alte Kamera im Londoner Film-Museum

WEBB, Clifton = Webb Parmelee Hollenbeck
1893–1966; amerik. Filmschauspieler. »Der Knabe auf dem Delphin«; »Der Mann, den es nie gab« u. a.

WEBSTER, Jean = Alice Jean Chandler
1876–1916; amerik. Schriftstellerin (Erzählungen). »Daddy Langbein«; »Lieber Feind«.

WEDI, E. >CARMEN SILVA< = Elisabeth, Königin von Rumänien
1843–1916; Schriftstellerin (Gedichte).
Die Frau von König Carlos I. war eine geb. Prinzessin Elisabeth zu Wied. Aus diesem Geburtsnamen ist dieses PS abgeleitet, das sie für

Nicht nur Filme hat sie gedreht, auch Pin-up-Fotos trugen zu ihrer Popularität bei: Sexidol Raquel Welch

Übersetzungen von rumän. Dichtungen in die dtsch. Sprache benutzte. s. >*CARMEN, Silva*<.

WEINBERG, Steven = Josey Regental
1933; amerik. Astrophysiker. Erhielt 1979 den Nobelpreis für Physik. Durch sein populärwissenschaftliches Buch »Die ersten drei Minuten«, in dem er die Anfänge des Universums, den »Urknall«, beschreibt, einem großen Publikum bekannt.
Was mag den klugen Mann bewogen haben, seinen Namen zu ändern? Aber fraglos ist ein Weinberg schöner als ein Regental.

WEISS, Ferdl = Ferdinand Weisheitinger
1883–1949; Münchner Lokalkomiker und Filmschauspieler. »Der müde Theodor«; »Der arme Millionär«.
Bei seinem PS wurde immer der Hauptname vor den Vornamen geschrieben.

WELCH, Raquel = Raquel Tejada
1940; amerik. Filmschauspielerin. »Das älteste Gewerbe der Welt«; »Die drei Musketiere«; »Ein irrer Typ« u. a.

WELK, Ehm = Thomas Trimm
1884–1966; dtsch. Schriftsteller (Romane). »Die Heiden von Kummerow«; »Die Lebensuhr des Gottlieb Grambauer«; »Die Gerechten von Kummerow«; »Der wackere Kühnemann aus Puttelfingen«.
Warum ein Autor mit einem so einprägsamen Namen sich ein PS zulegt? Ganz einfach: T. T. war Chefredakteur im Ullstein-Verlag, als er seinen ersten Roman schrieb, und wollte dessen Erfolg oder Mißerfolg nicht mit seinem Namen verkoppeln.

WERNER, Ilse = Ilse Charlotte Still
1921; dtsch. Schauspielerin und Sängerin, geb. auf Java. Sie ist besonders durch das Pfeifen von Schlagern bekannt geworden. »Wir machen Musik«; »Die schwedische Nachtigall«; »Wunschkonzert« u. a.
Verständlich, daß eine so quirlige Sängerin nicht ausgerechnet »Still« heißen durfte.

WERNER, Oskar = Josef Bschließmayer
1922–1984; österr. Theater- und Filmschauspieler. »Entscheidung vor Morgengrauen«; »Der letzte Akt«; »Jules und Jim« u. a.

WEST, Nathaniel = Nathan Wallenstein Weinstein
1903–1940; amerik. Schriftsteller und Drehbuchautor. Romane: »Schreiben Sie Miss Lonelyhearts«; »Eine glatte Million«; »Der Tag der Heuschrecke«.
Das PS ist insofern erstaunlich, als es vor seinen Veröffentlichungen bereits die ebenfalls erfolgreiche *>WEST, Rebecca<*, gab.

WEST, Rebecca >LYNX< = Cecily Isabel Fairfield, verh. Andrews
1892–1983; engl. Schriftstellerin und Schauspielerin, geb. in Irland. »Der Brunnen fließt über« (Roman); »Die Zwielichtigen« (Roman); »D. H. Lawrence« (Biographie).
Sie wählte ihr PS nach dem Namen der Heldin von Ibsens »Rosmersholm«, deren Rolle sie gespielt hatte.

WESTMACOTT, Mary >CHRISTIE, Agatha< = A. Mary Clarissa Miller, verh. Mallowan
1890–1976; engl. Schriftstellerin.
Unter diesem PS veröffentlichte die bekannte Krimi-Autorin 6 romantische Liebesgeschichten.

WESTRUM, Hans = Hans Baumann
1914; dtsch. Schriftsteller und Lyriker.
Unter dem PS reichte er, auf Veranlassung seines Verlegers, 1959 ein Theaterstück zum Gerhart-Hauptmann-Preis der Freien Volksbühne Berlin ein. Er erhielt den 1. Preis, vor der Verleihung wurde bekannt, daß sich hinter dem PS der Hitlerjugend-Liederschreiber B. (»Es zittern die morschen Knochen ...«, »Hohe Nacht der klaren Sterne«) versteckte, und die Preisverteilung wurde ausgesetzt. Das PS weckt ungewollt eine makabre Assoziation: Einer der ersten NS-Propagandafilme nach 1933 hieß »Hans Westmar«.

WETCHEEK, J. L. = Lion Feuchtwanger
1884–1958; dtsch. Schriftsteller. *»Der tönerne Gott«; »Jud Süß«; »Geschwister Oppenheim«.*
F. benutzte das PS für seine ersten Arbeiten in den USA, wo er ab 1941 lebte. Er war 1933 nach Frankreich emigriert, nachdem Hitler an die Macht gekommen war. Sein PS ist die freie Übersetzung seines Namens (»feuchte Wange«) in die engl. Sprache.

WHITE, Jack = Horst Nussbaum
1944; dtsch. Discjockey, Schlagerkomponist und -produzent. Komponierte Erfolgshits für Jürgen Marcus, Roberto Blanco, Tony Marshall u. a.
Freunde scherzen, sein PS bedeute »weiße Jacke«.

Das Foto stammt von 1920 und zeigt Ignaz Wrobel, besser bekannt als Kurt Tucholsky

WIGMAN, Mary = Marie Wiegmann
1886–1973; dtsch. Ballettänzerin und Choreographin.
Obgleich nur in Deutschland tätig, gab sie ihrem Namen durch kleine Korrekturen einen angloamerik. Touch. Die Nazis mochten weder dies noch sie selbst. Sie ging in die Schweiz.

WILDER, Billy = Samuel Wilder
1906; amerik. Filmregisseur österr. Herkunft. War vor 1933 in Berlin als Journalist und Drehbuchautor tätig. Emigrierte über Frankreich in die USA. »Das verlorene Wochenende« (Oscar 1945 für die beste Regie); »Sunset Boulevard« (Oscar 1950 für das beste Drehbuch); »Das Appartement« (Oscar 1960 für die beste Regie) u. v. a.

WILLIAMS, Tennessee = Thomas Lanier Williams
1914–1983; amerik. Schriftsteller (Dramen und Romane). »Die Glasmenagerie« (Drama); »Endstation Sehnsucht« (Pulitzerpreis 1948); »Plötzlich letzten Sommer« (Drama).
Sein PS soll darauf zurückzuführen sein, daß er ein Nachkomme von John Williams, dem ersten Senator des Staates Tennessee, war.

WINTERS, Shelley = Shirley Schrift
1922; amerik. Theater- und Filmschauspielerin. »A patch of blue« (Oscar 1956 für die beste Nebenrolle); »Das Tagebuch der Anne Frank« (Oscar 1959 für die beste Nebenrolle); »Lolita« u. a.

WISDOM, Norman = Norman Wisden
1920; engl. Theater- und Filmkomiker. »Die Nacht, als Minsky aufflog«; »Der Schlappschwanz« u. a.
Zwei Buchstaben nur waren zu verändern, und schon hieß er »N. Weisheit«. Eine solche Gelegenheit darf sich ein Komiker natürlich nicht entgehen lassen.

WITTENBOURG, Jacob = Friedhelm Werremeier
1930; dtsch. Schriftsteller und Journalist. Kriminologische Sachbücher und Kriminalromane, die

alle den Hauptkommissar Trimmel zum Helden haben und für die Sendereihe »Tatort« verfilmt wurden.
Sein PS ist nach seinem Geburtsort Witten gebildet.

WONDER, Stevie = Steveland Judkins
1950; amerik. (blinder) Popsänger und -musiker. »I just call to say I love you« u. v. a.

WONG, Anna May = Wong Liu-Tsong
1902–1960; amerik. Filmschauspielerin chin. Abstammung. »Der Dieb von Bagdad«; »Schanghai-Expreß« u. a.
Ein typisches Hollywood-PS. Es klingt chin., ist aber für amerik. Zungen leicht auszusprechen.

WOOD, Natalie = Natascha Gurdin
1938–1981 (ertrunken); amerik. Filmschauspielerin russ. Abstammung. »Denn sie wissen nicht, was sie tun« (Oscar-Nominierung 1955); »West Side Story«; »Gypsy« u. a.
Als sie mit 8 Jahren ihre erste Filmrolle spielte, gaben ihr die Produzenten William Goetz und Leo Spitz dieses PS, in Erinnerung an Regisseur Sam Wood.

WROBEL, Ignaz >HAUSER, KASPAR< >PANTER, Peter< >TIGER, Theobald< = Kurt Tucholsky
1890–1935 (Freitod); dtsch. Schriftsteller und Journalist.
Unter diesem PS schrieb T. hauptsächlich kritische Anmerkungen zur dtsch. Justiz.

WYMAN, Jane = Sarah Jane Fulks
1914; amerik. Filmschauspielerin. »Mein Mann Godfrey«; »Das verlorene Wochenende«; »Johnny Belinda« (Oscar 1948 als beste Darstellerin) u. a.

Y

YORICK = Pietro Ferrigni-Coccoluto
1836–1895; ital. Schriftsteller und Journalist. Humorvolle Bücher über Florenz; Reiseberichte.
Als PS wählte er den Namen des Helden Yorick aus Laurence Sternes Roman »Yoricks sentimentale Reise«.

YORK, Susannah = Susannah Fletcher
1941; engl. Filmschauspielerin und Schriftstellerin. »Freud«; »Tom Jones«; »Nur Pferden gibt man den Gnadenschuß«.

YOUNG, Gig = Byron Ellsworth Barr
1917–1978; amerik. Theater- und Filmschauspieler. Bekam für seine Rolle als Conférencier in dem Film »Nur Pferden gibt man den Gnadenschuß« den Oscar 1969.
Sein PS ist der Name der Rolle, die er in dem Film »The Gay Sisters« spielte (1942).

YOUNG, Loretta = Gretchen Belzer
1913; amerik. Filmschauspielerin. »Vor Blondinen wird gewarnt«; »Der Fremde«; »The Farmer's Daughter« (Oscar 1947 als beste Darstellerin) u. a.
Ein PS, das die Phantasie anregt! Man hört förmlich die Kastagnetten rasseln, und dann stellt sich heraus, daß sich dahinter ein deutsches Gretchen versteckt!

YOURCENAR, Marguerite = M. de Crayencour
1903; franz. Schriftstellerin (Romane). »Ich zähmte die Wölfin«; »Alexis oder Der vergebliche Kampf«. 1980 als erste Frau in die Académie française gewählt.
Ihr PS ist aus den Buchstaben ihres richtigen Namens gebildet.

Z

ZICO = Artur Antunes Coimbra
1954; brasilianischer Fußballer. Er wird »der weiße Pelé« genannt. Das PS stammt von seinen Fans.

ZORINA, Vera = Eva Brigitta Hartwig
1917; dtsch. Ballettänzerin und Schauspielerin.
Eines der vielen russ. PS für Ballerinen sämtlicher Nationalitäten.

ZORN, Fritz = Fritz Angst
1944–1976; Schweizer Germanist. Er schrieb ein einziges Buch, das nach seinem Tode von Adolf Muschg veröffentlicht wurde: »Mars«, das Bekenntnisbuch eines Sterbenden, der mit denen abrechnet, die ihm im Leben nicht helfen konnten.
Sein PS ist ein Programm: Statt Angst predigt er in seinem Buch Zorn.

Und so heißen sie richtig

In diesem Register sind die wirklichen (richtigen) Namen erfaßt. Hinter diesem stehen die Pseudonyme. Dies erleichtert das Auffinden von Pseudonymen, die nur einmal oder für spezielle Zwecke oder literarische Arbeiten benutzt worden sind.

A

AACKLITZEN, Konstantin = Schwarz, Berthold
AARON, Adolf = L'Arronge, Adolf
ABRAHAM, Otto = Brahm, Otto
AHENOBARBUS, Lucius Domitius = Nero, Claudius Drusus Germanicus Caesar
AICHBICHLER, Wilhelmine (geb. Wieser) = Viesèr, Dolores
AKERMAN, John Yonge = Pindar, Paul
ALCAYAGA, Lucila Godoy de = Mistral, Gabriela
ALBACH, Rosemarie Magdalena = Schneider, Romy
ALEKSEYEW, Konstantin Sergeewitsch = Stanislawsky, Konstantin
ALLEGRI, Antonio = Correggio
ALLEN, Ronald = Ayckbourn, Alan
ALMEREYDA, Jean = Vigo, Jean
ALTENBURGER, Alida Maria = Valli, Alida
ALVERIO, Rosita Dolores = Moreno, Rita
AMBROGINI, Angelot = Poliziano, Angelo
AMICI, Dominic = Ameche, Don
ANAGNOSTOPOULOS, Spiro Theodore = Agnew, Spiro
ANCEL (eigtl. Antschel), Paul = Celan, Paul
ANDERSEN, Liselotte Helene = Andersen, Lale
ANDERSON, Gary = Bonds, Gary (U. S.)
ANDRIEUX, Louis = Aragon, Louis, Colére la
ANGELO, Donato d' = Bramante, Donato
ANGST, Fritz = Zorn, Fritz
ANTEL, Franz = Legrand, François
ANZENGRUBER, Ludwig = Gruber, Ludwig
ARAMBILLET, Fernando Casado = Rey, Fernando

ARANGO, Doroteo = Villa, Pancho

ARBUCKLE, Roscoe (»Fatty«) = Goodrich, William

ARDIZZONE, Edward Jeffrey Irving = Diz

ARIAS, Margot Foneyn de (geb. Margaret Hookham) = Fonteyn, Margot

ARMSTRONG, Helen Porter (geb. Mitchell) = Melba, Nellie

ARON, Siegfried = Arno, Siegfried

AROUET, François Marie = Dr. Obern; Dreamer, John; Voltaire

ARROM, Cecilia de (geb. Böhl de Faber) = Caballero, Fernán

ARSHAWSKY, Arthur = Shaw, Artie

ASHTON, Winifred = Dane, Clemence

AUERSPERG, Anton Alexander von = Grün, Anastasius

AUGSTEIN, Rudolf = Daniel, Jens

AUSTERLITZ, Frederick = Astaire, Fred

AVALLONE, Francis = Avalon, Frankie

AVERLINO (auch Averalino), Antonio di Pietro = Filarete

AZNAVOURIAN, Charles = Aznavour, Charles

B

BAK, Vivi = Bach, Vivi
BAKER (oder Mortenson), Norma Jean = Monroe, Marilyn
BALANSCHIWADSE, Georgy Melitonowitsch = Balanchine, George
BALINE, Israel Isidore = Berlin, Irving
BALSAMO, Giuseppe = Cagliostro, Allesandro Graf von
BALZAC, Honoré = Balzac, Honoré de
BAMBERGER, L. Gottfried Heinrich = Berger, Ludwig
BARABEYTSCHIK, Ischok Israelewitsch = Dobrowen, Issay
BARBIERI, Giovanni Francesco = Guercino, G. F.
BARGONE, Frédéric-Charles-Pierre-Èdouard = Farrère, Claude
BARKER Jr., Alexander Crichlow = Barker, Lex
BARR, Byron Ellsworth = Young, Gig
BARRIE, James Matthew = Ogilvy, Gavin
BARROW, Joseph Louis = Louis, Joe
BARTHEL, Kurt = Kuba
BARUCH, Löb = Börne, Ludwig
– Moses = Auerbach, Berthold; Chauber, Theobald
BASIE, William = Basie, Count
BASTARD, Lucien = Estang, Luc
BATAVIO, Margret Annemarie = March, Peggy
BATHIAT, Arlette-Léonie = Arletty
BAUER, Georg = Agricola, Georgius
– Herbert = Balàzs, Béla
BAUM, Robert = Amberg, Lorenz; Fortridge, Allan G.; Jungk, Robert
BAUMANN, Hans = Westrum, Hans
BAUMGARTNER, James = Garner, James
BAYER, Hans Dr. = Troll, Thaddäus
BAZZI, Giovanni Antonio = Sodoma

BEATY, Shirley Maclean = MacLaine, Shirley
– Warren = Beatty, Warren
BEAUCHAMP (verh. Murry), Kathleen = Mansfield, Katherine
BEEDLE, William Franklin jr. = Holden, William
BEHRENS, Bertha von = Heimburg, Wilhelmine
BÉKESSY, János = Habe, Hans
BELLEMARE, Eugène Louis Ferry Gabriel de = Ferry, Gabriel
BELLON-DOWNEY, Marie-Jeanne = Bell, Marie
BELLOTO, Bernardo = Canaletto
BELZER, Gretchen = Young, Loretta
BENARD, Abraham-Joseph = Fleury
BÉNARD, Anne-Marie-José = Aubry, Cecile
BENCI, Antonio = Pollaiuolo, Antonio
BENEDICTSSON, Victoria Maria = Ahlgren, Ernst
BERGER, A. = Malraux, André
– Maurice Jean de = Béjart, Maurice
– Norbert = Cindy & Bert
BERNARD, Henriette-Rosine = Bernhardt, Sarah
BETTO BARDI, Donato di Niccolo di = Donatello
BEYER, Hanne Karin = Karina, Anna
BEYLE, Marie Henry = Stendhal
BICKEL, Frederick McIntyre = March, Fredric
BICKLE, Phyllis = Calvert, Phyllis
BIDEN, Edmund Preston = Sturges, Preston
BIERBAUM, Otto Julius = Möbius, Martin
BIGORDI (auch Bigardi), Domenico di Tommaso = Ghirlandaio, Domenico
BIOLCATI, Maria Ilva = Milva
BIRNBAUM, Nathan = Burns, George
BISANZIO, Antonio de Curtis Gagliardi Ducas Comnuno di = Toto
BITZIUS, Albert = Gotthelf, Jeremias
BJELKE, Ernst = Low, Bruce
BLACK, Samuel = Turner, Sammy
– Susan = Beaumont, Susan
BLAICH, Hans Erich Dr. = Owlglass, Dr. Ratatöskr
BLAIR, Eric Arthur = Orwell, George
BLAIRFINDIE, Allen Charles Grant = Power, Cecil
BLAMAUER, Karoline = Lenya, Lotte
BLAUERMEL, Karin = Baal, Karin
BLIXEN-FINECKE, Baronesse Karen Christence = Andrezel, Pierre; Blixen, Tania; Dinesen, Isac; Osceola
BLUME, Claire = Bloom, Claire
BLUNDELL, Harold = Bellairs, George
BLYTHE, Ethel = Barrymore, Ethel
– Herbert = Barrymore, Maurice
– John = Barrymore, John
– Lionel = Barrymore, Lionel
BOCKELMANN, Udo Jürgen = Jürgens, Udo

BODEN, Wilhelm Emil = Bendow, Wilhelm
BODENSTEDT, Friedrich = Schaffy, Mirza
BÖTTICHER, Paul Anton = Lagarde, Paul Anton de
– Georg = Leutnant Versewitz
– Hans = Ringelnatz, Joachim
BOEX, J. H. = Rosny, Joseph Henri
– S. J. F. = Rosny
BOGAERDE, Derek von den = Bogarde, Dirk
BOGEN, Alexander = Scholtis, August
BONDY, Fritz = Scarpi, N. O.
BONGARTZ, Heinz = Thorwald, Jürgen
BORCHARDT, Georg Hermann = Hermann, Georg
BORRINI, Angelo = Ventura, Lino
BOSETZKY, Horst Dr. = -ky
BOULARAN, Jacques = Deval, Jacques
BOURCHARROUBA, Mohammed = Boumédienne, Houari (Bumedienne, Huari)
BOURGEOIS, Jeanne-Marie = Mistinguett
BOUTELLEAU, Jacques = Chardonne, Jacques
BOWYER YIN, Leslie Charles = Charteris, Leslie
BOYD, Eva Narcissus = Little Eva
BRADLEY, Graham = Bonney, Graham
BRIOD, Betty (geb. Eymann) = Saint-Hélier, Monique
BRIS, Pierre de = Brice, Pierre
BRIX, Hermann = Bennett, Bruce
BROFELDT, Johan = Aho, Juhani
BRONNER, Ferdinand = Adamus, Franz
BRONSTEIN, Leib Dawidowitsch = Trotzki, Leo (Lew)
BRONTË, Ann = Bell, Acton
– Charlotte = Bell, Currer
– Emily = Bell, Ellis
BROUGH, Spangler Arlington = Taylor, Robert
BROWN, Zenith Jones = Ford, Leslie; Frome, David
– Robert = Washboard, Sam
BROWNE, Thomas Alexander = Boldrewood, Rolf
BROZ, Josip = Tito, Josip
BRUCH, Cornelia = Borchers, Cornell
BRULLER, Jean = Vercors
BRUNI, P. F. Caletti = Cavalli, Pier Francesco
BRUSSO, Noah = Burns, Tommy
BRYNER, Youl = Brynner, Yul
BSCHLIESSMAYER, Josef = Werner, Oskar
BUBER, Paula (geb. Winkler) = Munk, Georg
BUCHINSKY, Charles = Bronson, Charles
BUCK, Pearl S(ydenstricker) = Sedges, John
BÜLOW, Vicco von = Loriot
BULLOCK, Annie Mae = Turner, Tina
BUNDSMANN, Emil = Mann, Anthony
BUONARROTI SIMONI, Michelangniolo di Ludovico di Lionardi di = Michelangelo
BURCKHARDT, Johann Ludwig = Ibrahim Ibn Abd Allah

C

CALDER, Nigel = Clarke, Arthur Charles
CALVIN, John = Noon, Jeremiah
CAMENZIND, Josef Maria = Rigisepp
CANALE, Giovanni Antonio = Canaletto
CANSINO, Marguerita Carmen = Hayworth, Rita
CAPONI, Alphonso = Capone, Al
CARCOPINO-TUSOLI, François = Carco, Francis
CARDIJN, Joseph = Van der Meersch, Maxence
CARDONA, Florencia Bisenta Casillas Martinez = Carr, Vikki
CARETTE, Louis = Marceau, Félicién
CARON, Pierre Augustin = Beaumarchais, Caron de
CARPENTIER, Harlean = Harlow, Jean
CARROLL, Daniel Patrick = Rue, Danny la
CARTER, Charlton = Heston, Charlton
CASEY, John = O'Casey, Sean
CASSOTTO, Walden Robert = Darin, Bobby
CASSOU, Jean = Noir, Jean
CASTELFRANCO, Giorgio da = Giorgione
CASTELLI, Francesco = Borromini, Francesco
– Ignaz Franz = Bruder Fatalis; Kosmas; Rosenfeld; Stille, C. A.
CASTELLUCCIO, Frank = Valli, Frankie
CEBUTARU, Maria = Cebotari, Maria
CERNICK, Al = Mitchell, Guy
CESIARELLI, Maria Luisa = Vitti, Monica
CHALHOUB, Michael = Sharif, Omar
CHALUPEC, Barbara Apolonia = Negri, Pola
CHAMBERS, James = Cliff, Jimmy
CHANDLER, Alice Jean = Webster, Jean

CHARPENTIER, Suzanne = Annabella
CHARTIER, Emile-Auguste = Alain
CHASSAGNE, Micheline = Presle, Micheline
CHATTERTON, Thomas = Rowley, Thomas
CHAUCHOIN, Lily Claudette = Colbert, Claudette
CHAUMETTE, René = Clair, René
CHEVALIER, Maurice Edouard Saint-Léon = Chevalier, Maurice
– P. Sulpice = Gavarni, Paul
CHIANG WEI-WEN oder **PING-CHIC** = Ting, Ling (Ding)
CHLUMBERG, Hans Bardach Edler von = Chlumberg, Hans von
CHRISTOFFERSON, Martin F. = Böök, Fredrik
CINI, Alfred = Martino, Al
CLAUDIUS, Matthias = Asmus
CLAY, Cassius Marcellus = Muhammed Ali
CLEMENS, Samuel Langhorne = Mark Twain
CLIBURN, Harvey Lavan = Cliburn, Van
COCOZZA, Alfredo Arnold = Lanza, Mario
CODY, William Frederick = Buffalo Bill
COGLIARI (oder Caliari), Paolo = Veronese, Paolo
COHEN, Morris = Brandes, Georg
COHN, Emil Ludwig = Ludwig, Emil
COIMBRA, Artur Antunes = Zico
COLE, Janet = Hunter, Kim
COLERIDGE, Samuel Taylor = Comberback, Silas Tomkyn
COLES, Nathaniel Adam = Cole, Nat King
COLETTE, Sidonia Gabrielle = Colette
COLOMBAT, Claire = Laage, Barbara
CONEGLIANO, Emmanuele = Ponte, Lorenzo da
CONNEAU, Jean = Beaumont, André
CONNERY, Thomas = Connery, Sean
CONSTANDIN, Fernand Joseph Désiré = Fernandel
COOPER, Emma = Field, Michael
– Frank J. = Cooper, Gary
CORDTS, Georg und Renate = Kristan, Georg R.
CORNWELL, David John Moore = Carré, John le
CORTESI, F. = Bom
CORYELL, John R. = Carter, Nick
COURNAND, Evelyne = Galina, Anna
COURTHS-MAHLER, Hedwig = Relham, Hedwig
CRAYENCOUR, M. de = Yourcenar, Marguerite
CRISTILLO, Louis = Costello, Lou
CROBATH, Erika = Remberg, Erika
CROCETTI, Dino = Martin, Dean
CROSBY, Harry Lillis = Crosby, Bing

CRUZ BOSEN, Jens = Cruze, James

CUNATI, Edwige Caroline = Feuillère, Edwige

CZELL, Carl = Merz, Carl

CZIFFRA, Geza = Pirat, Fritz

D

D'AGNOLO DI FRANCESCO, Andrea Domenico = Sarto, Andrea del
DANNAY, Frederic = Queen, Ellery; Ross, Barnaby
DANNENBERGER, Hermann = Reger, Erik
D'ANTONGUOLIA, Rodolpho Alfonzo Raffaelo Pierre Filibert Guglielmi di Valentina = Valentino, Rudolph
DAUDET, Alphonse = Isle, Jean de l'
DAUMER, Georg Friedrich = Emmeran, Eusebius; Hafis
DAY, Margaret Mary = Lockwood, Margaret
DEKKER, Eduard Douwes = Multatuli
DEMSKY, Yssur Danielowitsch = Douglas, Kirk
DENELLER, Uta = Danella, Utta
DERR, Kätherose = Dor, Karin
DESCARTES, René = Cartesius, Renatus
DESNITZKY, Ivan = Desny, Ivan
DESPINOZA, Baruch Bento = Spinoza, Benedictus
DESTOUCHES, Louis Fuch = Céline, Louis-Ferdinand
DEUTSCH, Ernst = Dorian, Ernest
DEUTSCHENDORF, John Henry = Denver, John
DICKENS, Charles John Huffam = Boz
DIETZ, Gertrud (verh. Dorn) = Fussenegger, Gertrud
DIMUCCI, Dion = Dion
DINICOLA, Joe = Dee, Joey
DITZEN, Rudolf = Fallada, Hans
DIXON, Eugene = Chandler, Gene
DODGSON, Charles Lutwidge = Carroll, Lewis
DÖBLIN, Alfred Dr. med. = Linke Poot
DONGEN, Frits van = Dorn, Philip
DONO, Paolo di = Uccello, Paolo
DORLÉAC, Cathérine = Deneuve, Cathérine

DOROSLOVAC, Milutin = Dor, Milo

DOUDY, Reginald = Garrick, John

DRAGHI, Giovanni Battista = Pergolesi, G. B.

DRESSER, David = Halliday, Brett

DREYFUS, Jean-Paul = Chanois, Jean-Paul le

DSCHUGASCHWILI, Iossif Wissarionowitsch = Koba; Stalin, Iossif (Josef) W., sowie zahlreiche andere PS.

DUHAMEL, Georges = Thévenin, Denis

DUKINFIELD, William Claude = Criblecoblis, Otis; Fields, W. C.; Jeeves, Mahatma Kane

DUNNE, Mary Chavelita = Egerton, George

DUPIN (verh. Dudevant), Amandine Lucile Aurore = Sand, George

DURRELL, Lawrence = Norden, Charles

DWIGHT, Reginald Kenneth = John, Elton

E

EBENSTEIN, Erich = Hruschka, Annie

EBERST, Jakob = Offenbach, Jacques

EICH, Hans Dr. = Quercu, Matthias Dr.

EICHBERGER, Willy = Esmond, Carl

EICHELBAUM, Harry Morris = Warner, Harry Morris

– Jack L. = Warner, Jack L.

EINZINGER, Ditta Tuza = Lolita

EISLER, Egon = Eis, Egon

ELISABETH, Königin v. Rumänien (sie war eine geborene Pauline Emilie Ottilie Luise, Prinzessin zu Wied) = Carmen Sylva; Wedi, E.

ELLINGTON, Edward Kennedy = Ellington, Duke

EMMERICH, Curt Dr. med. = Bamm, Peter

ENGLÄNDER, Richard = Altenberg, Peter

ERICSON, Walter = Fast, Howard Melvin

ERNSTING, Walter = Darlton, Clark; McPatterson, Fred

ESPINASSE, Albert Pierre = Brasseur, Pierre

EVANS, Ernest = Checker, Chubby

– Mary Ann = Eliot, George

F

FABRY, Wilhelm = Fabricius, Hildanus
FAES, Pieter van der = Lely, Peter
FAINZILBERG, I. Arnoldowitsch = Ilf, Ilja
FAIRFIELD (verh. Andrews), Cecily Isabel = Lynx; West, Rebecca
FALKNER, William Harrison = Faulkner, William
FALLA Y MATHEU, Manuel Maria de = Falla, Manuel de
FARIGOULE, Louis = Romains, Jules
FECHNER, Gustav Theodor = Dr. Mises
FENCHEL, Marcel = Luipart, Marcel
FERRIGNI-COCCOLUTO, Pietro = Yorick
FESSENDEN, Beverly = Garland, Beverly
FEUCHTWANGER, Lion = Wetcheek, J. L.
– Walter = Wanger, Walter
FEY, Valentin = Valentin, Karl
FICKER, Roberta Sue = Farrell, Suzanne
FIDANZA, Johannes = Bonaventura
FIEDMAN, William = Fox, William
FIELDING, Henry = Drawcansir, Alexander Sir
FILIPEPI, Allessandro di Mariano = Botticelli, Sandro
FINKLEA, Tula Ellice = Charisse, Cyd
FITZGERALD, Roy = Hudson, Rock
FITZSIMMONS, Maureen = O'Hara, Maureen
FLAISCHLEN, Cäsar = Stuart, Cäsar
FLAKE, Otto = Kotta, Leo F.
FLATOW, Curth = Barett, C. A.
FLETCHER, Susannah = York, Susannah
FLIEGEL, Helmut = Heym, Stefan
FLUCK, Diana Mary = Dors, Diana

FOE, Daniel = Beadle, Tom; Bond, William; Defoe, Daniel; Quixota, Donna Arine; Trinkolo, Boatswain; (Abigail); (Dry-Boots, Jeremiah)
FOLENGO, Teofilo = Coccajo, Merlino
FORD, Thelma Booth = Booth, Shirley
FOUQUÉ, Friedrich Baron de la Motte = Pellegrin
FOURNIER, Henri Alban = Alain-Fournier
FOWLER, Clara Ann = Page, Patti
FRAHM, Herbert Ernst = Brandt, Willy; Gaasland, Gunnar
FRANCONERA, Concetta = Francis, Connie
FRANKE, Renate = Holm, Renate
FRÉDÉRIX, Jacques = Feyder, Jacques
FREISTADT, Benedikt = Franz, Karl; Frei, Bruno
FREUND, John Lincoln = Forsythe, John
FRIEDLAND, Valentin = Trotzendorf, Valentin
FRIEDLÄNDER, Salomo = Mynona
FRIEDMAN, Rosemary = Tibber, Robert
FRIEDMANN, Egon = Friedell, Egon
FRÖBA, Klaus = Anatol, Andreas
FRÖBER, Karl-Gerhard = Fröbe, Gert (Diese Angabe aus Nachschlagewerken wird von ihm dementiert.)
FROSS, Wilhelm = Forst, Willi
FULKS, Sarah Jane = Wyman, Jane
FURNIER, Vincent Damon = Cooper, Alice
FURPHY, Joseph = Collins, Tom
FURRY, Elda = Hopper, Hedda
FUSS, Kurt = Überzwerch, Wendelin

G

GABOR, Sari = Gabor, Zsa Zsa
GAIUS IULIUS CAESAR GERMANICUS = Caligula
GALSWORTHY, John = Sintjohn, John
GARCÍA-SARMIENTO, Félix Rubén = Darío, Rubén
GARDNER, Erle Stanley = Fair, A. A.
GARFINKLE, Julius = Garfield, John
GASSION, Edith Giovanna = Piaf, Edith
GAUTSCH, Françoise Annette = Arnoul, Françoise
GAY, Delphine = Vicomte de Launay
GEISMAN, Ella = Allyson, June
GELÉE, Claude = Claude Lorrain
GENDRE, Louis = Jourdan, Louis
GENSFLEISCH ZUR LADEN, Johannes = Gutenberg, Johannes
GEORGE IV., König von England = Florizel
GEORGIOU, Steven Demetri = Stevens, Cat
GÉRARD, Ignace Isidore = Grandville
GERHARDS, Gerhard (auch Geert Geerts) = Erasmus, Desiderius
GERSHWIN, Jacob = Gershwin, George
GERSON, Kurt = Gerron, Kurt
GETTMANN, Lesli = Brooks, Leslie
GEVERGEYEWA, Tamara = Geva, Tamara
GHOLSON, Anderson = Glasgow, Ellen
GIFT, Therese = Giehse, Therese
GIGLIOTTI, Yolande = Dalida
GILBERT, Maria Dolores Eliza Rosanna = Montez, Lola
GIRARD, Gabrielle = Delorme, Danielle
GIROTTI, Mario = Hill, Terence
GLADSTONE, William Ewart = Bouverie, B.

GLASSBRENNER, Adolf = Brennglas, Adolf
GLOUX, Olivier = Aimard, Gustave
GOEDSCHE, Hermann = Retcliffe, Sir John
GOERCKE, Günther Dr. = Morlock, Martin
GOGGAN, John Patrick = Patrick, John
GOLDBOGEN (oder Goldenborgen), Avrom Hirsch = Todd, Michael
GOLDENBERG, Emmanuel = Robinson, Edward G.
GOLDFISH, Samuel = Goldwyn, Samuel
GOLDMANN, Max = Reinhardt, Max
GOLDONI, Carlo = Glodoci, Loran
GOLDSCHMIDT, Jenny = Lind, Jenny
GOLDSCHMIED, Georg = Fabricius, Georg
GOLDSMITH, Oliver = Lien Chi Altangi
GOLONBINOFF, Simone (geb. Changense) = Golon, Anne
– Serge G. = dito
GOLSSENAU, Arnold Friedrich Vieth von = Renn, Ludwig
GOODRICH, Samuel Griswold = Parley, Peter
– Sandra = Shaw, Sandy
GOTHART, Mathis (Matthäus), gen. Nithart (Neidhardt) = Grünewald, Matthias
GOTTAR, Karal = Gott, Karel
GOTTFRIED, Johann Ludwig = Abelin, Johann Philipp
GOUSSANTHIER, Margarethe = Buchela (Madame); Madame Buchela
GRAINGER, Francis Edward = Hill, Headon
GREENE, Gladys = Arthur, Jean
GREIF, Andreas = Gryphius, Andreas
GREY OWL = Waescha-Kwonnesin
GRIFFITH, John = London, Jack
GRIMMELSHAUSEN, Hans Jacob Christoffel von = Fugshaim, Melchior Sternfels von; Greifensholm, Erich Stainfels von; Hartenfels, Simon Lenfrisch von; Hirschfelt, Samuel Greifensohn von; Sehmstorff, Michael Reghulin von; Signeur Messmahl; Sulsfort, German Schleifheim von
GRINDEL, Eugène = Eluard, Paul
GRINEWSKIJ, Alexander Stepanowitsch = Grin, A. St.
GRIZEAU, Josiane = Sévérine
GROSSEL, Ira = Chandler, Jeff
GROSSMAN, Arthur = Freed, Arthur
GRUEN, David = Ben Gurion, David
GRÜNDGENS, Gustav = Gründgens, Gustaf
GRUMBACH, Jean-Pierre = Melville, Jean-Pierre
GÜNTHER, Heinz = Bekker, Jens; Doerner, Stefan; Konsalik, Heinz Günther; Nikolai, Boris; Pahlen, Henry
– Ida von = Ivogün, Marie
GUICHE, Dorothy de = Gish, Dorothy
– Lillian = Gish, Lillian

GUJONSSON, H. W. = Laxness, Halldór Kiljan
GUMM, Frances Ethel = Garland, Judy
GUMPPENBERG, Hans Theodor Karl Wilhelm Freiherr von = Jodok; Prof. Tiefbohrer
GUNDELFINGER, Friedrich = Gundolf, Friedrich
GURDIN, Natascha = Wood, Natalie
GURK, Paul = Grau, Franz
GUSENBURGER (verh. Berger), Jutta = Cindy & Bert
GUSTAFSSON, Greta Lovisa = Garbo, Greta

H

HABECK, Fritz Dr. jur. = Gordon, Glenn
HAENNIG, Gitte = Gitte
HÄRING, Wilhelm = Alexis, Willibald
HALLE, Karl = Hallé, Charles
HALLGRIMSON, Jansson = Kamban, Gudmundur
HAMER, Gertrud (geb. von Sanden) = Kennicott, Mervyn Brian
HANSEN, Emil = Nolde, Emil
HARDENBERG, Friedrich Freiherr von = Novalis
HARMENSEN, Jakob = Arminius, Jacobus
HARRIS, Christopher = Fry, Christopher
– Derek = Derek, John
HARRIS-BRADLEY, Katharine = Field, Michael
HARRISON, Reginald Carey = Harrison, Rex
HARTLEBEN, Otto Erich = Erich, Otto; Ipse, Henrik
HARTLEY, Vivian Mary = Leigh, Vivien
HARTWIG, Eva Brigitta = Zorina, Vera
HASCHKOWITZ, Ferdinand = Marian, Ferdinand
HATCHER, Charles = Starr, Edwin
HAVILLAND, Joan de Beauvoir de = Fontaine, Joan
HAWTHORNE, Nathaniel = Aubépine, M. de
HAYWARD-JONES, David Robert = Bowie, David; Stardust, Ziggy
HECKSCHER, Carl-Dieter = Heck, Dieter »Thomas«
HEEMSTRA, Edda Hepburn van = Hepburn, Audrey
HEER, Gerda = Möller, Jani
HEFLIN, Emmett Evan jr. = Heflin, Van
HEILWART, Isidor Edler von = Neumann, Isidor
HEINE, Heinrich (eigtl. Harry) = Riesenharf, Sy Freudhold
HEINZE, Eckhard = Mansfeld, Michael
HEMERKEN, Thomas = Kempis, Thomas
HEMMERDINGER, Martine = Parmain, Martine

HENRIED, Paul Julius von = Henreid, Paul
HENSCHKE, Alfred = Klabund
HERNANDEZ, José Garcìa = Alcántara, Francisco José
HERRMANN, Gerhard = Mostar, Gerhart Herrmann
HERZFELD, Konstanze = Vernon, Konstanze
HERZOG, Emile Salomon Wilhelm = Maurois, André
– Franz = Herczeg, Ferencz
HESSE, Hermann = Sinclair, Emil
HESSELBERG, Melvyn = Douglas Melvin
HEUN, Karl Gottlieb Samuel = Clauren, Heinrich
HICKS, Dolores = Hart, Dolores
HIEBEL, Henriette Margarethe = La Jana
HIGGINS, Henry = Canadas
HILGER, Herbert Anton = Marshall, Tony
HIRTREITER, Ludwig Alexander = Gildo, Rex
HITCHCOCK, Reginald Ingram Montgomery = Ingram, Rex
HOAR-STEVENS, Thomas Terry = Terry-Thomas
HÖDL, Karl Johann = Holt, Hans
HOEFLICH, Eugen – Ben Gavriél, Mosde Ya'akov
HÖLLERICH, Gerd = Black, Roy
HÖLZL, Johannes = Falco
HOFFKIRCHNER, Wilhelm Arpad Peter = Hoven, Adrian
HOFFMANN, Ernst Theodor Wilhelm = Hoffmann E. Th. Amadeus
– Ferenc = Kishon, Ephraim
HOFMANNSTHAL, Hugo von = Levis; Loris; Melikow; Morren, Theophil
HOHENHEIM, Theophrastus Bombastus von = Paracelsus, Philippus Aureolus Theophrastus
HOLBERG, Ludvig = Mikkelsen, Hans
HOLLENBECK, Webb Parmelee = Webb, Clifton
HOLT, Patricia = Labelle, Patti
HOLZ, Arno = Holmsen, Bjarne P.
HOMMEL, Lebrecht = Melchior, Lauritz
HOOP, Edward = Henricks, Paul
HOPE, Leslie Townes = Hope, Bob
HORNBY, Lesley = Twiggy
HOSEMANN, Andreas = Ossiander, Andreas
HOSKINS, Cyris Henry = Dr. Kuan-Sue; Rampa, Lobsang
HOVICK, Rose Louise = Lee, Gypsy Rose
HOYER, Gelina von = Rachmanowa, Alja
HUBER, Dietrich = Kasper, Hans
HUC, Philippe = Derème, Tristan
HUCH, Ricarda = Hugo, Richard
HUERTA, Baldemar = Fender, Freddy
HUGENSZ (oder Jacobsz), Lucas = Lucas van Leyden
HUNGERBÜHLER, Eberhard = Huby, Felix
HUNT, Lucille = Ball, Lucille

I

IBSEN, Henrik = Bjarme, Brynjolf
INGLIS, James = Maori
IONESCU, Eugéne = Ionesco, Eugéne
IRELAND, William Henry = Clifford, Charles
IRVING, Washington = Agapida, Friar Antonio; Crayon, Geoffrey; Knickerbocker, Diedrich
ISLEY-WALKER (verh. Selznick), Phyllis = Jones, Jennifer
ITALIANO, Anna Maria Louisa = Bancroft, Anne
ITEHU, Dick = Tiger, Dick

J

JACKSON, Henry = Armstrong, Henry
JACOB, Leo = Cobb, Lee J.
JACOBSON, Saul = Steinberg, Saul
JANENZ, Theodor Friedrich Emil = Jannings, Emil
JANKE, Amalie = Putti, Lya de
JARCZYK, Max Andreas = Jary, Michael
JAVAL, Camille = Bardot, Brigitte
JEANNERET, Charles-Edouard = Le Corbusier
JEFFERSON, Arthur Stanley = Laurel, Stan
JENKINS, Harold = Twitty, Conway
– Richard Walter = Burton, Richard
JENSEN, Holst = Scott, Gabriel
JÖRNS, Brunhilde Maria Alma Herta = Raky, Laya
JOHANSSON, Lars (Lasse) = Lucidor, Lasse
JOHN, Eugenie = Marlitt, Eugenie
JOHNSON, Birgit Gun = Johns, Bibi
– Lucy = Gardner, Ava
JONES, Ruth = Gordon, Ruth
JOSAPHAT, Israel Beer = Reuter, Paul Julius Freiherr von
JUDD, Nadine = Nerina, Nadia
JUDKINS, Steveland = Wonder, Stevie
JULIER, Johann = Moser, Hans
JUNG, Johann Heinrich = Jung-Stilling, J. H.

K

KACEV, Romain = Gary, Romain
KADINSKY, Stanford = Cade, Stanford
KARASEK, Helmut = Doppler, Daniel
KÄSTNER, Erich = Bürger, Berthold; Kurtz, Melchior; Neuner, Robert
KAMAU, Johnstone = Kenyatta, Jomo
KAMINKER, Simone Henriette Charlotte = Signoret, Simone
KAMINSKY, David Daniel = Kaye, Danny
– Melvyn = Brooks, Mel
KAMSKY, N. A. = Bom
KANTOR-BERG, Friedrich = Torberg, Friedrich
KAPPELHOFF, Doris = Day, Doris
KAUMEYER, Dorothy = Lamour, Dorothy
KATZ, Noel = Grey, Joel
KAZANJOGLOUS, Elia = Kazan, Elia
KEATON, Joseph Francis = Keaton, Buster
KECKEIS, Gustav = Muron, Johannes
KELLNER, Sandro = Korda, Alexander Sir
KEMAL (Pascha), Mustafa = Atatürk, Mustafa Kemal
KEMP, Alan = Lana
KEMPNER, Alfred = Kerr, Alfred
KERNER, Gabriele = Nena
KERTESZ, Mihaly = Curtiz, Michael
KESMARKY, Marika = Pop, Edina
KESSELAAR, Rudolf Wybrand = Carrell, Rudi
KHAN, Abdullah Jaffa Anver Bey = Jeffrey, Robert
KHERLAKIAN, Gérard Daniel = Gérard, Danyel
KIEHTREIBER, A. Conrad = Gütersloh, Albert Paris
KIENZLE, Raymond Nicholas = Ray, Nicholas
KIESCHNER, Sidney = Kingsley, Sidney
KIESLER, Hedwig = Lamarr, Hedy

KINAU, Hans = Fock, Gorch
KIPLING, Rudyard = Avatar of Vishnuland
KIPPENBERG, Anton = Papentrigk, Benno
KLÄBER, Kurt = Held, Kurt
KLAMMER, Karl = Ammer, K. L.
KLEIN, Carole = King, Carole
– Ursula Natalie = Herking, Ursula
KLUSACEK, Christian = Roberts, Chris
KMET, Vera = Molnar, Vera
KNEF, Hildegard = Neff, Hildegard
KNOBLAUCH, Edward = Knoblock, Edward
KOEBSEL, Eberhard = Laar, Clemens
KÖNIGSBERG, Allen Stewart = Allen, Woody
KÖSELITZ, Heinrich = Gast, Peter
KOHN, Fritz Nathan = Kortner, Fritz
KOLACNÝ, Hildegard = Krahl, Hilde
KOLLODZIEZSKI, René = Kollo, René
– Walter = Kollo, Walter
KORNSTADT, Gerthe = Parlo, Dita
KORZENIOWSKI, Józef Teodor Konrad = Conrad, Joseph
KOSMANOWSKI, Kurt = Eisler, Kurt
KOSTERLITZ, Hermann = Koster, Henry
KOSTROWITSKY-FLUGI, Wilhelm Apollinaris de = Apollinaire, Guillaume
KOWALCZYK, Viktor Paul Karl = Kowa, Viktor de
KRÄMER, Karl Emerich Dr. = Forestier, George; Jontza, Georg
KRAMM, Heinz-Georg = Heino
KRAMPF, Max = Adalbert, Max
KRANZ, Jake = Cortez, Ricardo
KRAUSENECKER, Peter = Kraus, Peter
KREBS, Nikolaus = Cusanus, Nikolaus
KREMER, Gerhard = Mercator, Gerhardus
KRISTOFFER, Magnus = Berg, Bengt
KRÖPCKE, Karol = Krolow, Karl
KRÜGER, Hardy = Andreas, Stephan
KRÜSS, James = Polder, Markus; Ritter, Felix
KÜMPFEL-SCHLIEKMANN, Ilse = Ponkie
KUHHORN, Martin = Bucer, Martin (auch Butzer)
KUJNIR-HERESCU, Nadia = Gray, Nadia

L

LABRUNIE, Gérard de = Nerval, Gérard de
LACROIX, Jean Paul = Jacob, P. L.
LAFONTAINE, August Heinrich Julius = Freier, Gustav
LANDAU, M. A. = Aldanow, Mark Alexandrowitsch
LANDESMANN, Heinrich = Lorm, Hieronymus
LANE, Ralph Norman Angell = Angell, Norman Lane
LANGEHANKE, Lucille = Astor, Mary
LARRADINI, Christopher = Lee, Christopher
LaRUE, Diana = Sharp, Dee Dee
LATEUR, Frank = Streuvels, Stijn
LAUDENBACH, Pierre-Jules-Louis = Fresnay, Pierre
LAVOIE, Kent = Lobo
LAWRENCE, David H. = Davidson, Lawrence Herbert
LAWRIE, Marie McDonald McLaughlin = Lulu
LEACH, Archibald Alexander = Grant, Cary
LÉCAVELÉ, Roland = Dorgelès, Roland
LEDER, Rudolf = Hermlin, Stephan
LEDERSTEGER, Uschi = Valentin, Barbara
LEE, Manfred B. = Queen, Ellery; Ross, Barnaby
– **YUEM KAM** = Lee, Bruce
LEFEBVRE, Germaine = Capucine
LÉGER, Marie-René-Auguste-Alexis = Saint-John Perse
LEIBOWITZ, Sidney = Lawrence, Steve
LEININGER, Harald (Adoptivname) = Munk, Kaj, s. a. Petersen, Harald
LEITCH, Danovan Philip = Donovan
LEJEUNE, François = Effel, Jean
LEMBERGER, Leopold = Lindberg, Leopold

LESSING, Doris May = Somers, Jane
LEUVIELLE, Gabriel = Linder, Max
LEVITCH, Joseph = Lewis, Jerry
LÉVY, Jacques Fromental Éli = Halévy, Fromental
LEVY, Marion = Goddard, Paulette
LEWIN, Georg = Walden, Herwarth
LEWINBUK, Daliah = Lavi, Daliah
LEWINSKI, Erich von = Manstein, Erich von
LEWIS, Barbara Geddes = Bel Geddes, Barbara
– Cecil Day = Blake, Nicholas
– Florence (geb. Graham) = Arden, Elizabeth
– Mary Christiana Milne = Brand, Christianna
LIEBER (auch Liebler), Thomas = Erastus, Thomas
LILITTS, Marta Maria = Dagover, Lil
LILLEBAKKEN, J. Petter = Falkberget, Johan
LINDEGARD, Mai = Christensen, Synnove
LIPSIUS, Ida Marie = La Mara
LISSBAUER, Rudolf = Godden, Rudi
LIVI, Ivo = Montand, Ives
LI YUN-HO = Chian Ch'ing; Lan P'in
LLEWELLYN, Frederick = Bartholomew, Freddie
LÖWENSTEIN, Laszlo = Lorre, Peter
LOGAU, Friedrich von = Golaw, Salomon von
LOMBINO, Salvatore A. = Mc Bain, Ed
LOPEZ-CIMA, Victoria = Los Angeles, Victoria de
LORENZINI, Carlo = Collodi, Carlo
LORENZO, Piero di = Cosimo, Piero di
LOSCH, Maria Magdalene von = Dietrich, Marlene
LOSEY, Joseph = Forzano, Andrea; Hanbury, Victor; Walton, Joseph
LOUŸS, Pierre = Bilitis
LUBOWITZ, Mike = Mann, Manfred
LÜDDECKENS, Werner Louis Georg = Alexander, Georg
LUGACS, Paul = Lukas, Paul
LUTHER, Martin = Fregosus, Fredericus

M

MACLEOD, Margaretha Geertruida (geb. Zelle) = Mata Hari
MACMASTERS, Luke = Haystacks, Giant
MAI(E)R, Johannes aus Egg = Eck, Johannes
MAKKEY, Peter = Maffay, Peter
MALAKIAN, Achod = Verneuil, Henri
MALLESON, Lucy Beatrice = Gilbert, Anthony; Meredith, Anne
MANDEL, Joseph = May, Joe
MANGANELLA, Renato Eduardo = Ambra, Lucio d'
MANGEL, Marcel = Marceau, Marcel
MARCEL, Eugène = Prévost, Marcel
MARCHEGIANO, Rocco Francis = Marciano, Rocky
MAREK, Kurt W. = Ceram, C. W.
MARKS, Lilian Alice = Markowa, Alicia
MARRENER, Edythe = Hayward, Susan
MARX, Adolph Arthur = Marx, Harpo
– Herbert = Marx, Zeppo
– Julius Henry = Marx, Groucho
– Leonhard = Marx, Chico
– Milton = Marx, Gummo
MASSARYK (auch Masareck), Friederike = Massary, Fritzi
MATEVS DA GRASA, José Vieira = Vieira, Luandino
MATTHEWS, Pauline = Dee, Kiki
MATTHIAS, Günther = Quercu, Matthias Dr.
MATUSCHANSKAVASKY, Walter = Matthau, Walter
MAUDET, Christian Albert François = Christian-Jaque
MAUPASSANT, Guy de = Prunier, Joseph
MAURIAC, François = Forez
MAVOR, Osborne Henry = Bridie, James; Henderson, Mary
MAXPHERSON, James = Ossian
MAYER, Christian = Améry, Carl

MAYER-BOERCKEL, Ferdinand = Mayne, Ferdy
MAYR (Mair, Mayer), Simon = Marius, Simon
McMATH, Virginia Katharine = Rogers, Ginger
MEDICO, Paola del = Paola
MEGERLE, Johann Ulrich = Abraham a Santa Clara
MEISSEN, Heinrich von = Frauenlob
MELLOS, Elias = Venezis, Elias
MENEGHINI, Cecilia Sophia Anna (geb. Kalogeropoulos) = Callas, Maria
MERCADER, Ramón del Rio = Jacson, Frank; Mornard-Vandendreschd, Jacques
MÉRIMÉE, Prosper = Gazul, Clara; L'Etrange, Joseph; Maglanowitsch, Hyazinth
MEYER, Alfred Richard = Munkepunke
– Gustav = Meyrink, Gustav
MEYER-BEER, Jakob Liebmann = Meyerbeer, Giacomo
MICHEL, Claude = Clodion
MICHELE-CIONI, Andrea di = Verrocchio, Andrea del
MICKLEWHITE, Maurice Joseph = Caine, Michael
MIDDLETON, Peggy Yvonne = Carlo, Yvonne de
MIKELEITIS, Edith = Schumann, Edzar
MIKKOLA-WINTER, Maila = Talvio, Maila
MILLAY, Edna St. = Boyd, Nancy
MILLER (verh. Mallowan), A. Mary Clarissa = Christie, Agatha, Westmacott, Mary
– Gary Neil = Dunn, Michael
MISCHWITZKY, Holger = Praunheim, Rosa von
MITCHELL, William = Finch, Peter
MODINI, Robert = Stack, Robert
MOERING, Richard = Gan, Peter
MOINEAUX, Georges Victor Marcel = Courteline, Georges Victor Marcel
MOKIEJEWSKI, Jean = Mocky, Jean-Pierre
MONCORGÉ, Jean Alexis = Gabin, Jean
MONTCORBIER, François de = Villon, François
MONTGOMERY, Bruce = Crispin, Edmund
– Leslie Alexander = Doyle, Lynn
MORKEPÜTZ-ROOS, Erna = Moor, Ernestine
MORRISON, Frank = Spillane, Mickey
– Jeanette Helen = Leigh, Janet
– Marion Michael = Wayne, John
MOUCKA, Josef = Meinrad, Josef
MOURER, Maryse = Carol, Martine
MOUSKOS, Michail Christedoulos = Makarios III.
MÜLLER, Ernst Lothar = Lothar, Ernst
– Johann = Regiomontanus
– Lukas = Cranach, Lukas d. Ä.
MÜLLER-MAREIN, Josef = Molitor, Jan
MÜNCH-BELLINGHAUSEN,

N

NABOKOV, Vladimir Vladimirovic = Sirin
NAKSZYNSKI, Claus Gunther = Kinski, Klaus
NALÈCHE, Françoise Bandy de = Rosay, Françoise
NASCIMENTO, Edson Arantes do = Pelé
NELSON, Hary Edward = Nilsson
NEPVEU, André = Durtain, Luc
NEUBERGER, Andreas R. = Fernau, Rudolf
NEUMAYER, Peter = Alexander, Peter
NEFEDOV, Alexandra Doris = Alexandra
NERLICH, Marcel = Rys, Jan
NGUYEN THAT TANH = Ho Chi Minh
NIDL-PETZ, Franz Eugen Helmuth Manfred = Quinn, Freddy
NIEBERGALL, Ernst Elias = Streff, Ernst
NOËL, Lucien = Noël-Noël
NORWAY, Neville Shute = Shute, Neville
NOTRE-DAME, Michel de = Nostradamus
NOWYCH, Grigori Jefimowitsch = Rasputin, G. J.
NUSBAUM, Nathan Richard = Nash, N. Richard
NUSSBAUM, Horst = White, Jack
NUTT, Charles = Beaumont, Charles
NWIA-KOFI, Francis = Nkrumah, Kwame

O

O'BRIEN, Mary Isobel Catherina Bernadette = Springfield, Dusty

O'BRIEN-THOMPSON, Estelle Merle = Oberon, Merle

OCKENFUSS, Lorenz = Oken, Lorenz

ODEMAR, Erich = Ode, Erik

O'DONNOVAN, Michael = O'Connor, Frank

OESTERREICH, Axel Eugen Alexander von = Ambesser, Alex von

OETTINGER, Louella = Parsons, Louella O.

O'FEARNA, Sean Aloysius = Ford, John

OGNALL, Leopold Horace = Carmichael, Harry; Howard, Hartley

OHSER, Erich = Plauen, O. E.

OLANDER, Joan Lucille = Doren, Mamie van

OLIVEN, Fritz = Rideamus

OLSEN, Rolf (eigtl. Rudolf) = Fox, Emerson

O'MALLEY, Mary Dolling (geb. Sanders) = Bridge, Ann

OMICCIOLI, Palmina = Rossi-Drago, Eleonora

OMPTEDA, Georg Freiherr von = Egestorff, Georg

ONDRAKOVÁ, Anna Sophie = Ondra, Anny

ONIONS, Oliver = Oliver, George

OPPENHEIMER, Maximilian = Ophüls, Max

ORLÉANS, Louis Philippe Joseph Herzog von = Egalité, Philippe

ORNSTEIN, Richard = Oswald, Richard

OROWITZ, Eugene Maurice = Landon, Michael

ORTHOFER, Peter = Hagel, Jan; Nebel, Caspar

OSTERWALDER, Rolf E. = Osterwald, Hazy

OSTLERE, Gordon = Gordon, Richard

OTERO Y CINTRÓN, José Vincente Ferrer = Ferrer, José

OTTE, Paul Alfred = Bornhagen, Adalbert

P

PAGÈS, Philippe = Clayderman, Richard
PALANUIK, Vladimir (oder Walter) = Palance, Jack
PALMER, Vera Jayne = Mansfield, Jane
PAPADIAMANTÓPOULOS, Joannis = Moréas, Jean
PAPE, Lilian = Harvey, Lilian
PARKER, Robert Le Roy = Cassidy, Butch
PASCALE, Antonietta de = Lualdi, Antonella
PAYELLE, Raymond Gérard = Hériat, Philippe
PEAY, Benjamin Franklin = Benton, Brook
PEDERSEN, Knud = Hamsun, Knut
PEDERSOLI, Carlo Dr. = Spencer, Bud
PEHM, Joseph = Mindszenty, Jozsef
PEISER, Lillie Marie = Palmer, Lilli
PENICK, Mary Frances = Davis, Skeeter
PEPO, Bencivienti (auch Cenni) = Cimabue
PEREZ, Lazlo Luis = Hammond, Albert
PERSKE, Betty Joan = Bacall, Lauren
PESCHKOW, Alexej Maximowitsch = Gorki, Maxim
PETERS, Jane Alice = Lombard, Carole
PETERSEN, Harald (Geburtsname) = Munk, Kay; s. a. Leininger, Harald
PETIOT, Henri = Daniel-Rops
PEVSNER, Naum Neemia = Gabo, Naum
PHILIP, Gérard = Philipe, Gérard
PHILLIPS, Dennis John Andrew = Chambers, Peter; Chester, Peter
PICARIELLO, Frederick Anthona = Cannon, Freddie
PICKEL (auch Bickel), Konrad = Celtes (auch Celtis), Konrad
PIERALISI, Virna = Lisi, Virna

PIERANGELI, Anna Maria = Angeli, Pier
PIERE, Cherilyn Sarkasia la = Cher
PIETRO, Guido di = Angelico, Fra (auch: Beato)
PIETRO-MONARO, Andrea di = Palladio, Andrea
PILU, François Gabriel = Perier, François
PINKAS, Julius = Pascin, Jules
PINKERLE (auch Picherle), Alberto = Moravia, Alberto
PLACHETA, Günther Dr. med. = Philipp, Gunther
PLANGMAN, Patricia = Highsmith, Patricia
PLEMIANNIKOW, Roger Vadim = Vadim, Roger
PLIEVIER, Theodor = Plivier, Theodor
PLUMPE, Friedrich Wilhelm = Murnau, F. W.
POE, Edgar = Poe, Edgar Allan
POGGENSEE, Renate = Kern, Renate
POIRIER, Louis = Gracq, Julien
POLIAKOFF-BAIDAROW, Militza de = Versois, Odile
– Marina = Vlady, Marina
PONTE, G. I. da = Bassano, Giacomo Iacopo
POPE, Alexander = Distich, Dick
POPOW, Alexander S. = Serafimowitsch, Alexander
POQUELIN, Jean Baptiste = Molière
PORTER, William Sidney = Henry, O.
POSTL, Karl Anton = Sealsfield, Charles
PRATT, Charles Edward = Karloff, Boris
PRETZEL, Raimund = Haffner, Sebastian
PREVOST, Antoine François = Prevost, Abbé
PRINGLE, John = Gilbert, John
PROKHOROWA, Violetta = Elvin, Violetta
PRZERWA, Kasimierz = Tetmajer, Kasimir

Q

QUIROGA, Maria Casares = Casarés, Maria

QUOIREZ, Françoise = Sagan, Françoise

R

RAABE, Wilhelm = Corvinus, Jakob
RABBINOWICZ, Schalom = Scholem, Alejchem
RABELAIS, François = Nasier, Alcofribas
RABINOWITZ, Jerome = Robbins, Jerome
RADVANYI, Netty (geb. Reiling) = Seghers, Anna
RAIMANN, Ferdinand = Raimund, Ferdinand
RAIMBOURG, Andre = Bourvil
RAMÉE, Pierre de la = Ramus, Petrus
RAMISTELLA, John = Rivers, Johnny
RAMSTETTER, Michael = Maichelböck, Emil K.
RANFT, George = Raft, George
RAPAGNETTA, Gabriele = Annunzio, Gabriele d'
RASCHKE, Edith Gertrud Meta = Rahl, Mady
RASPE, Rudolf Erich = Münchhausen, Karl Friedrich; Hieronymus Freiherr von
RAUPACH, Ernst = Leutner, E. M.
RAUSCH, Albert = Benrath, Henry
RAYMOND, George = George, Gorgeous
– René = Chase, James Hadley
REGENTAL, Josey = Weinberg, Steven
REHFISCH, Hans José = Kestner, René; Phillips, Sydney; Turner, Georg
REINECKER, Herbert = Berg, Axel; Dührkopp, Herbert
REINER, Karl Dr. jur. = Reinl, Harald
REIZENSTEIN, Elmer Lion = Rice, Elmer
REJMENT, Wladyslaw Stanislaw = Reymont, W. St.
REMARK, Erich Paul = Remarque, Erich Maria
REYES, Mario Moreno = Cantinflas
REYES-BASOALTO, Neftali Ricardo do = Neruda, Pablo
RHEIN, Eduard = Hellborn,

S

SACHER-MASOCH, Leopold Ritter von = Arand, Charlotte; Rodenbach, Zoë van
SACHSEN, Amalie Herzogin von = Heiter, Amalie
SACHSEN, Johann König von = Philaletes
SALZMANN, Siegmund = Salten, Felix
SAMANIEGOS, José Ramón Gil = Novarro, Ramon
SAMOSCH, Gertrude = Gert, Valeska
SANATAYANA Y BORRAIS, Jorge Ruiz de = Santayana, George
SÁNCHEZ, Illich Ramirez = Carlos
– Manuel Laureano Rodriguez = Manolete
SANDEAU, Léonard Sylvain Jules = Sand, Jules
SANTI (Sanzio), Raffaello = Raphael (Raffael)
SASS, Eugen Wilhelm Otto Freiherr von = Walden, Mat(t)hias
SAULUS = Paulus
SAUSER-HALL, Frédéric = Cendrars, Blaise
SAUX, Sophie de (geb. de Boutellier) = Browne, Henriette
SCAFONE, Jack = Scott, Jack
SCHEFFLER, Johann = Angelus Silesius
SCHEIDT, Walter = Gierer, Berchtold
SCHERER, Jean Maurice = Rohmer, Eric
SCHIKENEDER, Johann Joseph = Schikaneder, Emanuel
SCHINZEL, Antonio = Anders, Christian
SCHITTENHELM, Brigitte Eva Gisela = Helm, Brigitte
SCHLAF, Johannes = Holmsen, Bjarne P.
SCHLESINGER, Bruno Walter = Walter, Bruno
– Paul = Sling
SCHLETZ, Elke = Sommer, Elke
SCHLIEWEN (verh. Moersberger), Rosefelicitas = Rose, Felicitas

SCHLOSS, William = Castle, William
SCHLUDERPACHERU, Herbert Charles Angelo Kuchazwitsch = Lom, Herbert
SCHLÜTER, Margarete = Böhme, Margarete
SCHMID, Eduard = Edschmid, Kasimir
SCHMIDT, Johann Kaspar = Stirner, Max
– Otto Ernst = Ernst, Otto
– Wilhelm = Schmidtbonn, Wilhelm
SCHMIRGER, Gertrud = Ellert, Gerhart
SCHMITZ, Ettore = Svevo, Italo
– Franz Theodor = Lingen, Theo
SCHNEEBERGER, Irmgard = Paretti, Sandra
SCHNEIDER (Schnitter), Johann = Agricola, Johannes
SCHNITZLER, Eduard = Emin Pascha, Mehmet
SCHÖMIG, Martha = Harell, Marte
SCHÖNHERR, Robert Arthur = Roberts, Ralph Arthur
SCHOPFER, Jean = Anet, Claude
SCHREIBER, Helmut = Kalanag
SCHRIFT, Shirley = Winters, Shelley
SCHROEDER, Henry = Butterworth, William
SCHULMAN, Evelyn = Lear, Evelyn
SCHUMANN, Robert = Eusebius, Florestan
SCHULTHEISS, Michael = Praetorius, Michael
SCHULZ, Georg Heinrich = George, Heinrich
SCHWAB, Karl Heinz Dr. = Bendix Ralf
– Marianne Rosemarie = Roos, Mary
SCHWARTZ, Bernard = Curtis, Tony
SCHWARZERD(T), Philipp = Melanchthon, Philipp
SCICOLONE, Sofia = Loren, Sophia
SCOTT, Walter = Cleisbotham, Jedediah
SEARGES, Alexandre Pierre = Guitry, Sacha
SEIDEL, Georg Heinrich Balthasar = Ferber, Christian; Glas, Simon
SEITZ, Franz Xaver = Laforet, Georg
SEKULOWICH, Mladew = Malden, Karl
SERNA, Consepción Espina de = Espina, Concha
SERRA, Ernesto Guevara de la = Guevara, Che
SEUFFERT, Brigitta = Cetto, Gitta von
SHAFFER, Anthony Joshua
– Peter Levin = Antony, Peter
SHARP, William = MacLeod, Fiona
SHAW, George Bernard = Corno di Bassetto
SICILIANO, Angelo = Atlas, Charles
SIERCK, Hans Detlef = Sirk, Douglas
SILLY, François = Bécaud, Gilbert
SIMENON, Georges = Sim, Georges

SIMONS, Hendrix Nikolaus Theodor = Heintje
SINCLAIR, Upton Beall = Stirling, Arthur
SINJAWSKI, Andrej = Terz, Abraham
SINNOTT, Michael = Sennett, Mack
SKIKNE, Laruschka Mischa = Harvey, Laurence
SKRJABIN, Wjatscheslaw Michailowitsch = Molotow, W. M.
SMET, Jean Philippe = Hallyday, Johnny
SMITH, Gladys Mary = Pickford, Mary
– Walker = Robinson, Sugar Ray
SNEPERER, Hans = Rosenplüt, Hans
SNOW, James = Rodgers, Jimmy
SOBELSOHN, Karl = Radek, Karl
SORYA, Françoise = Aimée, Anouk
SPARANERO, Franco = Nero, Franco
SPIELER, Joachim = Hansen, Joachim
SPINDLER, Karl = Hufnagl, Max; Spinalba, C.
SPITTELER, Carl = Tandem, Carl Felix
SPITZER, Rudolf = Lothar, Rudolf
SPRIGG, Christopher St. John = Caudwell, Christopher
SPRINGBETT, Lynn Berta = Seymour, Lynn
STÄGLICH, Oswalda = Oswalda, Ossi
STAHR, Fanny = Lewald, Fanny
STAINER, Leslie = Howard, Leslie
STANEWSKY, Mechislaw Antonowitsch = Bom
STANGELAND, Katharina (geb. Bech) = Michaelis, Karin
STARKEY, Richard = Starr, Ringo
STEFANO, Francesco di = Pesellino
STEIN, Jule = Styne, Jule
STEINBERGER, Helmut = Berger, Helmut
STEINBÖMER, Gustav = Hillard, Gustav
STEINSCHNEIDER, Hermann = Hanussen, Erik Jan
STEINWEG, Heinrich Engelhard = Steinway, Henry Engelhard
STENVAL, Aleksis = Kivi, Aleksis
STERN, Günther = Anders, Günther
STEVENS, Ruby = Stanwyck, Barbara
STEWART, Alfred Walter = Connington, J. J.
– James Lablache = Granger, Stewart
– John Innes Mackintosh = Innes, Michael
STILL, Ilse Charlotte = Werner, Ilse
STIPETIC, Werner = Herzog, Werner
STOWASSER, Friedrich = Hundertwasser, Friedensreich
STRATAKI, Anastasia = Stratas, Teresa
STRAUSSLER, Tom = Boot, William; Stoppard, Tom

STRECKFUS-PERSONS, Truman = Capote, Truman
STREHLENAU, Nikolaus Franz Niembsch Edler von = Lenau, Nikolaus
STROOCK, Geraldine = Brooks, Geraldine
STROTHER, David Hunter = Porte-Crayon
STRUBE, Erna = Fleming, Joy
STRÜBE, Hermann = Burte, Hermann
STUART, Ian = MacLean, Alistair
STURE-VASA, Mary Alsop = O'Hara, Mary
SUCHANEK, Alice Paula Marie = Hauff, Angelika
SUCKERT, Kurt = Malaparte, Curzio
SUE, Marie-Joseph = Sue, Eugené
SÜDFELD, Max Simon = Nordau, Max Simon
SUEUR, Lucille le = Crawford, Joan
SUMNER, Gorden Matthew = Sting
SUPPÈ DEMELLI, Francesco Ezechiele Ermenegildo = Suppé, Franz von
SVEDBERG, Emanuel = Swedenborg, Emanuel
SVEINSSON, Jón Stefán (gen. Nonni) = Svensson, Jón
SWENSON, Josephine = Swanson, Gloria
SWIFT, Jonathan = Bickenstaff, Isaac Drapier, M. B.
SWOFFORD, William Oliver = Oliver
SZÖKE, Eva Ivanowa = Bartok, Eva
SZYMANSKI, Gisela = Collins, Corny

T

TABETT, George Albert = Shane, Ricky
TAGGER, Theodor = Bruckner, Ferdinand
TALIAFERRO, Dellareese (geb. Early) = Reese, Della
TATISCHEFF, Jacques = Tati, Jacques
TCHEMERZINA, Monique = Tcherina, Ludmilla
TEJADA, Raquel = Welch, Raquel
TÉLLEZ, Gabriel = Tirso de Molina
TEMÜDZIN, Temüjin = Dschingis Chan
TESSIER, Ernste Maurice = Dekobra, Maurice
TETERNIKOW, F. Kusmitsch = Sologub, Fjodor
THACKERAY, William Makepeace = Wagstaff
THAKUR, R. = Tagore, Rabindranath
THELEN, Albert Vigoleis = Fabrizius, Leopold
THEOTOKOPULOS, Domenikos = Greco, El
THIBAULT, François Anatole = France, Anatole
THOMA, Ludwig = Schlemihl, Peter
THORNBURG, Elisabeth Jane = Hutton, Betty
TIECK, Ludwig = Färber, Gottlieb; Lebrecht, Peter
TLUCHOR, Alvis = Sonnleitner, A. Th.
TOPOL, Chaim = Topol
TOURNACHON, Gaspar Félix = Nadar, Gaspar Félix
TRANQUILLI, Secondino = Silone, Ignazio
TRAPASSI, Pitro Antonio Domenico Bonaventura = Metastasio, Pietro
TREPPENGELÄNDER, Aaron = Völz, Wolfgang
TRIMM, Thomas = Welk, Ehm
TRUSCOTT-JONES, Reginald = Milland, Ray
TSCHGIERSCHNITZ, Gerhard = Carol, René

U

ULJANOW, Wladimir Iljitsch = Frey, William; Ivanow, Konstantin Petrowitsch; Kuprianow, B. V.; Lenin, W. I.; Tulin, K.
ULMAN, Douglas = Fairbanks, Douglas
UNVERHAU, Ingrid = Andree, Ingrid
USTINOW, Nicolai = Gedda, Nicolai
URENA, Leopoldo Alas y = Clarín
URSULYAK, Galina = Samtsowa, Galina
UTERMANN, Wilhelm = Racker, Mathias; Roggersdorf, Wilhelm

V

W

WALDSEEMÜLLER, Martin = Hylacomylus
WALLACH (auch Finkelstein), Maksim Maksimowitsch = Litwinow, Maksim Maksimowitsch
WALTER, Jenny = Jugo, Jenny
– Lothar = Holm, Michael
WARD, Arthur Sarsfield = Rohmer, Sax
– Seth = Dean, Jimmy
WARHOLA, Andrew = Warhol, Andy
WARREN, Arthur = Hughes, Richard
WARRICK, Marie Dionne = Warwick, Dionne
WASSERZIEHER, Otto Emil = Wallburg, Otto
WATSON, Reatha = La Marr, Barbara
WEBB, Brenda Gayle = Gayle, Crystal
– Harry Roger = Richard, Cliff
WEGENER, Doris = Manuela
WEHNER, Herbert = Funk, Kurt
WEILER, Phyllis = Brooks, Phyllis
WEINSTEIN, Nathan Wallenstein = West, Nathaniel
WEISENBORN, Günther = Foerster, Eberhard; Munk, Christian
WEISENFREUND, Meshulom Muni = Muni, Paul
WEISHEITINGER, Ferdinand = Weiß, Ferdl
WEISS, Tito = Gobbi, Tito
WEISZ, Erik = Houdini, Harry
WELLANO, Elisabeth = Karlstadt, Lisl
WELLS, Julia Elizabeth = Andrews, Julie
WERLBERGER, Hans = Kades, Hans
WERREMEIER, Friedhelm = Wittenbourg, Jacob
WERSCHKUL, Gordon M. = Scott, Gordon
WESTOVER, Charles = Shannon, Del
WETTACH, Adrian = Grock

WETZEL, Friedrich Gottlob = Bonaventura
WEYRAUCH, Wolfgang = Scherer, Joseph
WHITE, Wilfred = Hyde-White, Wilfred
WIEGMANN, Marie = Wigman, Mary
WIESENGRUND, Theodor = Adorno, Theodor W.
WILDE, Oscar = Melmoth, Sebastian
WILDER, Samuel = Wilder, Billy
WILKENS, Maybritt = Britt, May
WILLIAMS, Myrna = Loy, Myrna
– Thomas Lanier = Williams, Tennessee
WILTON, Arthur = Brown, Arthur
WINTERFELD, Max = Gilbert, Jean
WISDEN, Norman = Wisdom, Norman
WITKIEWICZ, Karin = Ebstein, Katja
WITTKOWSKI, Felix Ernst = Harden, Maximilian
WOCHINZ, Hans = Reinmar, Hans
WODOLOWITZ, Siegfried = Lowitz, Siegfried
WOGAU, B. Andrejewitsch = Pilnjak, Boris
WOHLBRÜCK, Adolf = Walbrook, Anton
WOJTEK, Emerich Josef = Emo, E. W.
WOLLSCHLÄGER, Alfred Erich = Johann, A. E.
WONG LIU-TSONG = Wong, Anna May
WOODWARD, Thomas Jones = Jones, Tom
WORLOOU, Lambros = Guétary, Georges
WRIGHT, Willard Huntington = Dine, S. S. van

Y

YATES, Alan Geoffrey = Brown, Carter
YEATS, William Butler = Ganconagh
YOELSON, Asa (oder Rosenblatt, Joseph) = Jolson, Al
YULE, Joe = Rooney, Micky

Z

ZACCARI, Anna Radius = Neera

ZAIED, Esther = Ofarim, Esther

ZAREMBA, Martha Karoline = Sorma, Agnes

ZERQUERA, Roberto = Blanco, Roberto

ZIMMER, Egon Maria = Bergius, C. C.

ZIMMERMANN, Robert Alan = Dylan, Bob

ZUKAUSKAS, Joseph Paul = Sharkey, Jack

ZUVIRIA, Gustavo Martinez = Wast, Hugo

Alles über Pseudonyme

Eine Bibliographie, zusammengestellt von Ulrich Dopatka

Wer mehr über Tarn-, Spiel- und Decknamen wissen möchte, der findet in dieser Aufstellung die wichtigsten Bücher zu diesem Thema und zur Geschichte der Pseudonyme. Gleichzeitig ist es der Quellennachweis für die in diesem Lexikon zusammengetragenen Informationen.

ABBATT, WILLIAM: *The colloquial who's who. An attempt to identify the many authors ... who have used pennames, initials (1600–1924)*, Tarrytown, N. Y. 1925

Alphabetisches Verzeichnis der in Kloss' Bibliographie der Freimaurerei und Taute's Maurerischer Bücherkunde angeführten anonymen Schriften, München 1898

ANDERSEN, CHRISTOPHER P.: *The Book of People*, New York 1981

ARANA, DIEGO BARROS: *Notas para una bibliografía de obras anónimas i seudónimas sobre la historia, la jeografía i la literatura de América*, Santiago 1882

ASH, BRIAN: *Who's Who in Science Fiction*, London 1976

ASHLEY, MIKE: *Who's Who in Horror and Fantasy Fiction*, New York 1977

ATKINSON, FRANK: *Dictionary of Pseudonyms and Pen-Names*, London 1975

DERS.: *Dictionary of literary pseudonyms – A selection of popular modern writers in English*, London 1977

AUDET, FRANCIS J., UND MALCHELOSSE, GERARD: *Pseudonymes canadiens*, Montreal 1936

The Author's and Writer's Who's Who, London [5]1963, [6]1971

BARBIER, ANTOINE ALEXANDRE: *Dictionnaire des ouvrages anonymes et pseudonymes composés, traduits ou publiés en français*, Paris 1806–1809, erweiterte und verbesserte Auflage 1902

BATES, SUSANNAH: *The pendex and index of pen names and house names in fantastic thriller and series literature*, New York 1981

Bawden, Liz-Anne: *rororo Filmlexikon. Personen*, Reinbek 1978

Brauneck, Manfred: *Autorenlexikon deutschsprachiger Literatur des 20. Jahrhunderts,* Reinbek 1984

Brockhaus Enzyklopädie, 17., völlig neu bearbeitete Aufl., Wiesbaden 1966–1976

Brooks, Lillie: *Dictionary of pseudonyms and sobriquets,* Bakersfield 1963

Browning, D. C.: *Everyman's Dictionary of Literary Biography, English and American,* London 1969

Büchting, Adolph: *Bibliographische Nachweisungen aus dem deutschen Buchhandel: 1866,* Nordhausen 1867

Busby, Roy: *The British Music Hall: An Illustrated Who's Who from 1850 to the Present Day,* London 1976

Bygdén, (Anders) Leonard: *Svenskt anonymoch pseudonymlexicon,* Uppsala 1898–1915

Case, Brian, und Britt, Stan: *The Illustrated Encyclopedia of Jazz,* London 1978

Catalogue alphabétique des auteurs et des ouvrages anonymes de la Bibliothèque dé Neuchâtel, Neuchâtel 1861

Chaneles, S., und Wolsky, A.: *The Movie Makers,* London 1974

Claghorn, Charles Eugene: *Biographical Dictionary of American Music,* West Nyack, N. Y. 1973

Clarke, Joseph F.: *Pseudonyms – The names behind the names,* London 1977

Clauer, Pierre (Pseud. = Carlos Sommervogel): *Une poignée de pseudonymes français recueillis dans la Bibliotheca personata du p. Louis Jacob de Saint-Charles,* Lyon 1877

Colombo, John Robert: *Names and Nicknames,* Toronto 1978

Coston, Henry: *Dictionnaires des Pseudonymes,* Paris 1965 (Bd. I), 1969 (Bd. II)

Cotgreave, (Alfred): *A selection of pseudonyms, or fictitious names, used by well known authors, with real names given,* 1891

Cottle, B.: *The Penguin Dictionary of Surnames,* Penguin Books 1967

Courtney, William Prideaux: *The secrets of our rational literature. Chapters in the history of the anonymous and pseudonymous writings of our countrymen,* (s. 1.) 1908

Cushing, William: *Anonyms. A dictionary of revealed authorship,*

Cambridge 1889, Nachdruck: Hildesheim 1969

Da Fonseca, Martinho Augusto (Ferreira): *Subsidios para um diccionario de pseudonymos, inicaes e obras anonymas de escriptores portuguezes,* Lissabon 1896

Dahlmann, Peter: *Schauplatz der masquirten und demasquirten gelehrten bey ihren verdeckten und nunmehro entdeckten schriften,* Leipzig 1710

Dawson, Lawrence H.: *Nicknames and Pseudonyms,* Reprint der Aufl. 1908, Detroit 1974

Dela Montagne, V(ictor) A(lexis): *Vlaamsche pseudoniemen,* Roeselaere 1884

Doorninck, J(an) I(zaak) van: *Bibliotheek van nederlandsche anonymen en pseudonymen,* 's Gravenhage 1867–1870

Dunkling, Leslie Alan: *First Names First,* London 1977

ders.: *Our Secret Names,* Prentice-Hall 1982

Durán, Leopoldo: *Contribución a un diccionario de seudónimos en la Argentina,* Buenos Aires 1961

Ersch, Johann Samuel: *Verzeichniss aller anonymen schriften und aufsätze in der vierten ausgabe des Gelehrten Teutschlands, und deren erstem und zweytem nachtrage,* Lemgo 1788; *fortgesetzt aus dem dritten und vierten nachtrage,* 1794; *fortgesetzt aus dem fünften nachtrage,* 1796

Franklin, Alfred (Louis Auguste): *Dictionnaire des noms, surnoms, et pseudonymes latins de l'histoire littéraire du moyen âge (1100 à 1530),* (s. l.) 1875

Franklyn, Julian: *A Dictionary of Nicknames,* London 1962, New York 1963

Frattarolo, Renzo: *Anonimi e pseudonimi. Repertorio delle bibliografie nazionali, con un dizionario degli scrittori italiani (1900–1934),* Rom 1955

G., C. W. P.: *Virorum eruditorum onomatomorphosis, das ist: Etlicher gelehrter männer gebrauchte nahmensveränderung, insonderheit aber derjenigen, welche ihre nahmen mit griechischen wörtern verwechselt haben,* Franckenhausen 1720

Garófalo y Mesa, Manuel García: *Diccionario de seudónimos de escritores, poetas y periodistas villaclareños,* Havanna 1926

Geissler, Friedrich: *Larva detracta, h. e. brevis expositio nominum sub quibus scriptores aliquot pseudonymi recentiores imprimis latere voluerunt,* Veriburgi 1670

Giebisch, Hans, und Gugitz, Gustav: *Bio-bibliographisches Lite-*

raturlexikon Österreichs, Wien 1964

GRIBBIN, LENORE S.: *Who's Whodunit,* Reprint der Aufl. 1969, Ann Arbor, Mich., 1978

HALKETT, SAMUEL, UND LAING, JOHN: *A dictionary of the anonymous and pseudonymous literature of Great Britain, including the works of foreigners written in or translated into the English language,* Edinburgh 1882–1888; Neuaufl. 1926–1956, Addenda 1962; 3. überarbeitete und erweiterte Aufl. London 1980

HAMST, OLPHAR (PSEUD. = RALPH THOMAS): *Handbook of fictitious names: being a guide to authors, chiefly in the ligther literature of the XIXth century, who have written under assumed names,* Reprint der Aufl. 1868, Detroit 1969

HARDY, PHIL, UND LAING, DAVE: *Encyclopedia of Rock: 1955–75,* London 1977

HARENBERG, BODO: *Das große Personen-Lexikon zur Weltgeschichte in Farbe,* Dortmund 1983

HART, JAMES D.: *The Oxford Companion to American Literature,* New York 41965

HARTNOLL, PHYLLIS: *Concise Companion to the Theatre,* Oxford 1972

HARVEY, PAUL: *The Oxford Companion to English Literature,* Oxford 41967

DERS. UND HESELTINE, J. E.: *The Oxford Companion to French Literature,* Oxford 1961

HAYNES, EDWARD JOHN: *Pseudonyms of authors; including anonyms and initialisms,* New York 1882

HELMS, SIEGMUND: *Schlager in Deutschland,* Wiesbaden 1972

HEYLLI, GEORGES D' (PSEUD. = EDMOND ANTOINE POINSOT; AUCH: HEILLY, GEORGES D'): *Dictionnaire des pseudonymes,* (s. l.) 1868; Neuaufl. 31887; Nachdruck: Hildesheim 1977

HOLZMANN, MICHAEL, UND BOHATTA, HANNS: *Deutsches Anonymen-Lexikon,* Weimar 1902–1928

HUGHES, JAMES PENNETHRONE: *How You Got Your Name: the Origin and Meaning of Surnames,* London 1959

DERS.: *Is Thy Name Wart? – The Origins of Some Curious and Other Surnames,* London 1959

HURY, CARLO: *Dictionnaire de pseudonymes d'auteurs luxembourgeois,* Luxemburg 1960

JOSLING, J. F.: *Change of Name,* London 1972

KRASSOVSKY, DIMITRY M(IKHAILOVICH): *Russian pseudonyms, initials, etc. Materials for the dictionary,* Stanford 1948

KRAUSHAAR, ELMAR: *Rote Lippen – die ganze Welt des deutschen Schlagers,* Reinbek 1983

Kürschners Deutscher Literaturkalender, Berlin (div. Jahrgänge bis) 1984

LÉON FREYRE, EDUARDO PONCE DE, UND LUCAS, TINO ZAMORA: *500 seudónimos modernos de la literatura espanola (1900–1942),* Madrid 1942

MCGHAN, BARRY: *Science fiction and fantasy pseudonyms,* with 1973 supplement, Dearborn, MI, 1973

MAIGNIEN, EDMOND: *Dictionnaire des ouvrages anonymes et pseudonymes du Dauphiné,* Grenoble 1892, Reprint Marseille 1976

MARCHMONT, FREDERICK: *A concise handbook of ancient and modern literature, issued either anonymously, under pseudonyms, or initials,* (s. 1.) 1896

MARGREITER, HANS: *Beiträge zu einem tirolischen Anonymen- und Pseudonymen-Lexikon,* (s. 1.) 1912

DERS.: *Tiroler Anonymen- und Pseudonymen-Lexikon,* (s. 1.) 1930

Meyers enzyklopädisches Lexikon, Mannheim, Wien, Zürich 1971–1981

MORGAN, JANE, O'NEILL, CHRISTOPHER, UND HARRÉ, ROM: *Nicknames: their Origins and Social Consequences,* London 1979

MORRIS, ADAH V.: *Anonyms and pseudonyms,* Chicago 1934

MOSSMANN, JENNIFER: *Pseudonyms and nicknames dictionary,* Detroit 1980 ff.

Namenschlüssel: Die Verweisungen zu Pseudonymen, Doppelnamen und Namensabwandlungen, Berlin 1930, [3]1941, Addenda 1968

NOBLE, VERNON: *Nicknames – Past and Present,* London 1976

PATAKY, SOPHIE: *Verzeichnis der pseudonyme welche von deutschen frauen der feder seit etwa 200 jahren gebraucht worden sind,* Berlin 1898; erweiterte und ergänzte Aufl. Hildesheim 1983

Petit Larousse Illustré, Paris 1978

PETTERSEN, HJALMAR: *Anonymer og pseudonymer i den norske literatur, 1678–1890,* Kristiania 1890; 2. Aufl.: *Norsk anonym- og pseudonym-lexicon,* Kristiania 1924

PINE, L. G.: *The Story of Surnames,* Newton Abbot 1969

QUERCU, DR. MATTHIAS (PSEUD. FÜR DR. HANS EICH UND GÜNTER MATTHIAS): *Falsch aus der Feder geflossen, Lug, Trug und Versteckspiel in der Weltliteratur,* München 1974

RASSMANN, CHRISTIAN FRIEDRICH: *Kurzgefasstes Lexicon deutscher pseudonymer Schriftsteller von der älteren bis auf die jüngste Zeit aus allen Fächern der Wissenschaften,* Leipzig 1830; Neuausgabe Leipzig 1971

REANEY, P. H.: *A Dictionary of British Surnames,* London ²1976

REBOUL, ROBERT (MARIE): *Anonymes, pseudonymes et supercheries littéraires de la Provence ancienne et moderne,* Marseille 1878

REICHOW, JOACHIM, UND HANISCH, MICHAEL: *Filmschauspieler A–Z,* Berlin 1977

REES, NIGEL, UND NOBEL, VERNON: *Who is who of Nicknames,* London 1985

REYNA, FERDINA: *Concise Encyclopedia of Ballet,* London 1974

ROOM, ADRIAN: *Naming Names: Stories of Pseudonyms and Name Changes with a Who's who.* Jefferson, NC, 1981

ROSENTHAL, HAROLD, UND WARRACK, JOHN: *The Concise Dictionary of Opera,* Oxford ²1979

ROXON, LILLIAN: *Rock Encyclopedia,* New York 1971

SANTI, ALDO: *Dizionario pseudonimico degli enigmografi italiani,* Modena 1956

SCADDING, HENRY: *Some canadian noms-de-plume identified,* Toronto 1877

SCHMIDT, ANDREAS GOTTFRIED: *Gallerie deutscher pseudonymer schriftsteller vorzüglich des letzten jahrhunderts,* Grimma 1840

SHARP, HAROLD S.: *Handbook of Pseudonyms and Personal Nicknames,* Metuchen, N. J., 1972, 1982

SHU, AUSTIN C. W.: *Modern Chinese authors: a list of pseudonyms,* 2., neu bearbeitete Aufl., Taipei 1971

SÖHN, GERHARD: *Literaten hinter Masken. Eine Betrachtung über das Pseudonym in der Literatur,* Berlin 1974

STAMBLER, IRWIN: *Encyclopaedia of Pop, Rock and Soul,* New York 1976

STEVENS, ANDY: *World of Stars: Your 200 Favourite Personalities,* London 1980

TAYLOR, ARCHER, UND MOSHER, FREDERIC J.: *The bibliographical history of anonyma and pseudonyma,* Chicago 1951

UNBEGAUN, B. O.: *Russian Surnames,* Oxford 1972

VERSTAPPEN, PETER: *The Book of Surnames,* London 1980

WAGNER, LEOPOLD: *Names and their meanings,* London 1892

WELLER, EMIL (OTTOKAR): *Die maskirte literatur der älteren und neueren sprachen. I. Index pseudonymorum,* Leipzig 1856–1867; 2. Aufl.: *Lexicon pseudonymorum,* Regensburg 1886

ZEC, DONALD: *Some Enchanted Egos,* London 1972

ZEITLIN, W(ILHELM): *Anagramme, Initialen und Pseudonyma neuhebräischer Schriftsteller und Publizisten,* Frankfurt a. M. 1905

Bildquellenverzeichnis

Archiv für Kunst und Geschichte, Berlin
Seiten 19, 71, 93, 148, 192, 202

Bildarchiv Preußischer Kulturbesitz, Berlin
Seiten 191, 208

dpa, Deutsche Presse-Agentur, Frankfurt am Main
Seiten 35, 47, 48, 52, 53, 57, 58, 68, 92, 96, 103, 105, 122, 126, 128, 136, 139, 142, 149, 153, 169, 179, 185, 194

Historia-Photo, Hamburg
Seiten 90, 91, 167, 176, 189

Sammlung Menningen, Lügde-Niese
Seiten 27, 31, 32, 40, 56, 63, 75, 83, 84, 86, 110, 121, 125, 127, 131, 140, 141, 143, 158, 190, 200, 205, 206